KB270658

선영사

Sun Young Publishing Co.

도서출판 선영사
Sun Young Publishing Co.

잃어버린 마음속 진실을 일깨우는 52가지 이야기

인디언 우화

수잔 펠드만 지음 / 이연화 옮김

머리말

북아메리카 인디언들은 인간이 땅을 소유할 수 없다고 생각했다. 오히려 그들은 인간이 대지의 소유라고 믿었다. 그들은 대지와 그 대지 위에 사는 동식물들에 대해서 경건한 마음을 갖고 있었고 결코 그것들을 약탈이나 정복의 대상으로 보지 않았다.

그런데 콜럼버스가 신대륙을 발견한 후 유럽인들은 새로운 대륙으로 가 마구잡이로 자신들의 영토를 정해놓고 식민지를 건설했다. 그때 그들의 머리 속에는 오직 정복해야 할 대상으로서의 자연과 원주민이 있을 뿐이었다.

그렇다면 북아메리카 인디언들의 우화와 그들의 신앙이 오늘날 우리에게 무슨 의미가 있는가? 우선 그들이 갖고 있었던 종교형태는 티베트와 시베리아에서 발견되는 샤머니즘(원시 종교의 한 형태)이다. 우리 민족을 문화언어학적으로 분류할 때 우랄 알타이어족이라고 하는데 이 우랄 알타이어족들이 갖고 있었던 샤머니즘이 바로 북아메리카 인디언들에게까지 연결되는 것이다. 따라서 인류학자들은 아메리카 인디언들이 아시아 대륙에서 알래스카를 통해 건너간 사람들이라고 보고 있다. 그리고 특히 그들의 주술사들이 행하는 수술(길흉을 점치고 액을 물리치도록 하늘에 비는 일)은 그들의 우화와 전설 속에서 무척 중요한 역할을 한다. 실제로 대부분의 이야기에서 세상의 창조 자체가 주술에 의한 것으로 설명되고 있으며 또한 인디언들에게서는 태초에 '사람들(People)'로 존재하던 사물들이 주술에 의해 인간과 동물로 변화된다고 보았다. 그래서 그들에게는 동물과 인간 사이에 분별이 없었고 생물과 무생물을 둘로 나누어 보지 않았다. 이런 생각은 20세기 첨단을 달리는 현대 과학의 분위기와 크게 다르지 않다. 이전에 우리는 완전치 않은 과학과 철학으로 세상을 이해하고 인간 중심의 세계를 꾸며왔던 것이다. 그리고 과거에 마음껏 자연을 정복한 그 대가를 이제 서서히 돌려받고 있는 셈이다. 하지만 자연과 인간은 둘이 아니며 인간이 자연을 정복하는 것이 아니라 인간의 삶 역시 자연의 흐름 속에 들어있다고 믿었던 북아메리카 인디언들의 이야기들은 오늘날 잊혀져 버린 인간 의식의 고향 마을을 방문할 수 있는 오솔길이 될 것이다. 그래서 북아메리카 인디언들의 우화와 전설은 그들만의 우화와 전설이 아니라 지구인 모두의 잃어버린 우화와 전설이 될 수 있다.

한편 그런 고차원적 생각을 지닌 북아메리카 인디언들은 콜럼버스 이후로 유럽인들에 의해 수많은 핍박을 받아왔다. 놀랍게도 그들은 지금까지 약 5천만 명에 달하는 숫자가 정복 과정에서 학살되었고 겨우 지금까지 살아남게 된 숫자는 3백만도 채 못된다. 그리고 그 3백만마저도 집단 거주의 제도 속에서 계획적인 마약과 알콜 중독으로 사라져 가고 있다. 평화를 사랑하고 훨씬 진화된 정신문명을 가진 그들이 광신적이리만큼 단순한 백인들의 무력에 의해 말살되어간 것이 과거 3백 년 동안의 북아메리카 식민지 역사이며 남아메리카의 잉카나 아즈텍 문명도 마찬가지 운명이었다. 비록 그들은 4차원의 세계를 넘나드는 뛰어난 정신 문명의 소유자들이었지만 오직 물질의 힘만을 신봉하는 정복자들에 의해 멸망하고 만 것이다. 이것은 지구인의 역사에서 가장 비극적인 모습 중에 하나이며 단순히 남의 이야기가 아니다. 오늘날 우리는 그 물질 문명의 혜택과 후유증을 함께 누리고 있는 것이다. 앞으로 인류가 지구라는 울타리에서 벗어나 우주인이 될 때 그것은 우리에게 아픈 과거의 교훈으로 새롭게 재인식되어질 것이다.

1992년 초겨울, 광릉에서 이 연화

머리 속의
바람

● 차례

제1부

•

세상의 출현

세상의 출현

그들은 제4세계에 살고 있었다. 그곳은 너무나 어두워서 서로의 얼굴을 알아보지도 못할 지경이었다. 서로의 발을 밟기도 하고 때로는 서로에게 용변을 보는 경우도 있었다. 서로의 얼굴에 침을 뱉고 쓰레기를 던지기도 했다. 그들은 숨을 쉬기도 힘들었다.

그곳에서 4일을 살았다. 아니면 4년이었는지도 모른다. 그래서 태양은 그들을 불쌍하게 생각했다. 그가 세상을 살펴보니 곳곳에 언덕과 샘이 있어 아름다운 곳이 많았는데 그 좋은 세상에서 자기에게 기도를 올릴 만한 사람들은 보이지 않았다. 그것을 보고 태양은 생각했다.

‘나의 사람들을 이 밝은 세상에서 살게 해야겠어.’

당시 세상은 안개로 뒤덮혀 있었다. 태양은 빛을 쏘아 안개를 없애고 자기 아들 형제를 세상에 내려보냈다. 그들은 헝클어진 머리와 긴 코 그리고 넓은 뺨을 갖고 있었다. 세상에 도착한 다음날과 그 다음날에도 그들은 아무것도 하지 않고 마냥 뛰어놀기만 했다. 3일째가 되자 동생이 형에게 말했다.

“형, 아름다운 곳이 어디에 있는지 한번 찾아보자. 나는 옥수수산으로 갈거니까 형은 남쪽으로 가.”

그들은 서로 헤어져서 각자의 길을 갔다. 동생은 세상을 둘러보고 나서 아무도 살고 있지 않음을 알게 되었다. 그는 혼자 생각했다.

'하루만 더 지나도 우리는 너무 늙어서 일하기 힘들텐데.'

그 다음날 동생은 형을 불렀다. 형이 와서 말했다.

"왜 나를 불렀지?"

"우리는 4일 동안이나 여기 살아서 이제는 일하기에 너무 늙어버렸어. 그리고 여기는 아주 좋은 세상인데 이런 곳에 아무도 살고 있지 않다는 것이 좀 안타까워. 남서쪽을 가보자. 그곳 땅밑은 제4세계인데 사람들이 그 속에서 살고 있어.

그들은 우리의 부모이기도 하고 또 아들 딸이기도 해. 거기에는 빛도 없고 움직일 공간도 없어. 사람들은 서로를 볼 수도 없어. 그래서 서로를 밟기도 하고 서로에게 변을 보기도 하는 모양이야. 그들을 이 세상에 데리고 와서 우리의 태양 아버지를 볼 수 있게 해주면 좋겠어."

"좋은 생각이야. 어떻게 해야 좋을지 잘은 모르지만 일단 해보자."

형제는 제4세계로 통하는 입구에 도착했다. 그곳으로 들어가보니 우선 제1세계가 나왔다. 거기에는 약간의 빛이 있을 뿐이었다. 그들은 제2세계로 갔다. 거기는 어두웠다. 제3세계로 가니 더욱 어두웠다. 마지막으로 도착한 제4세계는 마치 칠흑과도 같았다. 그곳 사람들은 도저히 서로를 알아볼 수 없었다. 상대방의 얼굴을 만져보고서야 누구인지 겨우 분간할 정도였다. 그들은 말했다.

"누군가 새로운 사람이 와 있는데, 당신들은 어디에서 온거요?"

"그들은 우리의 아버지인 사제들이오."

그들 중에 하나가 말했다. 그들은 달려와서 형제를 만져보고 말했다.

"오! 아버지, 여기서 어떻게 하면 나갈 수 있는지 좀 가르쳐 주세요. 우리는 태양 아버지에 대해서도 들은 적이 있어요. 그 분을 한번만 뵐 수 있으면 좋겠어요.”

형제가 대답했다.

“그분을 뵐 수 있는 좋은 세상으로 당신들을 데려가기 위해 우리가 여기에 온거요. 우리와 함께 가겠소?”

사람들은 기다렸다는 듯이 형제의 말에 따랐다.

“물론이지요. 이곳에서는 서로를 알아보지도 못해요. 우리는 서로 밟기도 하고 쓰레기를 버리기도 해요. 여기는 정말이지 너무나 지저분한 곳이에요. 우리는 태양 아버지가 보고 싶어요. 우리의 갈 길을 인도할 누군가가 오기를 기다리고 있었어요. 하지만 우리는 우리의 형제들과 함께 가야 한다고 북쪽 사제가 말했어요.”

형제는 북쪽 사제가 오기를 기다렸다. 곧 북쪽 사제가 왔다.

“무엇 때문에 나를 여기에 오라고 한거요?”

“우리는 당신들을 광명의 세계로 데리고 가고 싶어요.”

북쪽 사제가 대답했다.

“오! 좋아요. 우리는 우리의 태양 아버지가 보고 싶어요. 하지만 나와 형제인 동쪽 사제도 함께 가야 해요.”

결국 동서남북 사방에 있던 사제가 다 합류하게 되었다.

그들은 형제에게 물었다.

“당신들은 광명의 세상으로 통하는 길을 알고 있습니까?”

그러자 동생은 북쪽으로 가서 소나무의 씨를 받아다 땅에 심었다. 그리고 그 둘레를 한바퀴 돌고 나니 소나무가 이미 자라서 커져 있었다. 한바퀴를 또 돌고 나니 이제는 나뭇잎까지 무성했다. 그는 가지를 꺾어 사람들에게 가져다 주었다.

그는 또 서쪽으로 가서 전나무 씨를 뿌렸다. 그가 그 주위를 한바퀴 돌고 나니 나무는 벌써 다 자라 있었고 한바퀴를 또 돌고 나니 잎이 무성해 있었다. 그는 그 가지를 꺾어다가 사람들에게 주었다. 그리고 남쪽으로 가서 가문비나무(소나뭇과로 나무껍질이 검은 갈색이며 6월에 꽃이 핌)의 씨를 뿌렸다. 그가 씨를 뿌린 자리를 두바퀴 돌고 나니 역시 가지와 잎이 무성해 있었다. 그는 가지를 꺽어 사람들에게 가져다 주며 이렇게 말했다.

"이제 다 되었소. 새로운 세계로 올라갈 준비가 다 된 거예요. 다들 올라갈 준비를 갖추세요."

형제는 북쪽에서 가져온 소나무 막대기를 집었다. 그리고 그것을 땅에 박았다. 그 다음에는 사람들로 하여금 그 막대기를 타고 올라가게 했다. 사람들은 막대기를 타고 올라가다가 이미 제3세계에 와 있음을 알게 되었다.

그들이 모두 거기에 도착하자 천둥 소리 같은 이상한 소리가 들려왔다. 그 세상은 그들이 있던 곳에 비하면 훨씬 밝은 곳이었다. 사람들은 눈이 부셨다. 형제가 사람들에게 물었다.

"모두 올라온 거요?"

"예, 그래요. 그런데 여기가 앞으로 우리들이 살아갈 곳이오?"

형제는 고개를 저으며 말했다.

"아직 아니에요."

그들은 거기에서 4일(4년) 동안 머물렀다. 시간이 흐르자 형제는 서쪽에서 가져온 전나무로 만든 막대기를 쥐고 그것을 땅에 꽂았다. 천둥이 치는 것 같은 소리가 났고 사람들은 막대기를 타고 제2세계로 올라갔다. 사람들은 너무 밝아서 눈을 제대로 뜨지 못했다. 형제가 말했다.

"모두 올라온 겁니까?"

"예, 그런데 우리는 앞으로 여기서 살게 되는 겁니까?"

"그렇지 않아요."

그들은 거기에서 4일(4년) 동안 머무른 뒤 남쪽에서 가져온 가문비나무로 만든 막대기를 땅에 꽂았다. 또다시 천둥소리와 함께 사람들은 막대기를 타고 제1세계로 올라갔다. 1세계에 도착한 사람들은 눈이 부셔 현기증이 날 지경이었다. 그들이 물었다.

"우리가 살 곳이 여깁니까?"

"아직 아니에요."

그들은 슬펐다. 그들은 이제 서로의 얼굴을 분명하게 볼 수 있었다. 그들의 몸뚱아리는 때와 먼지로 뒤범벅이 되었다. 온몸에 침과 변이 묻어 있었고 끈끈한 점액질의 이상한 것이 묻어 있기도 했다. 그들의 팔과 다리는 거미줄처럼 꼬여 있었다. 그리고 그들에게는 꼬리가 달려 있었고 입이나 항문 같은 것도 없었다.

거기서 4일(4년)을 보낸 후 형제는 동쪽에서 가져온 백양나무(사시나무라고도 하며 버드나뭇과에 속한다. 원형 또는 달걀모양의 잎이 어긋나고 제지용으로 쓴다) 막대기를 땅에 꽂았다. 천둥 소리가 났고 사람들은 광명의 세계에 도달하게 되었다. 형제가 먼저 도착했고 그 뒤에 부적을 가진 사람이 뒤쫓아왔다. 곧이어 사람들이 속속 도착했다. 이 새로운 세계에 온 것에 감격해서 눈물을 흘리는 이도 있었고 어리둥절한 표정을 짓는 이도 있었다. 동생이 그들을 바라보며 말했다.

"태양을 한번 봐요."

그들은 너무 눈이 부셔서 다시 한번 눈물을 흘려야 했고 그 눈물은 땅속으로 스며들었다. 눈물이 떨어진 바로 그 자리에서는 태양의 꽃인 해바라기가 피어났다. 사람들이 물었다.

"여기가 이제 우리가 살아갈 세계인 겁니까?"

"그래요. 여기가 마지막 세계에요. 여기서 당신들은 태양 아버지를 보며 살아가게 될 겁니다."

그들은 그곳에서 4일(4년)간 머무른 뒤 세상을 둘러보기 위해 여행을 떠났다.

그들은 어떤 샘에 도착했다. 4일(4년) 동안 거기 머물렀다. 4일

(4년)이 지나자 형제는 이제 사람들이 먹는 것을 배워야 할 시기라고 생각했다. 그들은 마녀의 옥수수를 집어다가 땅에 놓고 마술을 부려 그것을 불어나게 했다. 벌판을 가득 메울 정도로 불어난 옥수수는 사람들이 모두 나누어 갖기에 충분했다. 사람들은 각자 집으로 옥수수를 가져갔다. 하지만 그것을 먹을 도리가 없었다. 형제는 그것을 보고 슬픈 생각이 들었다. 동생이 먼저 입을 열었다.

"형, 사람들이 먹을 것이 있는데도 먹지 못하는 것을 보니 불쌍하지 않아? 음식을 먹을 수 있도록 작은 구멍을 만들어 주면 좋을 것 같아."

형은 그 말에 동의했다. 그들은 사람들이 모두 잠든 밤중에 일어나 사람들의 얼굴에 일일이 입을 만들어 주기로 했다. 그날 밤 모든 사람들이 잠들었을 때 형제는 칼을 들었다. 그리고 붉은 숫돌에 칼을 갈았다. 그들은 집집마다 들어가서 사람들에게 입을 만들어 주었다. 붉은 숫돌에 칼을 간 탓에 사람들의 입은 모두 빨갛게 되었다.

아침이 되자 사람들은 각자 입이 하나씩 생긴 것을 알게 되었다. 배가 고파지자 그들은 옥수수와 물을 마음껏 먹었다. 그런데 문제는 그날 밤에 일어났다. 배설할 구멍이 없었기 때문에 그들은 속이 아프고 거북해졌다. 그들은 배설할 수 없는 것이 너무나 답답했다. 그것을 보고 불쌍하게 생각한 동생이 형에게 가서 말했다.

"사람들이 배설을 할 수 있도록 항문을 만들어 주어야겠어. 오늘밤에 만들어 주면 어떻겠어?"

형은 그 말에 동의했고 그날 밤 그들은 작은 칼을 집어 들었다. 그리고 칼을 검은 숫돌에 갈고는 집집마다 찾아다니며 사람들에게 항문을 만들어 주었다. 검은 숫돌 때문에 사람들의 항문은 검게 만들어졌다. 다음날 아침 사람들은 자신들에게 항문이 생긴 것을 알게 되었다. 그래서 그들은 이제 마음껏 먹어도 걱정할 것이 없었다.

사람들은 옥수수를 갈아서 더 쉽게 먹고 싶었다. 그들은 한 손에 숫돌을 들고 다른 손으로 맷돌에다 옥수수를 갈았다. 그것으로 옥수수죽을 만들기도 하고 빵을 만들기도 했다. 그것들을 다 만든 뒤에 그들은 손을 씻고 싶었지만 손이 너무 복잡하게 뒤엉켜 있는 바람에 씻을 엄두도 내지 못했다. 그것을 보고 동생이 또 형에게 얘기했다.

"손이 엉켜서 사람들이 저러고 있는 것을 보니 불쌍해. 형, 그것들을 풀어주면 좋겠어."

형은 그 말에 동의했다. 밤이 되자 형제는 칼을 들고 사람들의 뒤엉켜 있는 손발을 잘라 주었다. 아침이 되자 사람들은 그것을 보고 크게 놀랐다. 하지만 또 곧 잊어버렸다. 사람들은 뒤엉켜 있던 손발이 이제 자유롭게 되고 또한 손가락, 발가락이 생겨 이전보다 훨씬 쉽게 일을 할 수 있게 되었다. 그 다음날 동생이 다시 형에게 말했다.

"사람들은 처음보다 참 많이 좋아진 것 같아. 하지만 그들은 꼬리가 달려 있고 머리에는 뿔이 있어. 꼬리나 뿔을 모두 없애 버리면 좋겠어."

형은 동의를 하고 작은 칼을 집어 들고 그날밤 사람들의 꼬리와 뿔을 모두 잘라 주었다. 다음날 아침이 되자 사람들은 모두 깜짝 놀랐다. 하지만 곧 모두 잊어버리고 일에 몰두했다. 형제는 이제 자신들의 일이 모두 끝났다고 생각하고 흐뭇해 했다.

주니(Zuni)족, 남서부 지역

대홍수

이티와나(Itiwana)에 사람들이 살고 있었다. 그중 옥수수족(Corn Clan)은 그 지역에서 가장 규모가 큰 부족이었다. 옥수수족의 젊은이들은 모두들 매력적이었는데 그들은 함께 몰려다니면서 성적 쾌락을 추구하기도 했다. 그러나 종족의 단 한 사람만이 그들의 잘못을 지적했다. 그는 사제의 아들로서 이렇게 생각했다.

'돌아가신 삼촌에게 도움을 청해야겠어.'

그는 기도에 쓸 지팡이 네 개를 만들어 하위쿠(Hawiku)에 갔다. 그는 땅에 구멍을 파고는 그 속에 곡식을 뿌렸다. 그리고 지팡이를 쥐고 기도를 했다.

"아저씨, 저 좀 도와주세요. 제게로 와 주세요. 나의 종족이 잘못을 저지르고 있어요. 아저씨께 도움을 청합니다."

그는 지팡이를 땅에 놓고 흙으로 그것을 덮었다. 그는 곧 멀리서 울리는 죽은 사람의 소리를 들었다. 하지만 그것은 그의 삼촌의 소리였기에 놀라거나 무서워하지 않았다. 그는 자신도 모르게 삼촌을 향해 움직여 가는 스스로를 느꼈다. 그들은 함께 이티와나로 향했다. 그 사이 날은 상당히 어두워져 있었다. 그들이 마을에 도착했을 때 그의 삼촌은 어둠 속에서 한 소년과 부딪혔는데 그로 인해 그 소년은 죽게 되었다. 그는 늙은 할머니를 모시고 자식이 있는 누이와 함께 힘겹게 가장 노릇을 하며 살고 있었기 때문에 소년의 죽음은 무척 안타까운 것이었다.

그들은 이티와나를 향해 더욱 가까이 갔다. 그런데 모든 키바(kiva ; 푸에블로(Pueblo) 인디언에게서 볼 수 있는 구조물. 보통 둥근 형태로 되어 제사의식, 회의, 일 등을 하기 위한 장소로 쓰이거나 남자들의 휴게실로 쓰인다) 속에서 옥수수족은 음란한 짓을 하고 있는 것이었다. 유령은 여러 곳의 키바를 들러보았다. 그를 보자 사람들은 공포에 떨었으며 지진이 일어날 것이라고 두려워했다.

특히 키바에서 환락을 즐기고 있던 사람들은 더더욱 두려워하여 목숨을 구하기 위해 옥수수산으로 피했다. 마을에 있던 모든 사람들이 산 속에 있는 피난처로 달려가기 시작했다.

마침내 사제의 딸과 그녀의 어린 아이들이 마을에서 무슨 일이 일어났는지 알게 되었을 무렵에는 이미 모든 사람들이 마을을 떠난 뒤였다. 그들은 그들의 늙은 할머니에게 가서 지진을 피해 산 속 피난처로 가야겠다고 말했다.

그들은 최대한 빠른 속도로 옥수수산을 향해 갔지만 할머니 때문에 걸음이 느릴 수밖에 없었다. 그들이 산 중턱에 다다르자 지진이 나기 시작하였고, 소년의 모습을 하고 있던 유령은 이제 콜로위시(Kolowisi ; 지역명)로 모습을 바꾸었다. 그들은 할머니께 말씀드렸다.

“할머니, 여기 계시는 것이 낫겠어요. 저희들은 옥수수산으로 갈께요. 할머니와 같이 가다가는 저희들도 위험해질 것 같아요.”

할머니가 말했다.

“잘 생각했다. 나는 앞으로 살 날이 많이 남지 않았어. 마땅히 젊은 사람들이 빨리 올라가야지.”

그들은 할머니를 남겨눈 채 옥수수산으로 갔다. 콜로위시는 그들이 산에 다다른 후에야 홍수가 나도록 했다. 홍수는 계곡을 모두 물에 잠기게 했다.

 그것을 보고 있던 한 사제가 사람들에게 말했다,

 "우리 옥수수족의 타락 때문에 홍수가 났어. 당신들은 키바에서 쾌락을 즐기곤 했지. 그래서 유령이 와서 키바를 보고는 홍수가 나게 한거야. 같은 부족 사람들끼리는 형제 자매로 지내야지 결코 서로의 육체를 탐내서는 안돼."

 그 후로 모든 사람들은 그의 말을 따라 그들의 관습을 고쳤다. 그들은 다른 종족과만 성관계를 갖기로 다짐했다. 비록 다른 지역에 살지라도 그가 같은 종족의 성원이라면 관계를 맺어서는 안되는 것으로 우리가 배우게 된 것은 이때부터의 일이다. 그리고 먼 곳에 있는 같은 종족이 아기를 낳거나 죽음을 맞이하는 등의 행사가 생기면 도와주는 풍습도 이때부터의 일이다.

주니(Zuni)족, 남서부 지역

살인 괴물

아주 오래 전 이티와나에 사람들이 살고 있었다. 한편 그들이 살고 있는 마을 근처에는 '구름괴물'도 살았다. 그는 구름이 가까이 오기만 하면 모두 삼켜 버렸기 때문에 그 지역에는 심한 가뭄이 계속되었다.

그의 목은 1킬로미터도 넘을 정도로 길어서 마치 커다란 고라니(사슴과의 한 종으로 암수 모두 뿔이 없다. 송곳니가 밖으로 나와 있음) 같았다. 그래서 세상에 있는 구름이란 구름은 모두 삼켜 버릴 수 있을 것만 같았다. 아하이유트(Ahaiyute) 형제는 할머니와 함께 옥수수산에 살고 있었다. 어느 날 아침 할머니가 그들에게 말했다.

"동쪽 지방에는 구름을 삼켜 버리는 괴물이 있어서 비가 오지 않는거야. 너희들은 절대로 그쪽에 가지 마라. 그런 놈은 위험하니까."

"알았어요."

그 다음날 아하이유트 형제는 동쪽으로 갔다. 한참 길을 걷고 있는데 누군가가 그들에게 말하는 소리가 들려왔다. 그것은 굴에서 나오던 다람쥐였다.

"잠깐 기다려요."

그들은 멈추어서 다람쥐를 쳐다보았다.

"당신들은 어디로 갑니까?"

"우리는 구름괴물을 죽이러 가는거요."

"그럼 이 굴 안으로 들어와 봐요."

아하이유트 형제는 그 안으로 들어갔다. 굴은 상당히 깊이 파여 있었다. 다람쥐가 말했다,

"굴 저편에 구름괴물이 잠들어 있어요. 당신들을 위해 내가 길을 만들어 주겠어요."

그는 굴이 구름괴물의 심장으로 직접 이어질 수 있도록 굴을 파냈다. 그리고는 괴물의 가슴 위에 앉아 괴물의 털을 자르기 시작했다. 그러자 괴물이 놀라서 벌떡 일어났다.

"안돼요, 할아버지. 가만 좀 있어봐요. 할아버지 털을 조금만 잘라서 내 둥지에 쓰려고 그래요."

다람쥐는 괴물의 심장 바깥쪽의 털을 둥글게 잘라 놓고는 돌아갔다. 그는 아하이유트 형제에게 말했다,

"내가 괴물의 심장 위쪽의 털을 잘라 놓았소. 빨리 내 굴을 통해 내려가서 내가 잘라 놓은 곳을 활로 쏘아요. 그러면 그는 죽을 거예요."

그들은 굴을 통해 내려가 심장을 향해 활을 쏘았다. 화살을 맞은 괴물은 놀라서 그의 뿔을 치켜 세웠다. 아하이유트 형제는 정신없이 도망쳤다. 뿔은 뒤쪽에서 도망치던 형의 등을 찌르려 했다. 하지만 뿔이 그의 등에 닿으려는 순간 괴물은 죽어 버렸다. 그들은 괴물을 그 자리에 그냥 둔 채 돌아왔다.

그들은 다람쥐에게 말했다.

"그 괴물이 정말 죽었는지 확인 좀 해 봅시다."

다람쥐가 가서 괴물을 만져 보았다. 그는 그들에게 말했다.

"괴물은 죽었어요."

아하이유트 형제는 빙그레 웃음을 지으며 말했다.

"이제는 비가 오겠지. 그 놈이 이제 더 이상 구름을 삼키지 못할 테니까."

그들이 또 말했다.

"그 놈의 가슴을 도려내 버려야겠어."

그들은 괴물의 심장을 끄집어내 동쪽으로 던졌다. 그것은 샛별이 되어 밤하늘을 밝혔다. 그들이 꺼내서 던진 간은 개밥바라기별이 되었다. 그들은 또 그의 허파를 던졌는데 그것은 북두칠성이 되었고 내장은 은하수가 되었다. 그들은 일을 마치고 옥수수산을 향해 집으로 왔다.

그 다음날 할머니가 그들에게 말했다.

"남쪽으로 가지마라. 거기에는 올빼미들이 있는데 아주 위험한 모양이야."

"알았어요."

다음날 아침 아하이유트 형제는 남부로 갔다. 올빼미가 사는 집에 가보니 집안에 커다란 올빼미들이 줄지어 앉아 있는 것을 볼 수 있었다. 올빼미들은 눈 한번 깜빡이지 않고 정면만을 뚫어져라 바라보고 있었다. 한쪽 귀퉁이에 한쌍의 소년 소녀 올빼미가 있었다. 아하이유트 형제가 다가가자 올빼미들이 말했다.

"난로 곁에 앉아요."

동생은 소금 호수에서 소금을 한 줌 가지고 왔었다. 그는 자리에 앉으면서 그것을 난로에 던졌다. 올빼미들은 눈을 크게 뜬 채로 그저 바라보고만 있었다. 소금은 난로에 닿자마자 튀기 시작해서 그들의 눈 속에도 들어갔다.

눈에 소금이 들어간 올빼미는 모두 죽어 버렸다. 아하이유트 형제는 죽은 올빼미들에게 마구 칼질을 하고 깃털을 다 뽑아버렸다. 그런데 한쪽 구석에 있던 작은 소년 소녀 올빼미는 아직도 살아 있었다. 그들은 아하이유트 형제의 행동을 지켜보며 불안한 듯 말했다.

"당신이 저희들마저 죽인다면 더 이상 올빼미는 이 세상에 존재하지 않을 거예요."

아하이유트 형제는 잠시 생각에 잠기더니

"너희들은 살려 줄테니 앞으로는 인간처럼 집에서 살지 말아라. 사람도 죽이지 말고. 만일 그러면 우리가 다시 와서 너희들을 죽여 버릴거야. 산토끼 같은 것들을 잡아먹으란 말이야. 그리고 나무나 굴 속에서 살아."

"알겠어요."

그들은 말을 마치자마자 하늘 높이 날아갔다. 아하이유트 형제는 올빼미 깃털을 꾸러미에 엮고는 옥수수산을 향해 집으로 왔다.

그 다음날 아침 할머니가 그들에게 또 말했다.

"남서부 지방에는 이마 한가운데에 뿔이 달린 늙은 거인이 살고 있대요. 그 놈은 사람들을 해치는 모양이야. 그쪽으로는 절대로 가지 말거라."

"알았어요."

다음날 아침 아하이유트 형제는 남서부로 계곡을 따라갔다. 계곡의 끝에 다다르자 근처에 거인의 자식들이 살고 있는 굴이 눈에 띄었다. 그들은 모두 여자아이였다.

그런데 아하이유트 형제가 자세히 살펴보니 사람들이 계곡의 길을 따라 거인에게 다가가기만 하면 거인은 발을 들어올려 사람들을 차 버렸다. 그리하여 사람들이 계곡의 바깥으로 떨어지면 거인의 자식들이 다가가서 그것을 잡아먹는 것이었다. 아하이유트 형제는 거인에게 다가가서 인사를 했다.

"우리는 지나가는 행인이오."

"그래요? 당신들은 아무 위험없이 빨리 지나갈 수 있을거요."

그들이 출발하여 엉뚱한 방향으로 가자 거인은 조급해져서 꾀를

냈다.

"오, 이런, 발에 쥐가 났네."

그러면서 거인은 발길질을 하려 했다. 이때 동생이 뒤를 쳐다보며 말했다.

"지금 나를 차 버리려고 그러는 거지요?"

"아니, 정말 쥐가 났어."

그들은 다시 출발했다. 거인은 또 '아야, 발에 쥐가 났네'라고 말하며 발길질을 했다. 그들은 뛰다시피했다. 그러기를 몇 번이고 거듭했다. 드디어 동생은 형에게 말했다.

"저 놈이 한번만 더 그러면 내가 저 놈을 붙잡아서 계곡 밑으로 집어 던져 버릴거야."

그들이 다시 출발하자 거인이 말했다.

"아야, 발에 쥐가 났어."

이 말이 끝나기가 무섭게 동생은 거인의 발을 붙잡아서 계곡 밑으로 집어 던져 버렸다. 거인은 자기 자식들이 사는 굴 앞에 떨어졌다. 자식들은 그것을 보고는 그의 몸뚱아리를 모두 먹어 버렸다. 그들은 그의 머리까지 먹으려고 하다가 이마에 있는 뿔을 보게 되었다. 그들은 그제야 자기들의 아버지를 알아보고는 울부짖었다.

"오, 아버지! 우리가 아버지를 먹어 버렸어."

아하이유트 형제는 계곡을 내려와서 그 거인의 자식들도 죽여 버렸다. 그들은 집으로 돌아왔다.

다음날 아침 할머니가 말했다.

"북쪽으로는 가지 말아라. 거기에는 한 늙은 여자가 손녀하고 같이 사는데 사람들을 해친대요."

"알았어요."

그 다음날 그늘 형제는 북부로 갔다. 거기에 도착한 형제는 예쁜 소녀들을 보았다. 그들이 안으로 들어가자 한 소녀가 물었다.

"누가 형이지요?"

동생은 형을 가리키며 말했다.

"이 분이 형이긴한데, 왜 묻죠?"

"저는 동생이고 이 분이 제 언니예요. 저는 형과 결혼하고 언니
는 동생하고 결혼하면 좋겠어요."

그들은 그 집에서 자기로 했다. 소녀들은 붉은 머리띠를 매고 있
었다. 형제가 물었다.

"그 띠는 뭐에 쓰는거죠?"

"우리는 결혼할 때마다 띠를 묶는 습관이 있어요."

남매가 잠든 후에 동생은 남매의 머리띠를 풀었다. 그는 자신과
형 머리에 묶여 있던 흰 띠를 풀어서 남매의 머리에 묶었다. 그리
고는 빨간 띠를 자신과 형 머리에 했다. 곧 남매의 아버지가 칼을
들고 나타났다. 그는 어둠 속에서 하얀 머리띠를 보았다.

"이 녀석들이 남편이구나."

그는 남매의 머리를 베어서 바깥에 버리고 몸뚱아리는 창고에
집어넣었다. 남매의 아버지가 사라지자 형제는 말했다.

"집에 가자."

그들은 집으로 돌아왔다. 그 다음날 아침에 그들은 할머니께 말
씀드렸다.

"우리가 그 남매를 죽이고 왔어요."

"잘했다. 그 남매는 많은 사람들을 죽였어."

할머니가 또 말했다.

"서쪽에는 여덟 명의 소녀들이 할머니와 함께 살고 있어. 거기
가지마라. 그들은 모두 음부에 날카로운 이빨이 있어. 잘못하다가
는 너희들은 물건이 잘린 채 죽을 수도 있어."

"알았어요."

그 근처의 큰 계곡에 레하시(Lehaci) 가족이 살고 있었다. 그들

은 할아버지와 여섯 명의 젊은 남자들로 이루어져 있었다. 아하이유트 형제는 그들에게 갔다. 그들은 여섯 형제들에게 참나무를 구해서 가짜 성기를 만들라고 말했다. 그리고 호두나무를 구해서 다시 하나씩 더 만들라고 했다. 그 일이 다 끝나자 동생은 여자들이 살고 있는 서부로 갔다. 그가 말했다.

"오늘밤 우리와 함께 파티를 열어 춤추고 즐기면 어때요?"

"좋지요. 그런데 당신들은 몇 명이나 되지요?"

"우리들은 여덟 명이고 할아버지가 계세요."

"딱 좋네. 우리도 여덟 명이고 할머니가 계시거든요."

"오늘밤에 올께요."

동생은 돌아가서 레하시 가족에게 말했다.

"그들은 오늘밤 우리들과 함께 춤추고 즐기기를 원해."

밤이 되자 그들은 소녀들이 살고 있는 집으로 갔다. 할아버지는 북을 가지고 갔다. 소녀들이 반갑게 맞이했다.

그들은 춤을 추고 노래를 불렀다.

레하시 가족은 여자를 몰라.
레하시 가족은 여자를 모른다네.
그들은 여기서 그냥 잠만 잘 뿐이야.

맏딸이 물었다.

"누가 막내지요?"

막내와 맏형이 동시에 말했다.

"저예요."

그들은 서로 자기가 막내라고 우겼다.

밤이 될 무렵 모든 소년 소녀들은 서로 짝을 지었다. 할머니가 소녀들에게 말했다.

"레하시 가족은 곧 모두 죽을거야."

소녀들이 우울한 표정으로 말했다.

"불쌍한 사람들, 모두 다 죽을 텐데."

그들은 잠자리로 향했다. 남자들은 모두들 가짜 성기를 꺼냈다. 가짜 성기는 여자들의 음부에 있는 이빨을 부수어 피가 흐르기 시작했다. 참나무로 만든 것이 못쓰게 되면 그들은 호두나무로 만든 것을 사용했다. 해가 뜰 무렵에는 이빨이 모두 닳아서 못쓰게 되었다. 조각조각 난 것도 있었다. 할아버지가 소년들에게 말했다.

"집으로 돌아가는 길에 승전고를 울려도 좋겠어."

그들 중 아무도 죽은 사람이 없었다. 그들은 즐겁게 노래를 부르며 집으로 돌아왔다. 그리고 아하이유트 형제는 옥수수산으로 돌아왔다.

그들은 여덟 소녀와 할머니가 잠들어 있는 사이에 출발했었다. 그런데 그들이 간 후 코요테가 왔다. 그는 소녀들 모두와 관계를 맺었다. 그리고는 자기 콧수염을 한 가닥 뽑아서 첫번째 소녀의 다리 사이에 훅 불었다. 그는 두번째 소녀의 다리 사이에도 콧수염을 한 가닥 심고는 숨을 불어 넣었다. 그는 똑같은 방법으로 모든 소녀들에게 털을 심어 놓고는 집으로 돌아갔다. 소녀들은 잠이 깬 후 자신들의 몸이 달라져 있음을 알고는 놀라며 말했다.

"어떻게 된거지?"

그들은 모두 똑같은 털을 가지고 있었다. 그들은 말했다.

"왜 냄새가 나지?"

그것은 코요테의 냄새였다. 그 후 소녀들은 더 이상 사람들을 죽이지 않았다.

그 일이 있고 난 다음날 아하이유트 형제가 아침을 먹고 있는데 할머니가 말했다.

"쌍동이산 근처에는 가지 말아라. 거기에는 한 늙은 여자가 사는 모양인데 아주 못된 데다가 사람들을 해치기도 하는 모양이야.”

형제는 할머니를 안심시키려는 듯이

“알았어요. 가지 않을께요.”

라고 말하고는 밖으로 뛰어나와 숲에서 토끼 사냥을 했다. 한동
안 사냥에 열중하던 동생이 형에게 말했다.

“형, 그 여자가 사는 곳에 한번 가보자. 과연 어떤 종류의 여자
인지 궁금해.”

결국 그들은 쌍둥이산으로 갔다. 그들은 산 꼭대기에 올라가 숨
어서 살펴보았다. 잠시 후 그들은 자기 옷을 손질하고 있는 늙은
여인을 볼 수 있었다. 그 형제는 여인에게 작은 돌을 던져 보았다.
여인은 놀라서 뒤를 돌아보지만 형제는 숨어 있었기 때문에 그 여
인은 형제를 발견할 수 없었다.

한 시간쯤 후에 형제는 다시 돌을 그 여인에게 던졌다. 여인은
일어나서 살펴보았지만 이미 형제는 바위 뒤에 숨어 있었다. 여인
은 주위를 한번 둘러본 후 다시 자리에 앉아 옷을 만지기 시작했
다. 형제는 다시 한번 돌을 집어 던졌다. 세차례나 돌을 맞은 여인
은 화가 나서 둘러보았지만 아무 것도 볼 수 없었다. 여인은 투덜
거리며 혼잣말을 했다.

“도대체 어느 놈이야?”

동생이 형에게 말했다.

“형, 저 여자에게 돌을 던지더라도 이제는 더 이상 숨지 말자.”

여인이 자리에 앉아 일을 시작하자 형제는 다시 돌을 집어 여인
에게 던졌다. 돌을 맞은 여인이 일어나서 둘러보자 산 꼭대기에 소
년들이 서 있는 것이 보였다. 여인이 말했다.

“이 녀석들아, 왜 그러는거야? 이리 와서 얘기 좀 해봐.”

형제가 여인에게 내려가자 그녀는 아주 따뜻한 태도로 말했다.

“정말 귀여운 아이들이구나. 이리 와서 앉아 보렴.”

여인은 형제를 자기의 양편에 각각 앉혔다. 여인은 손으로 소년들의 머리를 쓸어 주며 말했다.

"애들아 가서 나무를 좀 구해오면 어떻겠니? 불을 지펴 맛있는 요리를 해 먹자꾸나."

형제는 조금 후에 그들이 죽을지도 모른다는 것을 알았다. 그들은 나무 조각을 들고는 농담을 했다.

"이 나무에 우리가 요리될거야."

잠시 후 그들은 나무를 한아름씩 안고는 여인에게 돌아갔다. 여인은 불을 지폈고 그 속에 돌을 넣어 달구었다. 그녀는 큰 단지 안에 물을 넣어서 불 위에 올려 놓았다. 소년들은 불 위에 장작을 계속 쌓아 올렸고 불은 더욱 거세어져서 돌은 빨갛게 달아 올랐고 물은 끓기 시작했다. 여인은 그들에게 말했다.

"애들아, 내 옆에 앉으렴."

그녀는 그들의 머리를 다시 한번 쓸어 주었다. 그러다가 갑자기 형의 목을 쳐서 그를 죽여 버렸다. 그리고 잠시 후에는 동생의 목도 후려쳐서 죽게 만들었다. 그 늙은 여자는 얼굴에 미소를 머금고 말했다.

"어리석은 녀석들. 너희들은 이제 죽어가는거야."

그때 형의 영혼은 자신의 육체를 빠져나와 물이 끓고 있는 단지 안으로 들어갔다. 동생의 영혼도 그의 육체로부터 단지 안으로 들어갔다. 그녀는 형의 몸을 단지 안에 넣고 동생의 몸은 빨갛게 달구어진 돌 위에 얹어 놓았다. 그리고 바깥으로 나갔다.

잠시 후 여인이 들어오며 말했다.

"지금쯤이면 요리가 다 되었을거야. 어린 녀석부터 먹어야지."

그녀는 단지에서 끓인 고기를 접시에 담아 두고는 달구어진 돌 사이에서 동생을 꺼내어 커다란 그릇에 넣었다. 그녀가 접시에 담긴 고기를 맛보기 시작하자 단지 안에 있던 형이 소리를 내었다.

"맛 좋겠다. 단지 안에 내가 똥을 누었으니 고기 맛이 더 좋을거야."

여인은 그 말을 듣고 화가 나서 단지를 향해 돌을 던져 산산조각내 버렸다. 그러자 형은 그 옆에 있던 다른 그릇 안으로 들어갔다. 잠시 후 여인은 자리에 앉아 구운 고기를 맛보기 시작했다. 이번에는 다른 단지 안에 있던 동생이 말을 했다.

"거 참 안됐네. 내가 오줌을 누어 버렸으니 어쩌지?"

그 말에 여인은 또 돌을 던져 단지를 부수었고 단지 안에 있던 동생은 작은 접시 안으로 들어갔다. 여인이 또 고기를 먹기 시작하자 형이 다시 말을 걸었다. 그녀는 그가 들어 있던 그릇을 깨뜨려 버렸다.

그녀가 다시 고기를 먹기 시작하자 이번에는 동생이 똑같은 말을 했고, 여인은 화가 나서 접시를 깨뜨려 버렸다. 형제는 이제 그녀의 콧구멍 안으로 들어갔다. 형은 오른쪽, 동생은 왼쪽 콧구멍을 각각 차지해서는 그녀의 코를 간지럽히기 시작했다. 그녀는 재채기를 연거푸하다가 한 시간쯤 지나서 죽고 말았다.

그녀가 죽자 형제는 그녀의 콧구멍에서 나왔다. 그들은 화살촉으로 그녀의 발끝에서부터 가죽을 벗겨내었다. 그들은 풀과 잔디를 가져다가 가죽 안에 채워 넣고는 꿰매었다. 거기에 다시 그녀의 옷을 입혀 놓으니 꼭 그녀가 되살아난 것 같았다. 그리고 난 후 그들은 그녀의 집을 살펴보았다.

그녀의 집은 온갖 곡식으로 가득 차 있었다. 첫번째 방문을 열어 보니 그 속에는 밀이 가득 차 있었고 두번째 방은 멜론과 호박으로 가득 차 있었다. 세번째 방은 콩이 가득했다. 그 방들을 지나자 다른 세계로 이어지는 작은 길이 나 있는 것을 볼 수 있었다. 그 길을 따라 몇 킬로미터를 걸어가니 산의 다른쪽 편에 다다르게 되었고 거기에도 사람들이 살고 있는 마을이 있었다.

그들이 마을에 도착했을 때에는 이미 해가 진 후였다. 그들은 마을을 찬찬히 살펴보기로 했다. 잠시 후 그들은 몇 사람이 집에서 나와 키바로 들어가는 것을 보게 되었고 조금 시간이 흐르자 키바에서는 천둥 번개가 치는 것이었다. 잠잠해지기를 기다린 후에 아하이유트 형제는 키바로 갔다.

창문을 통해 들여다보니 그 안에는 두 사람이 있었다. 그 중 한 명은 둥근 바위를 가지고 있었는데 그가 그것을 굴릴 때마다 천둥소리가 나는 것 같았고 또 다른 한 명은 널판지 같은 것을 가지고 번개를 만들어내는 것 같았다. 밤이 깊어지자 그 두 사람은 키바의 한쪽 구석에 있는 선반에 그것들을 올려 놓고 잠을 청했다.

그들이 깊이 잠들자 형제는 재빨리 집으로 들어가 그것을 집어 들었다. 하지만 바위를 드는 순간 그만 천둥 소리가 나서 마을사람들을 모두 잠에서 깨게 하고 말았다. 그것들을 들고 달아나는 형제들을 마을사람들이 바짝 뒤쫓아왔다.

달아나던 형제가 지쳐 마을사람들에게 거의 붙잡힐 지경에 이르렀을 때, 그들의 눈에는 자신들이 죽인 노인이 살던 집이 보였다. 그들은 그 집 안으로 뛰어들어 갔다. 사람들은 형제가 늙은 여인을 죽인 줄 몰랐기 때문에 무서워서 그 집까지 쫓아 들어와 그들을 붙잡을 수는 없었다. 결국 그들은 포기하면서 말했다.

"두고 봐라. 너희들을 꼭 잡고야 말거야."

형제는 여인의 시체가 있는 곳으로 갔다. 형이 여인의 허리띠를 자기 허리에 연결해 놓고 뛰니 마치 그 여자가 그를 쫓아가는 것 같았다. 그들은 그 시체를 가지고 집으로 향했다. 집이 가까워지자 이번에는 동생이 여인을 자기 허리에 묶었다. 집을 향해 뛰어가면서 형이 소리 질렀다.

"할머니, 누가 동생을 쫓아와요. 할머니, 좀 나와 봐요. 동생이 붙잡힐 것 같아요."

할머니는 그 말을 듣고 바깥으로 뛰어나왔다. 그녀는 긴 막대기와 숫돌을 집어 들었다. 그리고 얼굴 한쪽에 숯을 바르고 다른 쪽에는 검댕을 바른 채 손자들을 향해 뛰어갔다. 그녀는 손자들이 산에서 뛰어내려 오는 것을 볼 수 있었다. 큰 아이가 보였고 그 뒤에 작은 아이, 그리고 어떤 늙은 여자가 바로 뒤에 오는 것을 볼 수 있었다. 할머니는 그 자리에 가만히 섰다. 곧 큰 아이가 뛰어와서 숨을 헐떡거리며 말했다.

"할머니, 누가 동생을 잡으려고 그래요. 빨리 서둘러야 해요."

그녀는 우선 작은 조약돌을 주워 손으로 툭툭 친 후 손자의 얼굴을 향해 그것을 들고 흔들었다. 재앙을 물리치기 위한 것이었다. 그리고는 막대기를 들어 그 여자를 마구 후려쳤다. 여자가 쓰러졌다. 그러자 이번에는 숫돌로 그녀의 얼굴을 짓이겼다. 아하이유트 형제는 웃음을 터뜨렸다. 하지만 할머니는 정말 화가 나서 그녀를 죽여 버리려고 하는 것 같았다. 보다 못해 형이 말했다.

"할머니 그만 하세요. 그 여자는 이미 죽었어요."

할머니는 그제사 그 여인을 살펴보고 이미 죽어 있음을 알게 되었다. 형제는 웃으며 말했다.

"저 여자는 아주 못된 여자예요. 그래서 우리가 죽여 버렸어요. 우리가 사람을 죽이는 악당과 괴물을 모두 죽여 버렸으니 이제는 사람들이 더 이상 아무 것도 두려워할 필요가 없어요."

그 말을 듣고 할머니가 말했다.

"잘했다, 애들아. 너희가 못된 놈들을 모두 처치해 버렸구나. 이제는 이곳에 더 이상 악당은 없을거야."

그들은 함께 집으로 들어갔다. 그들은 함께 식사를 했고 할머니가 밀가루를 빻는 동안 그들 형제는 집에서 놀았다. 형은 번개가 치는 막대기로 번개를 만들었고, 동생은 바위를 굴려 천둥 소리가 나게 했다. 곧 할머니가 물었다.

"너희들 그거 어디서 났니? 빨리 버리고 오너라. 너희들은 그것에 아무 권한도 없어요. 그것은 우와나미(Uwanami) 사람들이 하는거야."

"아니, 그렇지 않아요."

그들은 할머니와 말다툼을 벌이고는 화가 나서 밖으로 나왔다. 바깥으로 나가자 구름이 사방에서 집 쪽으로 몰려오는 것이 보였다. 하늘은 먹구름으로 완전히 뒤덮였고 곧이어 비가 오기 시작했다. 폭우였다. 하지만 소년들은 막대기와 바위로 계속 장난을 쳤다. 천둥 번개가 계속 되었다.

그것을 보고 할머니는 그들을 꾸짖으며 소리를 질렀다. 조금 지나자 집이 모두 물에 잠기기 시작했다. 물이 무릎 위까지 차 올라오자 할머니는 더 큰 소리를 질렀다. 동생이 못 참겠다는 듯이 말했다.

"형, 할머니가 소리지르지 못하게 좀 해봐."

형은 집으로 돌아갔다. 그는 할머니를 안아다가 부엌에 있는 단지 안에 집어넣었다. 그리고는 다시 장난을 계속했다. 그들은 아주 재미있었다. 그러나 물은 계속 불어나서 조금 후에는 집이 다 잠길 지경이 되었다.

할머니는 또 다시 소리를 질렀다. 하지만 곧 할머니가 있는 곳까지 물이 차서 할머니는 단지 안에서 죽어 버렸다. 물이 지붕까지 모두 뒤덮어 버린 후에야 형제는 할머니가 죽었음을 깨달았다. 동생이 말했다,

"형, 할머니가 돌아가신 것 같아."

그들은 장난을 멈추었다. 그들은 뾰족한 막대기를 집어들고 집의 벽에 구멍을 내었다. 비는 그쳤고 집 안에 있던 물은 밖으로 흘러 나왔다. 그들은 할머니를 묻어드리고 나서 4일 동안 꼼짝않고 있었다. 4일이 지나고 나자 형이 말했다.

"이제 어디 멀리 가는 게 좋을 것 같아. 더 이상 이 집에 있을 수가 없어."

그들은 옥수수산으로 갔다. 형은 동생을 옥수수산에 두고 자신은 쌍동이산으로 갔다. 그들은 천둥과 번개가 치게 하는 막대기와 바위를 버렸기 때문에 우와나미 사람들은 그것을 다시 가져갈 수 있었다.

주니(Zuni)족, 남서부 지역

하늘에서 떨어진 여인

아주 오래 전에는 사람들이 하늘에서 살았다. 그 사람들에게는 매우 위대한 족장이 한 사람 있었다. 그런데 이 족장의 딸이 원인 모를 병에 걸려 위독한 상태에 빠졌다. 모든 사람들이 그녀의 병에 대해 걱정을 했다. 하지만 온갖 방법을 다 동원해 병을 고치려고 노력해도 모두 허사일 뿐, 아무 효험도 없었다.

이 족장의 집 앞에는 커다란 나무가 있었는데 그 나무는 매년 식량으로 쓰일 옥수수가 열리곤 했다. 어느 날 족장의 친구 하나가 꿈을 통해서 병의 치료방법을 알게 되었다. 그것은 족장집 앞의 그 나무 곁에 그녀를 누이고 나무를 파내는 것이었다. 이 방법은 즉시 실행되었다. 사람들이 일하러 나간 시간에 그녀는 나무 곁에 누워 있었다. 그런데 그때 한 젊은이가 와서는 화를 내며 말했다.

"이 나무를 없애 버리는 것은 말도 안돼요. 우리는 이 나무가 주는 열매를 먹고 살잖아요."

이 말과 함께 그는 아파서 누워 있는 여인을 걷어차서 파놓은 구멍에 빠뜨려 버렸다. 그런데 그 구멍은 이 세상과 통해 있었다. 하지만 당시의 세상은 모두 물로 뒤덮혀 있어서 땅이라고는 전혀 없었던 것이다. 물 위로 그저 온갖 종류의 물새들이 떠다니곤 했다. 물새들은 하늘에서 한 여인이 떨어지는 것을 보고는 소리를 질렀다.

"저 여인을 구하자."

물새들은 서로의 몸을 밀착시켜 커다란 덩어리를 만들었고 여인은 그 위로 떨어져서 무사할 수가 있었다. 그런데 문제가 생겼다. 누가 그 여인을 돌보느냐 하는 것이었다. 한 커다란 거북이가 자진해서 그녀를 떠맡았다. 하지만 그녀가 물에 빠지지 않도록 계속 업고 있는 것은 보통 힘든 일이 아니었다. 결국 문제는 이 세상에 그녀가 자리잡고 살만한 곳을 마련해 줄 수 없을까 하는 것이었다.

물새들은 마침내 그들 스스로 그런 곳을 만들기로 작정했다. 그러기 위해서 그들은 바다 밑에서 흙을 가져와서 넓고 단단한 거북의 등에 모으기로 했다. 오랜 토론 끝에 두꺼비가 바닷속으로 들어가 흙을 찾는 일을 하도록 결정되었다. 두꺼비는 맡은 일을 훌륭히 해냈다. 그는 바다 깊은 곳에서 흙을 운반해 와서는 그것을 거북이의 등 위에 쌓아 놓았고 이렇게 쌓이기 시작한 흙은 그 두께와 폭이 점점 커져갔다.

하늘에서 떨어진 젊은 여인은 병에서 회복되자 그녀 스스로 집을 지어 만족스런 나날을 보냈다. 세월이 좀 흐른 뒤 그녀는 아이도 낳았다. 그 아이는 딸이었는데 무럭무럭 자라났고 무척이나 영리했다. 딸이 자라서 성숙한 여인이 되자 모녀는 가끔씩 밖에 나가 야생감자를 심곤 했다. 엄마는 그때마다 딸에게 항상 서쪽만을 보고 일하라고 말했다.

그런데 얼마 지나지 않아 젊은 딸은 자신도 어머니가 된 것 같다고 말했다. 엄마는 딸이 동쪽을 보지 말라는 자신의 말을 거역했기 때문이라고 야단쳤다. 동쪽에서 불어오는 바람을 마시면 아이를 갖게 된다는 것이 당시의 생각이었던 것이다.

해산할 날이 가까워오자 그녀는 자기 뱃속에서 쌍둥이가 하는 소리를 들을 수 있었다. 하루는 뱃속의 아이들끼리 누가 먼저 태어날 것인가에 대해 말다툼을 하는데 한 아이는 엄마의 겨드랑이를 통해 세상을 보겠다고 우기는 것이었다. 결국 아이들은 엄마의 몸 밖으로 나왔다. 먼저 태어난 아이는 피부색이 붉은 빛이었다. 그래서 이름을 부싯돌이라는 뜻의 오타그웬다(Othagwenda)로 지어주었다. 하얀 피부를 가진 둘째 아이에게는 작은 새싹이라는 뜻의 쥬스카하(Djuskaha)라고 붙여 주었다.

그런데 할머니는 아기들을 차별했다. 쥬스카하만 좋아하고 오타그웬다는 집 밖에 있는 움푹 패인 나무에 집어 던져 버린 것이다.

집에서 혼자 자라게 된 소년의 성장은 무척 더뎠다. 하지만 곧 활과 화살을 만들 수 있게 되었고 가까운 곳으로 사냥을 갈 수도 있을 정도가 되었다. 그런데 소년은 사냥만 갔다오면 항상 활과 화살을 잃어버린 채 빈손으로 돌아오곤 했다.

참다못한 할머니는 활과 화살을 어떻게 하고 오는지 소년에게 다그쳤다. 소년은 집 근처의 움푹 패인 나무 안에 활과 화살을 사용하는 아이가 있다고 말했다. 할머니는 그 나무가 어디에 있는지 자세히 물어보고는 곧 나무로 달려가서는 그 아이를 다시 집으로 데리고 와 형제는 이제 한 집에서 같이 살게 된 것이다.

소년들이 자라서 어른이 되자 그들은 자신들의 섬을 더 크게 만들어야겠다고 생각했다. 그들은 각자 흩어져서 숲과 호수와 그밖의 다른 것들을 만들기로 했다. 그래서 형은 서쪽으로 가고 동생은 동쪽으로 향했다. 시간이 흐른 뒤 집으로 돌아오는 길에 그들은 함께 야영을 했다. 그리고 각자가 만든 것을 한번 둘러보기로 했다.

다음날 먼저 형이 만든 것을 보러 그들은 서쪽으로 향했다. 그런데 형이 만든 곳은 돌과 바위로 가득했고 매우 큰 모기들이 날아다니고 있었다. 동생은 모기가 너무 큰 것을 보고 힘이 얼마나 센지 시험해 보았다. 모기가 부리로 묘목을 쓰러뜨리는 것을 보고 동생이 말했다.

"형, 이래서는 안돼. 여기 와서 살 사람들을 모두 죽여 버릴 셈

이야?"

그는 모기를 잡아서 매우 작게 만들었다. 그리고 혹 불어 모기를 날려 버렸다. 그는 또 형이 만든 다른 동물들도 살펴보고 그 크기를 조정했다. 그들은 숙소로 돌아와 다음날은 동생이 만든 것을 보러 가기로 했다. 다음날 그들은 동생이 만든 동쪽 세상을 보러 갔다. 그곳은 지나칠 정도로 편하고 좋은 세상이었다. 동물들은 너무 살이 쪄서 움직이기조차 어려운 지경이었고 꿀물이 흐르는 나무도 있었다. 무화과나무에는 훌륭한 열매가 맺혀 있었다. 강물의 절반은 상류로 흐르고 절반은 하류로 흐르도록 되어 있었다. 이 동쪽에 살게 될 사람들은 너무 쉽고 편하게 살게 되리라 생각한 형은 동생이 만든 것을 보고 크게 실망했다.

그는 곰, 사슴, 칠면조 등 온갖 동물들을 마구 흔들어 그 크기를 매우 작게 만들었다. 마치 다시 새끼로 만들어 버리려는 것 같았다. 그는 또 꿀나무는 그저 설탕물만 흐르게 만들었고 무화과 열매는 작고 쓸모 없게 만들어 버렸다. 끝으로 그는 강물이 오직 한 방향으로만 흐르게 했다. 두 방향으로 강물이 흐르게 되면 사람들이 너무 쉽게 강을 건너게 되리라는 것이 그 이유였다.

서로가 만들어 놓은 세상을 살펴본 형제는 생각의 일치를 볼 수 없었고 결국은 싸움까지 하게 되었다. 그리고 격렬한 싸움 끝에 형은 죽고 말았다.

쎄네카(Seneca)족, 동북부 지역

물에서 건진 세상

태초에 세상은 물로 뒤덮혀 있었다. 어느 날 매와 까마귀가 물 위로 나와 있던 나무 위에 앉아 있었다. 그들은 오리를 발견하고 그에게 며칠 동안이나 꿈을 꾸고 싶냐고 물었다. 그 물음에 오리는 이틀 동안 꿈을 꾸면 좋겠다고 대답했다. 매는 오리에게 3일을 주고 그에게 물속에 들어가 바닥에 있는 모래를 가져오게 했다.

오리는 모래를 가지러 물속으로 들어갔다. 하지만 바닥에 닿기 전에 그에게 주어진 3일이 다 지나가 버렸다. 그는 꿈에서 깨어나 죽은 채 물위로 떠오르게 되었다. 하지만 매가 그를 보고는 다시 살려서 무슨 문제가 있었느냐고 물었다. 오리는 꿈에서 깨자 물에 잠겨 죽을 수밖에 없었고 그래서 떠오르게 되었다고 얘기했다.

매는 다시 검둥오리에게 며칠간 꿈을 꾸고 싶냐고 물었다. 검둥 오리는 4일간 꿈을 꾸고 싶다고 대답했다. 그러자 매는 검둥오리에게 이틀의 시간을 주고는 물에 들어가 모래를 가져오라고 했다. 그가 바닥에 닿기도 전에 이틀의 시간은 모두 흘러 버렸고 죽을 수밖에 없었다.

매는 죽어서 물 위로 떠오른 검둥오리의 시체를 발견하고는 다시 생명을 불어넣어 주었다. 매는 검둥오리에게 무슨 문제가 있었는지 물었고 검둥오리는 꿈에서 깨어 버린 이야기를 했다.

　　매는 이제 농병아리에게 며칠 동안 꿈을 꾸고 싶은 지 물었다.
농병아리는 5일이 좋겠다고 대답했다. 매는 그에게 4일의 시간을
주고는 그 시간 동안에 물속에 들어가 바닥에서 모래를 가져오라
고 말했다. 그는 성공할 수 있었다. 그는 곧장 물속으로 뛰어들어
양손에 모래를 한 웅큼씩 쥐었다. 그런데 물위로 올라오는 도중에
그는 꿈에서 깨어 죽은 채 물위로 떠오르게 되었다.

　　매는 그를 살려서 모래를 가지고 왔는지 물어 보았다. 그가 모래
를 가져왔다고 대답하자 매는 다시 모래를 어떻게 했냐고 물었다.
농병아리는 자신이 죽으면서 손에 쥐고 있던 모래를 모두 흘려 버
렸다고 대답했다. 매와 까마귀는 그가 거짓말을 한다며 전혀 믿으
려고 하지 않았다. 하지만 그들은 농병아리의 손톱밑에 묻어 있는
몇 안되는 모래들을 볼 수 있었다. 그들은 그 얼마 되지 않는 모래를
집어 사방으로 뿌렸다. 그래서 세상은 이렇게 만들어지게 되었다.

모노(Mono)족, 캘리포니아

　인디언 어린이들은, 같은 종족의 성원들끼리 짝을 맺거나 어른이 되기 전에 성관계를 맺으면 지진이 일어난다고 배운다. 한편 주니족의 설화 속에는 창세기에 사회기구와 예배의식이 형성된 과정, 땅덩어리가 딱딱하게 된 이유, 세상의 중심을 찾아 모험을 하는 이야기, 또 그 과정에서 발견한 도시와 사당에 관한 이야기도 있다. 그리고 모험의 이야기 속에는 하늘에서 내려온 신이 산 속에 집을 만들어 죽은 사람들이 지하세계로 가기 전에 거기서 춤을 추게 하는 이야기, 부족 별로 다른 언어를 쓰게 된 이야기, 각 부족이 여러 곳으로 흩어지게 된 이야기도 있다.

오렐비스

북미 인디언의 이름은 여러 가지 종류의 새나 짐승 혹은 사물의 이름을 본떠서 만든 것이 많다. 그 인디언의 이름은 다음과 같다.

밍크, 오리, 부싯돌, 붉은 여우, 쇠파리, 흰 도토리, 독수리, 바람, 구름 같은 개, 회색 다람쥐, 회색 왜가리, 너구리, 날쌘 칼새, 새끼 매, 흰 두루미, 물새, 두더쥐, 방울뱀, 물수리, 벌새, 수달, 딱다구리, 흰머리 수리, 오소리, 별똥별, 해, 코요테, 작은 물갈퀴새, 검은 독수리, 작은 새, 땅속 다람쥐, 개복치, 기러기, 푸른 황새, 물총새, 푸른 뱀, 뻐꾸기, 회색곰, 큰새, 뒤쥐, 개구리, 침엽수 수풀.

오렐비스(Olelbis ; 위에 앉아서)에 대해 우리가 아는 것은 우선 그가 오렐판티(Olelpanti ; 높은 곳)에 있었다는 것이다. 그가 다른 곳에서도 살았는지는 모르지만 아뭏든 태초에 그는 오렐판티에 살았다. 이 세상에 아무것도 없던 시절, 그는 오렐판티에 살면서 항상 두 명의 여인과 함께 지냈다. 그 여인들과의 관계는 확실치 않지만 그는 두 여인을 할머니라고 불렀다.

지금 우리가 살고 있는 이 세상이 존재하기 전에 다른 또 하나의 세상이 있었다. 현재의 세상이 생기고 사람들이 살게 될 때까지 그 또 하나의 세상은 아주 오랫동안 지속되었고 또한 많은 사람들이 거기에서 살고 있었다. 전설에 의하면 그 맨 처음 세상은 불에 의

해 파괴된 것으로 알려져 있다. 그 불은 '부싯돌'이 '날쌘 칼새'의 물건을 훔치는 데서부터 일어난다. 물건을 잃은 '날쌘 칼새'가 복수를 위해 '별똥별', '침엽수' 등을 끌어들여 세상에 불을 지른 것이다.

오렐비스는 불이 나자 높은 곳에서 그것을 내려다보았다. 그에게 보이는 세상이라고는 온통 불꽃뿐이었다. 바윗덩어리도 불탔고 땅도 불탔다. 세상의 모든 것들이 다 불탔다. 커다란 연기가 하늘을 찌를 정도로 높이 솟아올랐다. 커다란 불꽃도 타올랐고 타다 남은 장작도 하늘로 솟아올랐다. 이 불꽃은 하늘로 올라가 곳곳에 별이 되었다.

이 별들은 지금의 세상이 만들어질 때까지도 계속 그 자리에 박혀 지금 우리가 보는 별자리를 이루고 있다. 또 화산이 폭발할 때 볼 수 있는 것처럼 바윗덩어리가 불붙듯이 뜨겁게 달아오를 수 있게 된 것도 이때부터다.

불이 나기 전 오렐비스가 두 여인에게 말했다.

"할머니, 나는 집을 한 채 짓고 싶어요."

그들 가족은 집터를 고르고 땅을 다졌다. 그때는 불이 나기 바로 전 날이었다. 오렐비스는 집을 정성스레 지었다. 땅을 다지고 있는 두 여인을 바라보며 오렐비스가 말했다.

"대들보는 무슨 나무를 쓰면 좋을까요?"

여인들이 대답했다.

"남쪽으로 내려가면 아직 어린 흰색 참나무가 있을거야. 뿌리채 뽑아다가 여기 집터 한가운데 심으면 보기 좋을거야."

그는 남쪽으로 가서 참나무를 뽑아왔다. 두 여인은 그에게 여러 종류의 아름다운 나무와 꽃을 주어서 집을 아름답게 꾸밀 수 있도록 해주었다. 지금 세상에 있는 모든 꽃들은 그 집에서부터 유래한 것이다. 그 집에는 이 세상에 있는 모든 아름다운 색깔과 좋은 향기가 다 모여져 있었다.

오렐비스가 여인에게 말했다.

"쏘(도토리로 만든 빵으로 마치 나무 등처럼 커다랗고 둥근 모양)를 갖다두면 좋을 것 같군요."

그들은 쏘를 가져다가 문 근처에 두었다. 이제 그 집을 찾는 손님들은 그 위에 앉아서 쉬면 기분이 좋을 것이다. 오렐비스는 집을 찬찬히 둘러보고는 말했다.

"집을 크게 만들어서 이 곳을 찾는 사람이 아무리 많아도 모두 들어올 수 있도록 해야 되겠어."

그의 말이 끝나자마자 집은 점점 커져서 나중에는 거대한 집이 되었다. 크기 뿐만 아니라 장식도 아주 훌륭한 멋진 집이었다. 새벽녘의 여명 속에서 집은 아름다운 꽃들과 멋진 나뭇가지에 둘러쌓인 채로 서 있었다. 광명이 이 세상에 도달할 무렵에 집이 완성된 것이다.

이 세상에 존재하는 모든 아름다운 색상들이 집 안팎으로 장식되고, 마당 한가운데는 하늘을 찌를듯이 높이 솟은 나무가 있었는데 가지마다 도토리가 가득 열렸다. 또한 그 도토리들은 마당으로 떨어져 곳곳에 널려 있었다. 그 집은 세상에서 가장 크고 아름다운 건물로서 영원히 거기에 있을 것만 같았다.

여인이 말했다.

"얘야, 이제 다 지어졌구나. 훌륭해. 세상에 있는 모든 사람들이 이것을 보고 부러워할 거야. 이 집은 여기에 영원히 존재하여 언제까지나 아름다운 꽃들로 장식되어 있을거야."

집이 완성된 다음날 아침 세상에 불이 났다. 아주 큰 불이어서 세상은 온통 불꽃과 연기뿐이었다. 오렐비스는 기분이 나빠졌다. 불이 난 것을 보고 오렐비스는 할머니의 충고대로 독수리와 벌새를 보내 북쪽 하늘을 떠받치게 하고 하늘에 있던 비와 바람을 불러

왔다. 불은 이 세상을 모두 뒤덮을 기세로 나무, 땅, 바위, 사람, 세상 모든 것들을 다 태워버릴 것 같았다.

그때 물과 바람이 이 세상에 도착했다. 물은 하늘에 뚫린 구멍을 통해 세상을 향해 쏟아져 내려왔다. 그것은 맹렬한 기세로 땅을 뒤덮으며 불을 끄고 남쪽으로 흘러 내려갔다. 하지만 한꺼번에 너무 많은 물이 쏟아져 하늘을 찌를 기세로 마구 불어났고 오렐판티를 향해서 밀려오기 시작했다.

물이 불어 산위로 올라가고 물의 뒤에는 바람이 쫓아왔다. 그는 입에 호르라기를 물고 있었다. 그는 움직일 때마다 있는 힘을 다해 호르라기를 불었고 그 때문에 이상한 소리가 났다. 그는 항상 호르라기를 가지고 다니는 것 같았다. 그는 날개를 활짝 펼친 박쥐처럼 거센 돌풍을 몰며 날아왔다. 그가 남쪽을 향해 날아가는 동안 그의 뺨에 있는 깃털은 점점 길어져 마침내 하늘의 양 끝에 모두 닿을 정도가 되었다.

결국 불은 꺼지고 오렐비스의 요청에 따라 바람은 물을 데리고 하늘로 되돌아갔다. 이제 오렐비스의 눈 아래에 펼쳐지는 세상은 물에 모두 씻겨 내려가 벌거벗은 바윗덩어리들과 곳곳에 생긴 물웅덩이뿐이었다. 그리고 오렐비스가 불과 홍수 속에서 간신히 살아남은 생존자들의 도움을 받아 세상을 다시 건설하는 이야기가 이어졌다.

그들은 하늘에 그물을 걸고 체로 치듯 흔들어서 바위뿐인 세상에 티끌 만한 흙을 모으기도 하고, 강을 만들어서 물웅덩이로부터 물을 끌어들이기도 했다. 그리고 불이 필요할 때마다 불꽃의 아버지인 침엽수 수풀에 가서 몰래 훔쳐왔다.

하늘에서 씨를 뿌려주자 오렐비스는 묵은 도토리알로 땅을 비옥하게 만들었다. 새의 깃털과 몸의 각 부분으로부터 각종 동물이 생기기도 하고 오렐비스에 의해 만들어지기도 하는데 그는 불과 홍

수 속에서 살아남은 생존자들의 특성에 알맞게 모두 동물들로 변형시켰다.

'흰 도토리'인 '홀리홀리'는 겉에서 보면 벌레먹은 도토리 같았고 속은 타다남은 촛불 같기도 하고 빻다가 만 곡식 같기도 했다. 그에게는 딸이 있었고 그 딸은 여러 명의 아들이 있었다. '딱다구리'는 '흰 도토리'를 데리고 온 세상을 돌아다녔다.

그리고 그들이 가는 곳마다 '흰 도토리'에게서 떨어진 가루로부터 작은 참나무 숲이 생겨나곤 했다. 그들은 또 오렐판티의 집에서 클로버의 씨앗을 가져다가 곳곳에 뿌렸다. 오렐비스도 활짝 핀 꽃들로부터 씨를 받아 세상에 뿌려주었다.

오렐비스의 집 근처에는 '코요테'가 살고 있었다. 그는 불이 났을 때 오렐판티로 옮겨와 재난이 사라질 때까지 오렐비스와 함께 살다가 물이 빠져나가자 가까운 곳에 자신의 집을 짓고 안주하게 되었다. 홍수가 났을 때 그는 '큰 새'를 만나 자기 집 근처에 그의 집도 지어 주었다.

'큰 새'는 홍수가 났을 때 한쪽 손의 가운데 손가락인 가장 긴 손가락을 잃었다. 그 긴 손가락은 나중에 사슴이 되었고 그에게서 오늘날에 존재하는 모든 사슴들이 생겨나게 되었다. 그리고 '큰 새'는 하늘을 날다가 그의 한쪽 눈 위에 있는 작은 깃털을 잃어버렸는데 그것은 나중에 아름다운 조개로 변하게 되었다. 그리고 또 목덜미에 있던 깃털 두 개는 진주조개로 변했고 작은 손가락의 마디 하나는 이 세상에 존재하는 새로운 '큰 새'로 성장하게 되었다.

그가 흘린 침은 구슬이 되어 사람들의 목걸이로 쓰이게 되기도 했다. 그는 또 등뼈 한 조각을 잃기도 했는데 그것은 나중에 큰 사슴으로 변하게 되었다.

어느 날 '코요테'가 오렐비스에게 말했다.—그때에는 모든 사람들이 자신이 하는 일을 오렐비스에게 알려주기로 되어 있었다.

"이봐, 나는 내 가죽을 벗어 저 아래 세상에 주고 싶어."

"그렇게 하세요."

오렐비스가 말했다.

'코요테'는 외투로 사용해 온 가죽을 벗어 세상에 던져 주었다. 그러면서 그는 말했다.

"이제 세상에는 코요테가 널리 퍼지게 될거야."

오렐비스는 자기의 큰 집으로 세상의 모든 이들을 불러 모았다. 그들은 수천명씩 무리를 지어 오렐판티의 곳곳에서 노래를 부르기도 하고 얘기를 나누기도 했다.

그 뒤로는 덫을 놓아 구름을 잡는 이야기가 이어진다. 구름은 하늘에서 내려온 물이 불 위를 뒤덮을 때 생긴 것으로서 물과 바람의 고향인 북쪽을 향해 계속 도망을 치는데 그 중 흰색, 검은색, 붉은색의 세 구름이 잡혔다. 붉은 구름의 가죽은 사냥꾼이 가져가서 종종 서쪽 하늘에 걸어 놓곤 했다. 그리고 나머지 둘은 오렐비스의 할머니께 바쳐졌다.

두 여인은 말했다.

"이제 우리는 흰 구름과 검은 구름을 가지게 되었어. 우리가 흰 구름을 밖에 걸어 놓으면 세상에는 흰 구름만이 생겨나서 좋은 날씨가 계속될 것이고, 검은 구름만 걸어 놓으면 거기에서 먹구름이 생겨나 세상에는 항상 비가 쏟아지게 될거야."

그때부터 두 여인은 구름을 번갈아서 걸었다. 흰 구름과 검은 구름을 번갈아 걸다가 구름이 너무 많이 생겼다고 생각되면 그것을 걷어다가 다시 집 안에 두곤 했다. 그들은 그렇게 해서 비의 양을 조절했다.

오렐비스가 말했다.

"북쪽으로 올라간 구름은 북서부 지방에 계속 머물러 있게 될 것이고 그 쪽에는 앞으로 눈이 오게 될거야."

그동안 오렐판티에 있던 이들은 계속 노래를 부르고 이야기를 나누고 있었다. 그런데 그들의 소리는 너무 커서 멀리서도 들을 수 있었다. 오렐비스는 아주 다양한 이들을 불러 모았다. 어떤 이는 집 문턱 위에 앉아 얼굴을 동쪽으로 하고 있었는데 그는 '회색 왜가리'였다. 그가 온 바로 뒤에 '물총새'가 와서는 그의 곁에 자리를 잡았다. 그 다음에 온 것은 '하얀 두루미'였다. 그 뒤에는 '독수리' 형제가 왔고 '뻐꾸기'도 왔다. 이들은 함께 이야기를 나누었다.

"우리는 어디에서 무얼하며 살아야 하는 거지? 오렐비스가 우리에게 어떻게 해줄 생각인지 좀 알아봐야겠는 걸?"

"우리가 어디로 가게 될지 곧 알게 될거야."

'개복치'가 말했다.

"오렐비스는 모든 것의 우두머리니까 우리를 각기 적절한 곳에 보내줄거야."

그 다음날 오렐비스가 말했다.

"할머니, 여기에 모인 이들을 어떻게 하는 것이 좋겠어요? 오렐판티에 그냥 머무르게 하는 것이 가장 좋을까요?"

여인이 대답했다.

"애야, 여기에 꼭 있을 필요가 없는 이들은 저 아래 세상으로 보내도록 해. 그들을 곧 생겨날 사람들에게 필요한 형태로 변화시키는 것이 좋겠어. 이곳에는 가장 훌륭한 이들만 조금 남기고 나머지는 저 아래로 보내라. 거기 있는 사람들에게 도움이 되도록 말이야."

오렐비스는 모든 이들을 집 밖으로 나오게 해서 각자에게 적절한 곳으로 보내었다.

그는 '회색 왜가리'를 불러 말했다.

"위니멤(Wini Mem) 강에 가서 살아라. 거기에서 회색 왜가리가 되어 살면 좋을거야."

백인들이 나타나기 전까지 그 강에는 왜가리가 많았다.   그리고 '개복치'에게 말했다.

"피멤(Pui Mem)강에 가서 개복치가 되어 언제까지나 살아라."

또다른 이에겐 송어가 되어 살게 했다. '푸른색 황새'와 '기러기'에게 말했다.

"너는 푸른색 황새가 되어라. 그리고 너는 기러기가 될거야. 너희 둘다 집이 두 군데에 있을거야. 하나는 북쪽에 있고 다른 하나는 남쪽에 있지. 봄에는 북쪽에 있고 가을이 되면 남쪽으로 와서 남쪽에 있는 집에서 겨울을 보내고, 항상 이렇게 여행을 하는거라구."

'물새'에게는

"너는 물을 따라서 살아라. 물새가 되어 항상 강을 오르락 내리락하며 사는거야."

라고 말하고는 '병아리 매'를 가리키며 말했다.

"너는 물수리가 될거야. 물고기를 잡아먹으며 물가에서 살아라."

오렐비스는 '흰머리 독수리'의 목덜미에서 작은 깃털 하나를 뽑아 던지며 말했다.

"독수리가 되어 높은 산에서 살거라."

이 세상에 있는 모든 흰머리 독수리는 그 깃털로부터 생겨난 것이다. 하지만 그 커다란 '흰머리 독수리'는 오렐비스와 함께 하늘에 남아 있게 되었다.

오렐비스는 '벌새'로부터 깃털을 하나 뽑아 던지며 말했다.

"너는 벌새가 될거야. 봄에 새싹이 움트고 꽃이 필 무렵 세상을 날아다니며 꽃들의 아름다움을 만끽하게 될거야."

'벌새' 그 자신은 오렐판티에 머물러 있게 되었다.

오렐비스는 '흰 두루미'의 깃털도 뽑아서 던지며 말했다.

"너는 두루미가 되어 강가를 날아다니며 살게 될거야."

커다란 '흰 두루미' 자신은 오렐비스와 함께 머무르게 되었다.

'칠면조 독수리' 형제 중 형의 깃털을 하나 뽑아 던지며

"너는 저 아래 세상에 가서 독수리가 되어라. 봄이 되면 위니멤 강에 가서 죽은 연어를 찾아보고 다른 강에 또 다른 물고기가 있는지 찾아보도록 해라. 사람들이 뱀이나 다른 것들을 죽이면 그것을 찾아서 먹도록 해라. 너는 항상 죽은 것들을 먹고 살게 될거야."

또 오렐비스는 '물새 한마리'를 시켜서 사람 세 명을 불러오도록 했다. '물새 한마리'는 그 중 첫번째 사람을 데리고 왔다.

"이 사람은 누구인가?"

오렐비스가 물었다.

"이 사람은 '부싯돌'이지요. 나쁜 사람이에요."

'물새 한마리'가 대답했다.

그는 '부싯돌'을 자기 집의 북동쪽 한쪽에 세우고 시선을 서쪽으로 향하게 해두었다. '물새 한마리'는 두번째와 세번째 사람을 데리고 왔다.

"이 사람들은 누구인가?"

"이들은 '회색곰'과 '회색방울뱀'으로 둘다 나쁜 사람들입니다."

'물새 한마리'가 대답했다.

"그들은 '부싯돌' 옆에 있도록 해라."

오렐비스는 모든 사람들에게 적절한 장소를 지정해 주고 아직 집에 남아 있는 이들에게는 혹시 다른 이를 해칠까봐 입에 재갈을 물려 놓았다.

"'회색곰' 당신도 이리 오시오. 당신도 재갈을 물려 놓아야 다른 사람들이 안심하지."

오렐비스가 말했다. 그러자 '회색곰'이 대답했다.

"나는 입에 아무것도 할 필요가 없어요. 만일 내 입에 재갈을 물

린다면 나는 아무것도 먹지 못할 것 아닙니까?”

오렐비스가 다시 한번 말했지만 그는 똑같은 말을 되풀이하며 고개를 흔드는 것이었다.

“그러면 ‘회색방울뱀’ 당신부터 합시다.”

그러나 ‘회색방울뱀’도 말을 들으려 하지 않았다.

“도대체 왜 오지 않는거요?”

“내 언니인 ‘회색곰’은 가지 않을거요. 그녀는 자기 입에 재갈이 물리면 아무것도 먹지 못할 것이라고 말했어요. 나도 내 입에 재갈이 물리는 게 싫어요. 아무것도 먹지 못할까봐 겁이 나요.”

“알겠소. 당신들은 뭔가 특별한 대접을 받기를 원하는 모양인데 ‘부싯돌’부터 만나보고 봅시다.”

그러자 ‘부싯돌’이 말했다.

“내 언니들인 ‘회색곰’과 ‘회색방울뱀’은 입에 재갈이 물리는 걸 싫어해요. 나도 재갈을 물리고 싶지 않아요. 나는 나의 언니들을 보고 화가 났어요. 나는 그들이 싫어요. 나는 아마 그들만큼이나 못된 존재가 될거예요. 굳이 착해지고 싶지도 않아요.”

그리고는 회색곰과 회색방울뱀을 향해서 말했다.

“이제 시간이 지나면 사람들이 언니들한테 화가 날 때마다 나를 부르곤 할 거예요. 언니들이 사람을 물거나 다치게 하면 아마 그들은 나를 불러서 언니들과 싸우게 할거야. 그러면 나는 사람들의 편을 들어 언니들의 몸에 스며들어 죽이고 말거야. 그러면 언니들은 오늘 한 일을 후회하겠지. 오렐비스는 언니들이 조금만 더 착해지고 순해지기를 기대했어. 그렇지만 언니들은 들은 척도 하지 않았고 나도 언니들을 벌주기 위해 언니들만큼이나 악해질거야.”

‘회색곰’과 ‘회색방울뱀’은 이 말을 듣고 눈물을 흘리며 말했다.

“얘야, 지금이라도 우리 스스로 재갈을 물면 되지 않니?”

‘부싯돌’은 두 손으로 머리를 감싸쥔 채 한동안 말없이 앉아 있었다. 잠시 후 머리를 들고 다시 말했다.

"언니들은 충분히 말했어. 이제는 그만 해도 돼. 나는 언니들하고 달라. 언니들보다 훨씬 강해. 언제까지나 그럴거야. 언니들은 사람들만을 싫어하지. 그렇지만 나는 모든 살아 있는 것들을 다 싫어해. 나는 세상 모든 것을 다 증오하고 죽여 버릴거야. 나는 누구에게든 아무 것도 원하지 않아. 친구도 필요 없어."

곁에 있던 오렐비스가 말했다.

"글쎄 그러면 당신들 마음대로 한번 해보시오."

'부싯돌'이 말했다.

"내가 먼저 세상에 내려가겠어요."

"그러시오. 세상에 내려가서 부싯돌이 되어 널리 퍼지시오. '회색방울뱀' 당신은 방울뱀이 되고 '회색곰' 당신은 회색곰이 되어 세상 곳곳에 널리 퍼지게 될거요. 아마 당신들은 못된 짓을 많이 하겠지만 '부싯돌' 당신은 못된 짓을 더 많이 할거요. 항상 남을 해치고 죽일 태세를 갖추어 모든 살아 있는 것들을 증오하게 될거요.

그리고 당신들 '회색곰'과 '회색방울뱀'은 사람들을 보기만 하면 물어 뜯으려 할거요. 그러면 사람들은 당신들을 잡아다가 '부싯돌'에게 보내 죽이려고 할거요. '부싯돌'은 당신들 몸속에 퍼져 당신들을 죽이고 말거요. '회색곰' 당신은 재갈을 물지 않겠다고 스스로 우겼으니 그렇게 된다고 해도 억울할 것이 없지만 '회색 방울뱀' 당신은 안됐구려. 당신은 사람을 물고 다닌다해도 멀리 도망칠 수가 없기 때문에 사람 손에 쉽게 잡혀 죽고 말거요. 당신의 시체가 땅위에 버려져 있으면 독수리가 와서 그것을 먹게 될거요.

'부싯돌' 당신도 저 아래 세상에 가서 널리 퍼지게 될거요. 사람들은 딩신에게 당신의 누이들과 그밖의 다른 이들을 죽여 달라고 할거요. 그리고 당신은 사람들이 죽이고 싶어하는 모든 이들을 죽인 뒤에 더 이상 그들이 바라는 것이 없어진다면 그들은 당신을 바

위에 집어 던져서 산산조각낼거요. 그러면 당신은 더 이상 아무것
도 아니고 그렇게 영원히 죽은 채로 있게 될거요.”

입에 재갈을 물려서 더 이상 해가 없도록 만든 다른 이들에게 오
렐비스는 말했다.

“이제는 각자 내가 정해준 곳으로 가시오.”

그는 모든 이들에게 갈 곳을 정해 주었다. 어떤 이에게는 ‘시간
이 조금 흐르고 난 뒤 새로운 세상에 존재하게 될 사람들은 당신을
음식으로 이용할거요’라고 말했고, 어떤 이에게는 ‘새로운 사람들
은 당신의 가죽을 이용하려고 할거요’ 혹은 ‘당신은 그들에게 큰 도
움이 될거요’라고 말하기도 했다.

오렐비스의 집에 처음으로 불려온 이는 ‘딱다구리’였는데 오렐비
스는 모인 이들 중 마지막으로 ‘딱다구리’에게 말했다.

“등에 있는 깃털 하나만 뽑아 주시오.”

‘딱다구리’가 깃털을 뽑아 주자 오렐비스는 그것을 세상으로 던
지면서 말했다.

“이 깃털은 딱다구리로 변할 것이다. 그리고 딱다구리는 이 깃
털이 떨어진 곳에서부터 널리 퍼져나가게 될 것이다. 그들은 아름
다운 빨간 깃털을 갖게 될 것이고 사람들은 좋아서 머리띠로 사용
하게 될 것이다.”

오렐비스는 이 세상에 있어야 좋은 것, 이 세상에서만 유용한 이
들을 동물, 새, 그밖의 다른 모습으로 변하게 했다. 오렐판티에 있
는 것이 좋은, 힘있고 위대한 이들은 그와 함께 거기 머물렀다.

다만 그런 경우에는 깃털이나 다른 부분을 이 세상에 보내 뭔가
유용한 존재로 변하도록 했다. 선하고 위대한 이들은 그 스스로 하
늘에 머물러 지금도 오렐비스와 함께 살고 있다.

윈튼(Wintun)족, 캘리포니아, 서부 해안지역

세상을 만든 노인

옛날에는 대평원에 사는 모든 동물들이 그를 알고 있었다. 하늘의 새들도 그를 알았다. 새나 다른 동물, 아니면 사람들 그리고 그가 만들어낸 모든 존재는 그의 말을 알아들었다. 이 이야기는 한 노인이 사람을 만들며 여행하던 시절의 이야기다.

그는 북쪽을 향해 여행하며 동물들과 새들도 만들었다. 그는 먼저 산과 들판과 숲을 만들었다. 그가 지나가는 곳곳에 강을 만들었고 때로는 폭포를 만들기도 했다. 또 어떤 곳에서는 땅에 붉은색 물감을 칠하기도 해서 오늘날 우리가 사는 곳과 같은 세상이 만들어졌다.

그는 우유의 강(Milk River)을 만들고 피곤해져서 언덕 위에 올라가 누워 쉬기로 했다. 그는 언덕 위에 큰 대자로 누우면서 돌 위에 자신의 형상을 새겨 놓았다. 몸통, 머리, 팔, 다리, 그 밖에 그의 모든 것들. 오늘날 당신이 거기에 가면 그 흔적을 볼 수 있다.

쉬고 난 후 북쪽으로 계속 여행을 하다가 그는 작은 돌부리에 발이 걸려 넘어져 버렸다. 그는 화가 나서 커다란 산 두 개를 그 자리에 세우고는 여행을 계속했다. 이 산도 오늘날 우리가 볼 수 있는 것이다. 그는 계속 북쪽으로 여행을 했다. 길을 가다가 도중에 자기가 들고 가던 돌로 예쁜 잔디 언덕을 만들기도 했다.

그 노인은 벌판 곳곳에 잔디를 심어 놓았는데 그것은 동물들이 먹고 살 수 있도록 하기 위한 것이었다. 또한 땅의 한쪽을 일궈 놓고 온갖 채소와 과일들이 자라게 했다. 백합, 당근, 순무, 감초, 딸기, 버찌, 오얏, 장미 등과 같은 온갖 식물이 거기서 자라났다. 그는 땅에 나무를 심었고 여러 종류의 동물들도 풀어놓았다.

그는 머리가 크고 뿔이 달린 양을 만들어 들판에 풀어놓는데 그 양은 오히려 들판에 놓여지는 것을 어색해해서 빨리 달리지도 못했다. 그것을 보고 있던 노인은 이상하게 생각하며 양을 산 위로 데리고 가서 풀어놓았다. 그러자 양은 산을 뛰어넘으며 위험해 보이는 곳에도 쉽게 가는 것이었다. 그는 양에게 어울리는 곳이 바로 험준한 바위산임을 알게 되었다.

그는 산에 올라간 김에 영양(사슴과 비슷하고 네 다리가 가늘고 긺. 크기는 토끼만한 것에서 소만한 것까지 있는데 매우 빨리 달림)을 만들어 산 속에 풀어놓았다. 그러자 영양은 산 속을 여기저기 뛰어다녔는데 너무 빨리 뛰어다닌 나머지 돌뿌리에 몇 번씩 걸려 넘어져 상처가 났다. 그것을 본 그는 영양이 살 곳은 산 속이 아니라 산 아래 넓은 벌판이라 생각하고 영양을 벌판에 데리고 와서 풀어 주었다. 그러자 영양은 싫컷 뛰어 놀며 아름답고도 우아한 자태를 보여주는 것이었다. 그는 흐뭇한 미소를 지며 말했다.

"여기가 바로 네가 살 곳이구나."

어느 날 노인은 여자와 어린아이의 필요성을 느끼고 그것을 만들기로 했다. 그는 진흙을 이용하여 인간의 형상을 만든 후 그 진흙에 대고 '그대들은 사람이 되거라'라고 말한 뒤 포장을 씌워 놓았다. 다음날 아침 포장을 벗겨보니 진흙의 형상이 조금 변해 있음을 알 수 있었다. 그 후에도 형상은 조금씩 변해 갔다.

진흙을 만든 지 4일이 지난 아침에도 그는 그것을 살펴보았다. 포장을 벗겨 그 형상을 쳐다보고는 '이제 그만 일어나서 걸어보라'

라고 말했다. 그러자 그들은 그의 말대로 일어나서 걸었다. 그들은 노인과 함께 강가를 거닐었고 말도 할 줄 알았다.

강가를 거닐던 여인이 노인에게 물었다.

"우리들은 이제 죽음 없이 언제까지나 살아 있게 되는 거예요?"

"그것까지는 아직 생각해보지 않았지만 여기 땅바닥에 있는 버펄로(물소 : 소와 비슷한 모양으로 긴 뿔이 있다) 똥으로 지금 정하는 것이 좋겠다. 그것을 강에 던져서 다시 떠오르면 사람들은 일단 죽으면 4일 후에 다시 살아나게 되는거야. 그러니까 4일 동안만 죽은 셈이지. 하지만 만일 그것이 가라앉는다면 사람들은 죽으면 끝이야. 다시 살아나는 일은 없을거야."

그리고 나서 그는 버펄로 똥을 강에 던져 보았다. 물에 빠진 버펄로 똥은 잠시 후 수면 위로 다시 떠올랐다. 그것을 본 여인이 돌을 하나 집어 들고는 말했다.

"다른 방법으로 한번 해 보아요. 이 돌을 강에 던져서 그것이 물 위로 떠오른다면 우리는 영원히 살게 되는 것이고 만일 그것이 가라 앉는다면 언젠가는 죽는 거예요."

여인은 돌을 강에 던졌고 돌은 물 속 깊이 가라앉았다. 노인이 말했다.

"좋다. 너는 이제 선택을 한 것이다. 이제부터 인간의 수명에는 한계가 있다."

그런데 그로부터 오래지 않아 그 여인의 아이가 죽는 일이 생겼다. 그녀는 너무나 슬퍼 한참을 울고 난 뒤 노인에게 말했다.

"규칙을 바꾸면 어때요? 당신이 처음에 말한 그 규칙대로 하면 좋겠어요. 제발 부탁해요."

노인이 말했다.

"안된다. 일단 규칙이 정해지고 나면 그것을 바꿀 수는 없다. 이미 엎질러진 물이다. 그래서 아이가 죽었지만 나도 어쩔 도리가 없다. 사람들은 언젠가는 모두 죽을 수밖에 없다.”

사람의 수명은 이렇게 해서 정해진 것이다. 그것을 정한 것은 바로 우리를 만들어낸 그 노인인 것이다.

태초의 사람들은 헐벗고 굶주렸다. 그들은 어떻게 생활을 꾸려 나가야 할 지 막막했다. 노인은 그들에게 자신이 심어 놓은 채소와 과일들이 있는 곳을 가르쳐 주었다. 그리고 나무 중의 어떤 것은 껍질을 벗겨서 먹어도 괜찮음을 보여주었다. 그는 또 동물들도 좋은 음식이 될 수 있음을 말해 주었다. 실제로 몇몇 동물들을 사람들에게 주며 말했다.

“이것들은 이제 당신들의 가축이 될 것이다. 이 동물들 말고도 쥐, 다람쥐, 스컹크, 이런 땅 속에 사는 온갖 작은 동물들도 모두 먹을 수 있다. 그것들을 잡아먹는 일을 두려워할 필요는 전혀 없다.”

그는 하늘의 새도 만들었는데 사람들에게 새도 잡아먹을 수 있으며 그것은 아무런 해도 없다는 것을 보여주었다. 그는 자신이 만들어낸 사람들을 데리고 벌판 곳곳을 다니면서 여러 종류의 식물을 보여주었다. 그리고 각 식물들의 용도에 관해서도 설명을 해주었다. 어떤 식물에 대해서는 이런 식의 설명도 했다.

“이 나무의 뿌리는 어떤 특정한 시기에 캐어 쓰면 이러이러한 병에 좋다.”

이런 식으로 사람들은 온갖 식물의 쓰임새에 대해 알게 되었다.

그때에도 버펄로는 있었다. 그런데 사람들에게는 아무런 무기가 없었지만 버펄로는 무기가 있었다. 바로 그 날카로운 뿔이었다. 버펄로는 사람을 보기만 하면 뒤쫓아와서는 뿔로 받아 상처를 입혔다. 심한 경우에는 뿔에 받혀 죽는 이도 생겼는데 그것은 바로 버펄로의 밥이 됨을 의미하는 것이었다.

어느 날 노인이 여행을 하다가 바로 그 참상을 목격하게 되었다.

그는 자기가 만들어낸 인간의 시체를 보게 되었는데 갈기갈기 찢긴 채 버펄로가 먹다가만 흔적까지 보이는 것이었다. 이것을 보고 그는 슬퍼하며 말했다.

"이런 일은 절대로 있어선 안돼. 무슨 대책을 세워야겠어. 거꾸로 사람들이 버펄로를 먹게 해야 해."

그는 사람들을 찾아가서 그들에게 물었다.

"어째서 당신들을 해치는 이런 동물을 보고도 가만히 있느냐?"

"우리가 무엇을 할 수 있겠습니까? 그놈은 뿔을 가지고 우리를 마구 해칠 수 있지만 우리는 그놈을 죽일 수 있는 아무런 방법이 없어요."

"그것은 어려운 문제가 아니다. 내가 당신들에게 그 녀석을 죽일 수 있는 무기를 만들어 주겠다."

그는 딸기나무의 줄기를 몇 개 잘라 가지고 들어왔다. 그 껍질을 벗긴 후 그 중 긴 것을 골라 양 끝에 줄을 매달아 활을 만들었다. 다시 밖으로 나가 새를 한 마리 잡아 깃털을 뽑았다. 그는 그것을 갈라서 화살로 쓸 나무의 한 쪽 끝에 묶었다. 그는 축을 따라 네 개의 깃털을 묶고는 표적을 정해 잘 날아가는지 시험해 보았다. 하지만 깃털이 네 개나 달린 화살은 잘 날지 못했다. 깃털을 하나 줄이고 다시 시험해 보니 이번에는 잘 날아갔다.

그는 바위의 날카로운 부분을 찾아 몇 조각 잘라왔다. 화살촉으로 쓰려는 것이었다. 그는 부싯돌로 쓰는 까만 돌과 하얀 돌이 촉으로 적당함을 알게 되었다. 그는 이제 사람들에게 이것들을 어떻게 쓰는지 그 사용법을 알려 주었다.

"앞으로 밖에 나갈 때는 이것을 가지고 다녀라. 그리고 버펄로를 만나더라도 두려워하지 말고 내가 말한 대로 사정거리 안에 들어올 때까지 기다렸다가 화살을 쏘아라. 그러면 아마 버펄로는 도망을 치든지 더 이상 가까이 오지 못하고 머뭇거릴 것이다."

어느 날 세 남자가 버펄로를 보러 들판에 나갔다. 하지만 활 없이 그냥 나간 것이 화근이었다. 그들은 버펄로를 보긴 했지만 버펄로가 그들을 보고는 달려들어 두 명은 죽고 한 명만이 간신히 도망칠 수 있었다.

그 다음날 사람들은 일이 어떻게 되었는지 보기 위해 그곳으로 함께 가 보았다. 버펄로는 사람들이 오는 것을 보고 '야, 저기 우리의 먹을거리가 또 있다'라고 말하면서 사람들을 향해 몰려왔다. 이번에는 사람들도 도망가지 않았다. 그들은 노인이 만들어 준 화살을 버펄로에게 쏘자 그것에 맞아 쓰러지는 놈도 생겼다. 하지만 그들 중 한 명은 버펄로와의 싸움에서 희생되었다.

사람들은 돌칼로 버펄로의 몸뚱아리를 도려내었다. 고기는 날로 먹는 것이 좋지 않았기에 노인은 구워먹는 방법을 가르쳐 주기로 했다. 그는 우선 장작으로 쓰기에 알맞은 나무를 모았다. 그리고 그 중 단단한 나무를 하나 골라서 화살촉으로 구멍을 냈다. 그는 사람들에게 마찰을 이용해서 불을 만드는 방법을 가르쳤다. 그리고 불붙은 장작에 고기를 익혀 먹는 법도 가르쳐 주었다.

그들은 땅에서 넓적한 돌을 두 개 골랐다. 하나는 좀 부드러워 보이고 또 하나는 꽤 단단해 보이는 것이었다. 그들은 두 개의 돌을 서로 문질러 가운데 부분이 움푹 파이게 했다. 그리고는 그것을 냄비처럼 이용했다. 그들은 비슷한 방법으로 다른 그릇들도 만들었다. 노인이 사람들에게 말했다.

"이제 피곤할테니 가서 좀 쉬게나. 아마 자다보면 꿈속에서 그대들에게 도움이 될 일이 생길 것이다. 꿈속에 등장하는 동물이 그대들에게 무슨 말을 하건 그들의 말을 따르라. 혹시 도움이 필요하다거나 혼자서 낯선 곳을 여행하게 되어 어려움에 처할 때는 도와달라고 소리를 질러라. 누군가가 나타나서 도와줄 것이다. 곰이 도와줄 수도 있고 버펄로가 도와줄 수도 있다. 아니면 독수리가 도와줄지도 모른다. 어떤 동물이 도와주러 오더라도 그 동물의 말을 따라야 한다.”

꿈을 통해서 사람들은 세상이 어떻게 돌아가는지 좀 더 자세히 알게 되었다.

그후로 노인은 북쪽을 향해 여행을 계속했다. 그가 만든 많은 동물들이 그와 함께 여행을 했다. 동물들은 그의 말을 잘 알아들었고 때때로 하인의 역할도 했다. 그는 두더지산의 북쪽 끝에 도착하자 다시 진흙으로 사람의 형상을 만들었다. 그리고 숨을 불어넣어 사람이 되게 했다. 그는 새로이 남녀를 만들어낸 것이다. 그들이 그에게 물었다.

“우리는 무엇을 먹고 살아야 합니까?”

그는 다시 진흙으로 버펄로의 형상을 만들었다. 그리고 그것들에게 숨을 불어넣자 그것들은 살아나서 일어섰다. 그것들에게 어떤 신호를 하자 달리기 시작했다. 그는 사람들에게 말했다.

“저것들이 바로 그대들의 음식이다.”

그들은 다시 물었다.

“뭘 먹어야 할지 알긴 알겠는데 그러면 어떻게 잡죠?”

“이제부터 내가 그 방법을 알려 주겠다.”

그는 사람들을 절벽 위로 데리고 가서 돌무더기를 쌓게 했다. 그리고는 버펄로를 계곡 밑으로 몰아내는 방법을 가르쳐 주었다.

그는 이 사람들에게 필요한 지식을 모두 가르쳐 주고 난 후 다시 북쪽을 향해 여행을 계속했다. 여행을 하다가 그는 활강과 화살강이 만나는 곳에 도달하게 되었다. 거기서 그는 또 사람들을 만들어내고는 똑같은 것들을 가르쳐 주었다. 그리고 나서 북쪽을 향한 여행을 다시 시작했다. 붉은 사슴강에 이르자 그는 자신이 쉴 곳을 발견하게 되었다. 그는 그곳에 누워서 휴식을 취했다. 그가 쉬고 간 자리에는 아직까지 그의 흔적이 남아 있다.

그는 휴식을 취하고 난 뒤 여행을 계속해서 어떤 멋진 높은 산에 도달했다. 그리고 산꼭대기에 올라가 눈앞에 펼쳐지는 광경을 찬찬히 살펴보았다. 기분이 매우 좋아졌다. 그가 쉬고 있는 곳 앞을 내려다보니 산은 매우 가파르게 보였다. 그는 그것을 보고 생각했다.

'여기서 미끄러져 내려가면 재미있겠는 걸.'

그는 당장 산을 미끄러져 내려가기 시작했다. 그가 미끄럼을 탄 흔적은 아직도 남아 있는데 사람들은 그것을 '노인의 미끄럼틀'이라고 불렀다.

'검은 발' 사람들은 여기까지만 그 노인과 함께 갔다. 그보다 더 북쪽에서 일어난 일은 크리(Crees)족 사람들이 안다. 그 뒤 언젠가 노인은 이렇게 말했다.

"여기쯤에서 그대들에게 땅을 나누어 주어야겠다."

그는 그 말대로 했다.

"여기가 그대들의 땅이다. 이 땅에는 온갖 동물들로 가득 차 있고 갖가지 식물들이 자라고 있다. 다른 사람들이 이 땅을 침범하지 못하도록 하라. 여기는 당신네 다섯 부족을 위한 땅이다(그 다섯 부족들은 블랙풋(Blackfeet), 블러드(Bloods), 피에간(Piegans), 그로스 벤트레(Gros Ventres), 사르키(Sarcees)족이다).

만일 이 땅을 침범해 들어오려는 이들이 있다면 활과 창과 도끼를 꺼내 들고 그들을 물리치도록 하라. 만일 그들에게 조금이라도 땅을 내준다면 그 후론 그대들에게 재난이 그치지 않을 것이다."

우리 선조들은 경계를 넘어오는 모든 이들과 싸워 그들을 물리쳤다. 얼마 전에야 우리는 백인들이 이 땅에 들어오는 것을 허락했다. 그리고 그 결과는 지금 우리가 보는 그대로다. 후손인 우리들은 노인이 정해준 법을 지키지 못한 것이다.

블랙풋(Blackfoot)족, 대평원

인간의 탄생

태초에 창조주는 하늘에 있었다. 그가 세상을 살펴보니 그곳에는 아무것도 없었다. 그는 무엇을 해야 할까 생각해 보았고 그러다가 눈물까지 흘리게 되었다. 그런데 잠시 후 그는 그의 발밑에서 무언가 반짝이고 있음을 알게 되었다. 그것은 바로 그의 눈물이었다. 그가 흘린 눈물은 땅 위로 떨어져서 고이기 시작했고 그 물이 모여 바다를 이루게 되었다. 창조주는 다시 생각하기 시작했다.

'그렇구나. 내 눈물이 바다가 된 것처럼 모든 것은 내가 원하는 대로 만들어지는구나.'

그는 불이 필요하다고 생각했고 그러자 불이 생겨났다.

"생각했던 대로구나. 내가 원하는 것은 내가 원하는 대로 세상에 생겨나는거야."

다시 그는 땅덩어리가 하나 있으면 좋겠다고 생각했고 그러자 이 지구가 생겨났다. 창조주는 지구를 쳐다보고 흡족해 했다. 그러나 그것도 잠시, 지구는 너무 소란스러웠다. 바닷물이 출렁거리듯이 지구도 그렇게 흔들흔들하는 것이었다. 그것을 보고 그는 나무를 만들어 심었지만 그것이 지구를 조용하게 만들지는 않았다.

이번에는 잔디를 만들었다. 하지만 그것도 지구를 조용하게 만들지는 못했다. 그는 또 돌과 바위를 만들어 보았지만 그것들도 지구를 조용하게 만드는 데에는 큰 힘이 되지 못했다. 하지만 그러다 보니 어느 사이엔가 지구는 이미 어느 정도 조용해져 있음을 알게 되었다. 그 후에 그는 네 개의 방위와 각 방향에서 불어오는 바람을 만들어내었다.

지구의 각 구석진 곳에는 크고 힘센 사람을 배치해 추의 역할을 하게 했다. 하지만 그렇다고 해서 세상이 완전히 조용해진 것은 아니었다. 그러자 그는 네 개의 커다란 생명체를 만들어 지구를 향해 집어 던졌다. 그것들은 뱀이었다. 네 마리의 뱀은 머리를 동쪽으로 향한 채 지구로 떨어졌다. 뱀이 지상에 존재하자 지구는 매우 조용하게 되었다. 이제 그는 지구를 보고 매우 좋아하게 되었다.

그는 어떻게 해서 사물들이 자기가 원하는 대로 만들어지는지 다시 한번 생각해 보았다.

'내가 원하는 대로 사물들이 만들어지니까 이번에는 나하고 닮은 놈을 한 번 만들어 보아야겠어.'

그는 진흙으로 자기와 꼭닮은 형상을 만들었다. 그리고 그는 자기가 만든 것에 말을 걸어 보았다. 하지만 그것은 아무 대답도 하지 않았다. 그는 형상이 마음이나 생각이 없음을 알게 되었다. 그래서 그는 그것에 마음을 만들어 주고 다시 말을 붙여 보았다. 그렇지만 아무 대답이 없었다. 자세히 살펴보니 그것은 혀를 가지고 있지 않은 것이었다. 그는 혀를 만들어 주었다.

그리고 나서 말을 해 보아도 여전히 대답이 없었었다. 그는 영혼을 만들어 주고 말을 걸어 보니 이제는 무언가 말을 하는 것 같았다. 하지만 무슨 뜻인지 거의 알아들을 수 없는 말이었다. 다시 창조주가 그것의 입에 대고 숨을 불어 넣어준 후 말을 걸어 보니 그제야 제대로 대답을 하는 것이었다.

윈네바고(Winnebago)족, 중부 산림지대

곰을 쏘아 죽이다

아주 오래 전에 퓨짓사운드(Puget sound)의 인디언들은 이런 말을 하곤 했다.

세상의 인구가 너무 많아져서 모든 물고기와 사냥감들이 없어지게 될 것이다. 그러면 사람들은 서로를 잡아먹기 시작할 것이다. 사람들은 야생동물보다 더 사나워지게 될 것이고, 그것을 보다 못한 신은 이 세상에 홍수가 나게 할 것이다. 그로 인해 세상의 살아 있는 모든 것들은 죽어 없어지게 되는데 다만 한 명의 여자와 개 한 마리만이 살아 남는다. 그들은 산꼭대기에 올라가 물이 다 빠져 나갈 때까지 기다린다.

그 여인과 개로부터 다음 세대의 인류가 태어나게 된다. 그들은 네 발로 기어다니고 땅 속의 굴에서 생활한다. 그들은 고사리 뿌리와 백합꽃의 뿌리를 먹고 산다. 그들은 아무 도구도 갖고 있지 않기 때문에 손으로 그것들을 파서 먹어야만 하고 불이나 옷 같은 것도 없기 때문에 더위와 추위로부터 벗어날 길이 없다.

그런데 남쪽에서 커다란 곰이 나타나기 시작하면서 그들은 생존 자체에 커다란 위협을 느끼게 된다. 그 곰은 크고 힘도 세고 또 특별한 능력도 가지고 있다. 그는 눈에 신통력을 가지고 있어서 만일 잡아먹고 싶을 대상을 만나면 그저 뚫어져라 쳐다보기만 하면 상대방은 움직일 수가 없게 되고, 그러면 곰은 그를 쉽게 잡아먹는다. 사람들은 무기를 가지고 있지 않기 때문에 곰은 더욱 쉽게 사람들을 잡아먹을 수 있다.

그로 인해 사람들이 너무 많이 줄어들게 되면 마침내 신은 사자를 보낸다. 그의 얼굴은 태양과 같고, 목소리는 천둥 소리 같다. 그는 활과 창으로 무장을 하고, 또 엄청난 초능력을 가지고 있다.

그는 사람들에게 묻는다.

"왜 그렇게 웁니까?"

"곰 때문에 그래요."

하고 사람들이 대답한다.

"그 괴물이 우리의 씨를 말릴 작정인 모양이오. 우리들 중 아무도 그의 눈길을 피할 수 없으니 아마 우리는 한 명도 남아나지 못할거요."

신의 사자는 그들을 도와주겠다는 약속은 하지 않는다. 하지만 그는 그들에게 두 발로 걷는 방법을 가르쳐 준다. 그리고 두 명의 신에 관한 얘기를 해 준다.

"신 중에 한 명은 선하고 한 명은 악해요. 선한 신이 나를 당신들에게 보낸거요."

그는 돌아가 신과 얘기를 나눈다. 그리고 나서 사람들에게 되돌아오는데 그때에는 사람들에게 많은 선물을 가지고 와서 여러 달 동안 머문다.

그는 선물을 나누어 주기 위해 사람들을 불러 모은다. 이것이 인디언 사이에 존재한 포틀랫치(Potlatch ; 북서부 인디언 행사의 하나로 부나 권력을 과시하기 위한 축제 중의 선물 분배 행사) 중 최초의 것이 된다.

그는 젊은 사람들에게 활과 화살 그리고 창을 나누어 주고 사용 방법을 가르쳐 준다. 또 늙은 사람들에게는 나무를 잘라서 배를 만드는 방법, 창과 그물을 만드는 법, 또 배 위에서 고기를 잡는 방법 등을 가르쳐 준다.

그는 젊은 여인들에게는 나무 껍질을 이용해서 치마를 만드는 법, 화장을 하거나 머리에 기름을 칠해서 더 예뻐보이게 하는 방법, 노래부르는 법 등을 가르쳐 준다.

한편 늙은 부인들에게는 그가 가져온 막대기를 이용해서 백합의 뿌리를 캐내는 방법, 나무껍질이나 해초를 이용해서 바구니를 만드는 방법 등을 가르쳐 준다.

그는 그 밖에 막대기로 불을 만드는 법, 요리와 물건들을 머리에 이고 다닐 수 있는 방법들도 가르쳐 준다. 그는 여인들에게 말한다.

"당신들은 이런 것들을 배워서 남자들에게 도움이 될 수 있을 겁니다. 남자들은 당신들의 주인이예요."

그리고 난 후 사자는 자신의 초능력을 시험해 본다. 그가 다음으로 해야 할 일은 그 큰 곰을 죽이는 일이기 때문이다. 그는 가방에 화살 일곱 개를 넣고 마을의 남자들을 모아 함께 화살에 대고 주문을 외워 기가 가득하도록 한다.

사자는 그 뒤 화살 한 개를 꺼내 벌판의 한가운데에 꽂아 놓는다. 큰 곰이 사는 곳을 향해 반나절을 걸어간 후 그는 두번째 화살을 땅에 꽂는다. 반나절을 또 걸어간 후 그는 세번째 화살을 꽂아 둔다. 이런 식으로 그는 곰의 집으로 향하는 일직선 상에 여섯 개의 화살을 꽂는다.

일곱번째의 화살을 손에 쥔 채 그는 곰에게로 간다. 그를 본 곰은 그를 노려보며 자신의 초능력을 발휘해 보려고 하지만 사자의 초능력이 워낙 강하기 때문에 곰은 아무런 영향도 발휘하지 못한다. 그는 손에 쥐고 있는 화살을 곰에게 쏜 뒤 여섯번째의 화살이 있는 곳으로 달려간다. 곰은 그를 쫓아간다. 그는 여섯번째 화살을 다시 곰에게 쏜 후 다섯번째 화살을 향해 달려간다. 곰은 그를 또 쫓아간다. 첫번째 화살이 있는 데까지 오게 된다. 사자의 화살은 거기서 곰의 심장을 꿰뚫어 곰은 죽게 된다. 벌판 한가운데에서 곰은 죽은 것이다.

사람들은 그토록 오랫동안 그들을 괴롭혀 왔던 곰이 죽은 것을 보고 너무나 기뻐한다. 그들은 곰의 가죽을 벗겨 골고루 나누어 갖는다. 워낙 큰 놈이라 귀의 가죽만으로 벌판을 모두 덮을 지경이어서 가죽을 모두 나누고도 남을 정도로 아주 풍부하다.

신의 사자가 사람들을 위해 마지막으로 해 주는 일은 커다란 건물을 한 채 지어 주는 일이다. 입구가 하나뿐인 이 건물을 짓고 나서 그는 그 때까지 세상에 알려져 있는 온갖 병과 다른 나쁜 것들을 모두 집어 넣어둔다. 그리고는 한 가족을 불러 관리하도록 하고 그 건물 안에 무엇이 들어 있는 지는 가족의 가장에게만 가르쳐 준다.

그는 가장에게 말했다.

"당신 가족이 이 집을 지켜야 하며 결코 문을 열어서는 안된다는 것을 명심해요. 그리고 집 안에 무엇이 있는 지는 당신 혼자만 알고 어느 누구에게도 말하면 안돼요."

여러 해가 지난 후 그 가족은 가장과 부인 그리고 딸만 남게 된다. 어느 날 부모가 외출한 사이에 딸은 집 안을 엿볼 기회를 잡게 된다.

그녀는 집 안에 무엇이 있는 지 너무 궁금했기 때문에 문을 열어 보고 싶은 충동을 참지 못한다. 결국 그녀는 빗장을 풀고 문을 살짝 열어보게 된다. 그러자 그동안 집 안에 갇혀 있던 온갖 것들 — 온갖 질병, 나쁜 것들, 그리고 슬픔과 증오 같은 것들 — 이 밖으로 쏟아져 나오게 된다.

신은 그것을 보고 너무나 화가 나서 악마를 세상에 보낸다. 그

악마는 먼 산 바윗속에 사는데 그는 낮에는 잠만 자다가 밤이면 마을에 와서 집에서 멀리 외출한 여자가 보이기만 하면 마구 잡아가곤 한다.

퓨짓사운드(Puget Sound)족, 북서부 해안지역

해와 달 남매

옛날에 한 남매가 커다란 마을에 살고 있었다. 그 마을에는 '노래를 부르기 위한 집'이 한 채 있었고, 그들 남매 중 누이는 매일 밤 이 집에서 환락을 즐겼다. 그러던 어느 날 그 집의 등불이 모두 꺼져 버렸을 때 누군가가 다가와서 그녀를 폭행한 일이 있었다. 그녀는 너무 깜깜해서 그를 알아볼 수가 없었다.

그 후로 그녀는 검댕으로 자신의 손을 까맣게 칠하고 다녔으며, 같은 일이 반복되자 그녀는 그 사람의 등에 검댕을 묻혀놓았다. 등불이 다시 켜진 후 그녀는 범인이 바로 자신의 동생임을 알게 되었다. 매우 화가 난 그녀는 칼을 갈아 자신의 가슴을 도려내어 그에게 주면서 말했다,

"이게 그렇게 맛있어 보였니, 실컷 먹어."

동생은 오히려 벌컥 성을 내었고, 그녀는 너무 화가 나서 집 밖으로 뛰쳐 나왔다. 그녀는 밝게 불타고 있던 나무를 한 조각 쥐고는 뛰어갔다. 동생도 다른 나무를 쥐고 뒤쫓아갔지만, 쫓아가는 도중에 그만 넘어져서 불을 꺼뜨리고 말았다. 하지만 불은 완전히 꺼지지는 않고 희미하게나마 계속 빛났다.

그리고 그들 둘은 점점 공중으로 솟아올라 누이는 해로 변하고 동생은 달로 변하게 되었다. 그 후로 달이 보일 때마다 그녀는 다

음과 같이 노래를 부르게 되었다.

　아닝가가 타피카 타키른 타피카 카미저테들리포크 ; 카미티테들
　아닝가가　타피카　티피포크　타피카 (Aningaga tapika, takin t-
apika qaumidjatedlirpoq ; qaumatitaudle Aningaga　tapika,　tipipoq
tapika.)

　나의 동생은 저 위 저곳에, 저 위에 있는 달은 빛나기 시작하네
; 그는 밝게 빛날거야.
　나의 동생은 저 위 저곳에, 그는 저 위로 솟아오르고 있어.

에스키모(Eskimo)

지하세계의 여왕, 세드나

옛날 어느 쓸쓸한 바닷가에 한 노인이 그의 딸 세드나와 함께 살았다. 그는 얼마 전에 부인을 잃고 딸과 함께 조용한 생활을 하고 있었다. 세드나는 아름다운 소녀로 성장해 갔고, 각지에서 젊은이들이 찾아와 청혼을 했지만 그 소녀의 마음을 사로잡을 수 있는 사람은 아무도 없었다. 어느해 봄, 해빙기에 물새 한 마리가 얼음 위로 날아와서 노래를 부르며 세드나에게 사랑을 호소했다.

"내게로 와요. 새들의 세계로 와요. 그곳에는 굶주림이 없고 나의 잠자리는 가장 아름다운 가죽으로 만들어져 있어요. 당신은 곰 가죽 위에서 쉴 수도 있어요. 나의 친구새들은 당신이 원하는 모든 것을 가져다 줄 거예요. 그들의 깃털은 당신의 옷이 되어 줄 것이고, 당신의 항아리에는 항상 고기가 가득할 거예요."

세드나는 그 유혹을 뿌리치지 못하고 결국 그와 함께 큰 바다를 건너갔다. 오랜 시간의 고된 여행 끝에 마침내 물새의 세상에 도착했을 때 세드나는 물새가 거짓말을 했음을 알게 되었다. 그 소녀의 새집은 모피로 지어진 것이 아니었다. 그것은 낡아빠진 물고기 가죽으로 지어진 데다가 그나마 너무나 낡아서 곳곳에 뚫린 구멍을 통해 비바람이 마구 새는 것이었다.

사향노루(사슴과의 한 종으로 암수 모두 뿔이 없고 수컷의 배에는 향주머니가 있는데 여기에 사향이 있음)의 가죽 대신에 침대는 딱딱한 해마(온몸이 딱딱한 비늘로 덮여 있고 머리는 말머리와 비슷하며 주둥이는 관 모양임)의 가죽으로 만들어졌고, 그 소녀는 새들이 물어다 주는 형편없는 물고기를 먹고 살아야 했다. 바보같은 자만심 속에 이누이트(Inuit)족 청년의 청혼을 거절했을 때 이미 그 소녀는 기회를 잃었음을 금방 깨달을 수 있었다. 그 소녀는 슬픔의 노래를 불렀다.

"오! 아버지, 제가 지금 얼마나 비참한지 아신다면 저를 좀 구해 주세요. 새들은 저를 이상한 눈으로 보아요. 찬 바람은 항상 제 침대를 맴돌고 그들은 저에게 형편없는 음식만을 주어요. 오! 제발 저를 집에 데려가 주세요."

한 해가 흘러 다시 따뜻한 바람이 불어오기 시작하자 세드나의 아버지는 그를 만나보러 물새의 세상을 찾아왔다. 딸은 그를 반갑게 맞이하면서 자기를 집에 데려가 달라고 간청했다. 그는 딸이 격은 모욕을 듣자 격분한 나머지 복수를 하겠다고 다짐했다. 그는 사위인 물새가 돌아오자 그를 죽이고 딸을 배에 태워서 그녀에게 숱한 슬픔을 안겨다 주었던 그곳을 재빨리 떠났다.

새들이 집으로 돌아와 자신의 동료가 죽고 그의 부인이 사라졌음을 알게 되었다. 그들은 불쌍한 동료의 죽음을 매우 슬퍼했다. 너무나 슬픈 나머지 그들은 오늘날까지 계속 눈물을 흘리고 있는 것이다. 슬픔 속에서 그들은 그 소녀를 반드시 찾아내고야 말겠다고 마음먹었다.

소녀를 찾아나선 그들은 곧 배를 발견하고 즉시 강한 폭풍우가 일게 했다. 갑자기 높은 파도가 일기 시작하자, 노인은 죽음의 위협을 느꼈다. 이 심각한 순간에 그 아버지는 세드나를 새들에게 다시 주기로 마음먹고 그녀를 배에서 밀어 버렸다. 하지만 그녀는 떨어지지 않으려고 필사적으로 배의 가장자리에 매달렸다.

그러자 무정한 아버지는 칼을 들고 그녀를 지탱하게 해 주던 다섯 손가락의 첫째 마디들을 모두 잘라버렸다. 그런데 손가락 마디는 바다에 떨어져 고래로 변했고, 손톱은 고래수염이 되었다. 세드나가 배를 더 힘주어 잡자 아버지는 다시 칼을 휘둘렀다. 칼에 잘라진 두번째 마디는 바다표범이 되어 헤엄쳐 갔다. 아버지가 손가락의 마지막 마디마저 잘라 버리자 그것들은 물개가 되었다.

그동안 폭풍은 잠잠해졌다. 새들이 세드나가 물에 빠져 죽었으리라 생각하고 주문을 풀었기 때문이었다. 아버지는 다시 그녀를 배 위로 올라오게 해 주었다. 하지만 그때부터 그녀는 아버지에게 무서운 증오심을 품기 시작했고, 꼭 복수하고야 말겠다고 맹세했다.

그들이 바닷가에 도착하자 소녀는 그녀의 개를 불러서 아버지가 잠든 사이에 그의 손발을 물어뜯도록 시켰다. 자다 말고 개에게 물어뜯기게 된 그는 자기 자신, 그의 딸, 개 모두를 저주했다. 그 이후로 그들은 애들리분(Adlivun) 땅에서 살게 되었는데 그곳에서 세드나는 여왕이 되었다.

에스키모(Eskimo)

인간을 도와준 갈까마귀 (I)

오래 전 세상이 만들어질 무렵, 회색 독수리가 해, 달, 별, 그리고 물과 불의 수호자로서 그것들을 지키고 있었다. 회색 독수리는 사람들을 너무나 싫어했기 때문에 그들을 눈에 뜨이지 않는 곳에 숨겨 놓았다. 사람들은 불도 없고 신선한 물도 없이 어둠 속에서 살 수 밖에 없었다.

회색 독수리에게는 아름다운 딸이 있었는데, 갈까마귀는 그 소녀와 사랑에 빠졌다. 그 때는 갈까마귀도 멋있는 젊은이였다. 그는 눈처럼 하얀 새로 변해서 회색 독수리의 딸을 즐겁게 해 주었다. 소녀는 그를 집으로 초대했다.

갈까마귀는 독수리의 집에 해, 달, 별, 그리고 신선한 물이 가득한 것을 보자 자신이 무엇을 해야 할 지를 깨달았다. 그는 아무도 몰래 그것들을 가져가기 위해 기회를 엿보았다. 그는 잠시 후 그것을 훔쳐서 도망쳐 왔다.

갈까마귀는 밖으로 나오자마자 하늘에 해를 걸었다. 그것은 너무나 밝았기 때문에 멀리 바다 한가운데에 있는 섬도 쉽게 찾아갈 수 있었다. 해가 진 후에 그는 달을 걸고 곳곳에 별을 붙여 놓았다. 이 새로운 등불 덕분에 그는 계속 날 수가 있었고, 그가 훔쳐온 신선한 물과 불을 운반할 수 있었다.

그는 땅위를 낮게 날아 훔쳐온 물을 곳곳에 떨어뜨렸다. 그 물은 땅에 떨어져서 세상에 있는 온갖 시냇물과 호수의 근원이 되었다.

그리고 나서 갈까마귀는 불이 붙은 장작을 부리로 물고 날아다녔다. 그런데 불에서 나는 연기 때문에 그의 하얀 깃털은 그만 새까맣게 되고 말았다. 부리에 불이 붙자 그는 장작을 떨어뜨릴 수밖에 없었다. 장작은 바위에 부딪쳐서 바위를 뚫고 들어갔다. 그로 인해 그 후로 두 개의 돌을 함께 부딪히면 불꽃이 일게 되었다.

장작의 연기 때문에 까맣게 된 갈까마귀의 깃털은 다시는 하얗게 되지 않았다. 갈까마귀의 색깔이 까맣게 된 것은 이때부터의 일이다.

퓨짓사운드(Puget Sound)족, 북서부 태평양 연안지역

인간을 도와준 갈까마귀 (II)

어느 날 갈까마귀 한 마리가 태어났다. 그의 아버지는 그에게 세상살이에 필요한 온갖 지식을 가르쳐 주고 훈련을 시켰다. 그가 좀더 자라자 그에게 세상을 만드는데 필요한 지식을 모두 알려 주었다. 갈까마귀는 노력을 거듭한 끝에 세상을 만들어내는 데 성공했다. 하지만 그가 만들어낸 세상에는 빛이 없었다. 그때 누군가가 그에게 말했다.

"네스(Nass)강 상류에 가면 커다란 집이 한 채 있는데 그 집에 가면 누군가가 불을 지키고 있어요."

갈까마귀는 어떻게 하면 그 빛을 가져올 수 있을까 생각한 끝에 마침내 좋은 방법이 하나 떠올랐다. 그는 그 집의 딸에게 생각이 미친 것이다.

"나를 매우 작은 먼지 조각처럼 만들어서 물위를 떠다니는거야. 그러면 그 딸이 물을 마시러 왔다가 먼지가 된 나까지 마시게 되고, 마침내 아기를 갖게 될거야."

그의 말대로 모든 일이 진행되었다. 마침내 딸이 아기를 갖고 시간이 흐르자 아기는 세상을 보게 되었다. 아기는 아주 영리했고 눈은 밝게 빛났다. 그런데 그 아기가 사는 집 벽에는 온갖 크기의 다양한 꾸러미와 상자들이 걸려 있었다.

아기는 자라나서 기어다니기 시작했고, 어느 날 울면서 벽에 걸린 상자를 가리켰다. 아기는 한번 울기 시작하더니 며칠을 계속해서 울었다. 그것을 보고 아기의 할아버지가 말했다.

"아기에게 원하는 것을 주어라. 저 구석에 걸려 있는 상자를 갖고 싶어하는 모양인데 그것을 주어라."

그 상자는 별들이 들어 있는 상자였다. 아기는 그것을 여기저기로 굴리고 다니며 가지고 놀았다. 그러다가 어느 날 갑자기 하늘로 통하는 구멍을 통해 그것을 하늘로 던져 버렸다. 그 상자는 하늘로 올라가다가 부서져서 그 속에 들어 있던 별들은 흩어져 하늘 곳곳에 자리를 잡았다. 그렇게 해서 오늘날 우리들이 보는 것과 같은 별자리들이 형성된 것이다.

이런 일이 있고 난 후 조금 시간이 지나자 아기는 다시 울기 시작했다. 아기가 너무 많이 울어 죽을 지경에 이르게 되자 보다 못한 할아버지가 말했다.

"상자 하나를 또 풀어서 아기에게 주어라."

그는 그것을 가지고 재미있게 놀았다. 역시 시간이 조금 흐른 뒤 그것을 또 하늘로 집어 던졌고 그로 인해 하늘에는 달이 생기게 되었다.

이제 상자는 하나 밖에 남지 않았다. 그것은 낮을 밝게 만들어 주는 상자였다. 아기는 그 상자를 달라고 또 울어댔다. 눈동자가 돌아가고 눈에서 이상한 빛이 보일 지경이 될 정도였다.

일이 그쯤 되자 사람들은 아기가 보통의 아기와 다르다고 의심을 품기 시작했다. 하지만 보통의 할아버지가 그렇듯이 그 아기의 할아버지도 손자를 무척이나 사랑했다. 결국 할아버지는 이렇게 말하고 말았다.

"맨 끝에 있는 상자도 풀어서 아기에게 주어라."

그것을 손자에게 주면서 할아버지는 어쩐지 슬픈 생각이 들었다. 아기는 그 상자를 가지고 놀다가 갑자기 갈까마귀의 소리를 내고는 그것을 가지고 하늘로 올라가 버렸다.

하늘에 도착한 갈까마귀는 물에 관한 이야기를 듣게 되었다. 어딘가에 '바다제비'라는 이름을 가진 자가 끊임없이 솟아오르는 샘을 가지고 있다는 것이었다. 그 당시 세상에는 먹을 물이 없었기 때문에 갈까마귀는 거기서 물을 가져오면 좋겠다는 생각을 했다. 하지만 바다제비는 샘 위에 항상 뚜껑을 덮어 놓는 데다가 잘 때도 그 곁을 떠나지 않아 물을 가져오는 것은 쉬운 일이 아니었다. 어느 날 갈까마귀는 그를 찾아가서 말을 걸었다.

"형님, 안녕하세요. 이제야 찾아뵙고 인사를 드립니다."

그는 바다제비에게 바깥 세상에서 일어나는 온갖 신기하고 재미있는 이야기를 해주었다. 그것은 바다제비로 하여금 호기심을 느껴 샘을 떠나 그것들을 보러 다니게 하려는 의도였지만 영리한 바다제비는 그런 얘기에 현혹되지 않았다. 이윽고 해가 저물고 밤이 되자 갈까마귀가 말했다.

"형님, 여기서 자고 가도 되겠어요?"

바다제비가 이에 승낙하자 그들은 그날밤 함께 자게 되었다. 갈까마귀는 한밤중에 일어나 바다제비가 깊이 잠든 것을 확인하고 밖으로 나가 개똥을 퍼다가 바다제비의 한쪽 엉덩이 옆에 쏟아 두었다. 날이 밝아질 무렵 그는 바다제비에게 말했다.

"형님, 일어나 봐요. 자다 말고 이불 위에다 일을 보셨어요?"

바다제비는 잠에서 깨어 잠자리를 둘러보고는 이불을 들고 바깥으로 나갔다. 그러자 갈까마귀는 샘으로 가서 뚜껑을 열고 물을 마셔댔다. 그가 샘의 물을 거의 다 마실 무렵 바다제비가 들어와서 그를 보았다. 그때 갈까마귀는 이상한 소리를 내며 날아가 버렸다.

하지만 하늘로 통하는 구멍에 다다르기 전에 바다제비가 말했다.

"하늘에 있는 나의 정령들이여, 그를 잡아라."

그러자 갈까마귀는 그 자리에 멈춰 버렸고 바다제비는 그가 멈춰 있는 자리 밑에 소나무를 놓고 불을 붙였다. 그래서 흰색이던 갈까마귀의 깃털은 까맣게 타버리게 되었다. 하늘의 정령들이 그를 놓아주자 그는 아무 곳이나 가까운 곳에서 검댕이를 털어 버리려고 열심히 문질러 보았지만 결국 허사였고 지금 우리가 보는 것과 같은 색으로 굳어지게 되었다.

이와 같은 일은 모두 네스강 근처에서 일어난 일이었고, 그 뒤에도 갈까마귀는 거기에 나 있는 길을 따라 하늘로 올라갔다. 처음에 그는 물을 조금 흘려 네스강에 물이 흐르게 했다. 차차 그는 물을 조금씩 흘려 북서부에 있는 여러 강들에 물이 흐르게 했다. 그리고 그가 뱉어낸 몇 방울의 물은 작은 시냇물이 되어 흐르게 되었다.

이 일이 있고 난 후 어느 날 갈까마귀는 여행을 하다가 광명이라고는 전혀 없고 어둠만이 지배하는 어떤 마을을 발견하였다. 그가 거기에 도착했을 때 사람들은 어둠 속에서 고기를 잡고 있었는데 그는 강을 건널 수 있게 도와달라고 부탁했다. 하지만 사람들이 그 부탁을 들어주지 않자 그가 말했다.

"내 부탁을 들어주지 않으면 당신들이 싫건 좋건 나는 어둠을 없애 버리고 광명이 이곳을 지배하게 만들어 버릴거요."

그 말에 사람들은 대답했다.

"도대체 어디서 온 놈이야? 혹시 광명 속에서 사는 네스강에서 온거 아냐?"

갈까마귀는 그들의 말을 듣고 광명을 담고 있는 상자를 살짝 열어 보였다. 상자를 조금 열었을 뿐인데도 그들에게는 너무나 밝은 빛이어서 정신을 못차리고 쓰러질 지경이었다. 그는 재빨리 상자를 닫았지만 그들이 다시 시비를 걸자 화가 나서 상자를 활짝 열어 그 안에 있던 태양이 하늘로 올라가 빛나게 했다.

그러자 수달(포유류 족제빗과의 한 종으로 눈은 아주 작고 귀도 짧음. 발가락 사이에 물갈퀴가 있어 수중생활에 적합)이나 물개, 그밖에 바다에 사는 동물의 가죽을 가지고 있던 이들은 바닷속으로 들어가고, 곰이나 담비(포유류 족제빗과의 한 종으로 족제비보다 몸이 약간 크고 몸빛은 황갈색이나 겨울에는 엷은 빛깔로 바뀜)의 가죽, 그밖에 땅에 사는 동물의 가죽을 입고 있던 이들은 숲속으로 들어가 그들이 입고 있는 가죽의 동물이 되어 버렸다.

트린지트(Tlingit)족, 북서 해안지역

빛을 훔친 사나이

하늘나라의 왕에게는 아들이 하나 있었는데 거인인 그는 어느 날 이 세상으로 내려왔다. 그리고 동쪽을 향해 기나긴 여행을 시작했다. 그는 너무 오랜 기간 여행을 했기 때문에 무척 피곤했다. 그래서 아버지가 준 둥근 바위를 바다에 떨어뜨리고는 그 위에 앉아서 숨을 돌렸다. 그리고 입고 있던 갈까마귀의 가죽을 벗었다.

그 당시 세상에는 낮이란 전혀 없고 항상 어둠 뿐이었다. 거인은 휴식을 취한 후 다시 갈까마귀 가죽을 뒤집어 쓰고 날기 시작했다. 한참을 날아간 후에 거인은 내륙지방으로 들어섰고 스키나 (Skeena) 강 어귀에 다다르게 되었다. 강에 도착하자 그는 멈추어서서 연어알과 송어알을 뿌렸다. 강에 알을 뿌리면서 그는 말했다.

"물고기들아, 모든 강과 시냇물에서 뛰어놀거라."

그는 또 나무 열매를 움켜쥐고는 땅 위에 흩뿌리면서 말했다.

"모든 산과 계곡과 벌판이 과일들로 가득하거라."

세상은 아직도 암흑으로 가득 차 있었다. 사람들은 날씨가 맑을 때면 별에서 빛을 조금 얻어오기도 했지만 하늘에 조금이라도 구름이 끼는 날에는 세상은 온통 어둠 뿐이었다. 사람들은 어둠뿐인 세상이 아주 불편했다. 거인이 생각해보니 세상이 너무 어두우면 자신이 물고기와 과일을 거두어들이는 데에도 불편할 것 같았다.

한동안 생각에 잠겨 있던 그는 자신이 이 세상에 내려올 때 하늘에는 빛이 가득했었음을 기억해 내었다. 그는 하늘에 있는 빛을 가져오기로 마음먹었다. 다음날 거인은 아버지가 준 갈까마귀 옷을 입고 하늘을 향해 날아 올랐다. 그는 하늘에 나 있는 구멍을 통해 올라갔다. 하늘에 도착한 그는 구멍 근처에 갈까마귀 옷을 벗어두고 하늘의 왕인 자기 아버지의 집 근처에 있는 샘물로 가서 기다렸다.

조금 후에 왕의 딸이 밖으로 나오는 것이 보였다. 그 소녀는 물을 길어 가려고 조그만 물통을 들고 샘을 향해 다가왔다. 거인은 재빨리 나뭇잎으로 변하여 물위로 떨어졌다. 왕의 딸은 물을 길어 한모금 마셨다. 소녀가 마신 물 속에는 나뭇잎도 하나 들어 있었다.

시간이 조금 흐른 후 그 소녀는 아들을 낳았다. 왕과 왕비는 매우 기뻐하며 매일같이 아기를 목욕시켜 주었다. 아기는 무럭무럭 자라 이제는 기어다닐 정도가 되었다.

아기는 튼튼하게 자라났지만 울보여서 항상 울음을 터뜨렸다. 왕은 걱정이 되어 유모에게 아기를 돌보도록 해 보았다. 그러자 아기는 며칠 동안 잠도 자지 않고 울기만 하였다. 결국 왕은 모든 학자들을 불렀다. 그리고는 그들에게 아기가 우는 까닭과 원하는 게 무엇인지 물어 보았다. 알고 보니 아기는 벽에 걸려 있는 상자 하나를 달라고 떼를 쓰는 것이었다.

아기가 달라고 하는 것은 빛을 담아 두는 상자였다. 그 상자는 집의 한쪽 구석에 걸려 있었는데 '마'라는 이름을 가지고 있었다. 거인은 세상으로 내려오기 전부터 그 상자를 잘 알고 있었다. 아기는 그 상자를 달라며 울었다. 왕은 화가 나서 학자에게 어떻게 해야 할 지 물어 보았다. 학자는 아기가 우는 소리를 들어보았지만 아기는 계속 '하마, 하마!'하며 울어대었으므로 무엇을 의미하는 것인지 몰랐다.

하지만 학자 중의 한 명이 그 소리를 알아듣고 왕에게 말했다,

"이 아기는 '마'를 달라고 우는 겁니다."

결국 왕은 어쩔 수 없이 그 상자를 꺼내 주자 아기는 울음을 그치고는 오히려 웃음을 보이기 시작했다. 아기는 4일 동안을 집안에서 '마'를 굴리며 놀기 시작했다. 가끔씩 그는 상자를 문으로 가져가기도 했다. 왕은 이제 상자에 관해서 별로 신경을 쓰지 않았다. 아니 거의 잊고 있었다. 그러던 어느 날 아기는 거인으로 변하여 상자를 어깨에 메고 도망쳤다. 그것을 보고 누군가가 소리쳤다.

"거인이 '마'를 훔쳐간다."

하늘나라 사람들은 소리치며 쫓아왔지만 역부족이었다. 거인은 이 세상으로 통하는 구멍으로 와서 갈까마귀 옷을 입고는 땅으로 내려왔다. 하늘나라 사람들은 어쩔 수 없이 집으로 돌아갔고, 갈까마귀는 '마'를 가지고 세상에 무사히 돌아올 수 있었다.

그 당시 세상은 아직도 어둠뿐이었다. 그는 계속 강의 하류를 향해 날아서 네스(Nass)강 어귀에 다다랐을 때 사람들의 소리가 들려왔다. 아래를 쳐다보니 개구리의 모습을 한 사람들이 배 위에서 고기를 잡고 있었다. 여러 사람들이 너무 열심히 일하고 있었기 때문에 꽤 큰 소리가 났다. 거인은 그들을 보고 강가에 앉아 구경하면서 말했다.

"이봐요, 물고기 한 마리만 물가에 던져봐요."

그들은 들은 척도 하지 않았다. 잠시 후 거인은 다시 말했다,

"이봐요, 물고기 한 마리만 던져요."

그러자 사람들이 그에게 욕을 퍼부으며

"야 이놈아, 어디서 굴러온 놈이길래 이래라 저래라 말이 많아?"

사람들은 그를 놀려대었다. 그러자 거인은 다시 한번 말했다.

"물고기 한 마리만 물가에 던져요. 그러지 않으면 '마'를 부수어
버릴거요."

그러자 그들이 대답했다.

"그런 걸 네가 어떻게 가지고 있니. 이 거짓말쟁이야."

"이봐요 물고기 한 마리만 던져요. 그러지 않으면 정말로 '마'를
부수어 버릴거요."

사람들은 그에게 마구 욕을 퍼부었다. 거인이 몇 번 더 요청했지
만 사람들은 부탁을 들어주기는 커녕 욕만 할 뿐이었다. 결국 거인
은 '마'를 부수었다. 그러자 세상은 아주 밝아졌고 갑자기 북풍이
거세게 불어오기 시작했다. 고기를 잡고 있던 개구리들은 바람에
마구 날려가기 시작했다.

거인을 놀려대고 욕을 했던 개구리들은 온통 산으로 둘러싸인
커다란 섬으로 날려갔다. 거기서 개구리들은 바위를 기어오르려고
애썼지만 계속 미끄러져 마침내 북풍에 얼어붙어서 바위에 달라
붙게 되었다. 그들은 아직도 바위에 붙은 채로 있고 이렇게 해서
세상에는 빛이 존재하게 되었다.

침시언(Tsimshian)족, 북서부 해안지역

날개로 바람을 일으킨 새

한 인디언 가족이 바닷가에 살고 있었다. 그 가족의 늙은 가장에게는 두 아들이 있었는데, 큰아들은 결혼을 해서 가정을 꾸몄고 아기도 있었다. 그들은 주로 고기잡이를 통해 생계를 꾸려 나갔고, 그들이 가장 좋아하는 음식은 뱀장어였다.

폭풍우가 불어서 고기잡이를 나갈 수 없게 된 어느 날의 일이었다. 바람은 하루종일 불어대었고, 그들은 너무나 배가 고팠다. 결국 늙은 아버지는 그의 아들에게 혹시 바닷가로 떠내려온 물고기가 없는 지 나가서 찾아보라고 했다. 아들은 행운을 빌며 바닷가로 향했다. 바닷가는 바람이 너무 심해서 똑바로 서 있기조차 힘든 지경이었는데, 거기서 그는 모든 문제의 원인을 알게 되었다.

바닷가의 한쪽에 불쑥 튀어나온 바위가 있었다. 그것은 밀물일 때 물에 잠겨 있었지만 평소에는 바위의 울퉁불퉁한 부분이 물 밖에 나와, 마치 여러 개의 작은 바위가 흩어져 있는 모습을 하고 있었다. 그런데 그 바위의 가장 끝쪽에 '폭풍의 왕'이라 불리우는 커다란 새가 날개를 퍼덕이며 바람을 일으켜 폭풍우가 일게 했다. 인디언은 꾀를 내어 새에게 말을 걸었다.

"할아버지, 추우세요?"

"아니."

새가 그를 돌아보며 대답하자 그가 다시 말했다.

"아니예요. 할아버지는 지금 추우셔서 그렇게 날개짓을 하는 거예요. 제가 할아버지를 업고 바닷가로 모셔드릴게요."

"그러거라."

그래서 그는 물을 헤쳐가며 그 새가 있는 바위로 가서 새를 등에 업고 조심스럽게 되돌아왔다. 그런데 바닷가로 거의 다 되돌아왔을 때 그는 실수인 척하면서 일부러 넘어져 늙은 새의 날개를 부러뜨려 버렸다. 그는 매우 미안한 표정을 지으며 즉시 새의 뼈를 맞추고는 날개를 묶어버렸다. 그는 늙은 새에게 상처가 아물 때까지 날개를 움직이지 말고 가만히 있으라고 일러두었다.

"여기에 가만히 계세요. 제가 드실 것 좀 가져올게요."

그는 집으로 되돌아갔고 바람은 이제 잠잠해졌다. 그래서 그 가족은 다시 먹을 것이 많아졌고 뱀장어도 쉽게 잡을 수 있었다. 하지만 좋은 나날도 오래가지는 못했다. 맑은 날씨가 계속되자 지저분한 거품이 바닷물을 뒤덮었다. 사람들은 그것이 큰 물고기가 아파서 먹은 것을 토해내기 때문에 생긴 것이라고 생각했다.

그렇게 며칠이 지나자 거품 때문에 사람들은 물 속을 전혀 볼 수가 없었고, 따라서 뱀장어를 잡기도 힘들어졌다. 사람들은 해결책을 찾기 시작했다. 그들은 이제껏 잊고 지냈던 큰 새를 찾아가서 날개를 살펴보았다. 날개는 움직여도 좋을 만큼 충분히 회복되어 있었다. 사람들은 묶어 놓았던 새의 날개를 풀어 주면서, 부드럽고 조심스럽게 날개짓을 해보라고 했다. 그 후부터는 적당한 바람이 불어 모든 일이 순조로웠다.

믹맥(Micmac)족, 북동부 산림지대

야생동물의 해방

옛날에 두 사람이 세상의 모든 버펄로를 소유하고 있었다. 그 두 사람은 늙은 여인과 그의 어린 조카였다. 그들은 버펄로를 산 속에 있는 우리에 가두어 놓았기 때문에 버펄로는 밖으로 나올 수가 없었다. 어느 날 코요테(포유류 갯과의 한 종으로 주둥이가 뾰족하며 귀가 크다. 잘 달리며 몸빛은 회갈색, 황갈색임)가 인디언의 회의를 소집했다.

"그 여인은 우리에게 아무것도 주지 않을 거요. 산에 올라가서 버펄로를 풀어놓을 방법이 없나 함께 생각해 봅시다."

그들은 모두 버펄로가 갇혀 있는 우리에 가 보았다.

"4일 후에 다시 모여서 어떻게 버펄로를 풀어놓을 것인지 의논해 봅시다. 내 생각에는 물을 긷는 곳으로 아주 작고 귀여운 동물을 한마리 보내면 좋을 것 같아요. 여인의 조카가 물을 뜨러 왔다가 그것을 보게 되면 자기가 키우고 싶은 생각에 집으로 가져갈 것이고, 늙은 여인은 아마 그것에 반대하겠죠.

하지만 소년은 그 귀여운 동물이 너무나 좋아서 여인의 반대에 울음을 터뜨릴 것이고 결국 집에서 키워도 좋다는 허락을 받을 거예요. 이튿날 해가 뜰 무렵에 그 동물은 버펄로가 울타리를 부수고 도망칠 수 있도록 도와줄 겁니다."

그러나 코요테가 제안한 대로 따른 결과 처음에 보낸 동물은 실패했다. 그들은 두번째로 물떼새(Killdee ; 날으는 힘이 세며 떼를 지어 물가에 사는 철새)를 보냈다.

소년은 어느 날 물을 길러 왔다가 그 물떼새를 보고는 집으로 가지고 왔다.

"여기 좀 봐요!"

그가 여인에게 말했다.

"이 새, 너무 귀엽지 않아요?"

"저런! 그런 것은 아무데도 쓸모가 없어요. 이 세상에 살고 있는 것 치고 나쁜 놈이나 음모를 꾸미지 않는 것은 없단다."

소년은 그 여인의 말을 귀담아 듣지 않았다.

"그 새를 네가 처음 발견한 곳에 도로 갖다 놓고 와."

소년은 할 수 없이 그녀의 말에 따랐다.

물떼새가 실패하고 돌아오자 사람들은 다시 회의를 소집했다.

"글쎄, 그 여인은 상당히 머리가 좋은 것 같아. 둘 다 실패했으니 말이야."

코요테가 말했다.

"하지만 그건 중요하지 않아요. 성공할 수도, 실패할 수도 있는 거니까. 이번이 세번째요. 다시 한번 작은 동물을 보냈을 때 그 여인이 그걸 받아들인다면 버펄로는 해방될 수 있을거요. 이번에라도 성공할 수 있다면 굉장한 것 아닙니까?"

그래서 그들은 세번째 동물을 보냈다. 코요테가 다시 말했다.

"이번에도 실패한다면 아마 우리 힘으로 버펄로를 풀어놓기는 힘들거요."

다시 동물 한마리가 샘으로 갔고 소년이 그 동물을 보고는 무척 좋아하게 되었다.

"여기 좀 봐요! 집에서 키우기에 너무 좋을 것 같지 않아요?"

"이 바보같은 녀석아! 그런 것은 아무 쓸모도 없다고 하지 않았니? 세상에 있는 동물들은 모두 음모만을 꾸미고 다닌단 말이야. 그 놈을 몽둥이로 죽여버려야겠다."

소년은 놀라서 동물을 품에 안고는 울면서 도망쳤다. 그는 그 동물이 너무 좋아서 이렇게 소리쳤다.

"안돼! 애는 너무나 작고 약하단 말이야."

그 동물이 밤 늦도록 돌아오지 않자 코요테는 사람들을 모아놓고 말했다.

"우리가 보낸 동물이 아직 돌아오지 않았으니 그 여자가 집에서 키우라고 허락한 모양이예요. 이제 우리의 버펄로는 풀려날거요."

그리고는 다시 새벽녘에 나갈 준비들을 해 놓으라고 사람들에게 말했다.

"버펄로는 해방될거요. 그러니 모두 말 위에 올라타고 기다려요."

그동안 산 속의 집에 있던 그 동물은 코요테가 말한대로 버펄로의 우리로 가서 이상한 소리를 지르기 시작했다. 버펄로는 그 소리를 듣고는 무서워서 흥분하기 시작했다. 그것이 심해지자 결국 흥분한 버펄로는 문으로 돌진하여 그것을 부수어 버렸고 밖으로 나왔다. 여인은 시끄러운 소리를 듣고 잠에서 깼다. 소년도 잠에서 깨 주위를 두리번거리며 말했다.

"내가 가져온 동물은 어디 있죠?"

"내가 말했잖니. 그 놈이 우리의 사냥감을 빼앗아 간다고. 네가 보듯이 동물들은 나쁜거야."

그녀는 버펄로를 다시 잡으려고 했지만 쓸모 없는 일이었다. 날이 샐 무렵 인디언들은 모두들 말 위에 올라 타고 있었다. 코요테의 말을 믿었기 때문이었다. 이렇게 해서 버펄로는 이 땅에 살게 되었다. 코요테는 역시 대단한 책략가였음에 틀림이 없다.

코만취(Comanche)족, 대평원

울타리에 갇힌 물

알가벰(Aglabem)은 세상에 있는 모든 물을 가두어 버렸다. 그로 인해 강물은 흐름을 멈추고 호수는 말라붙어 사람들은 목이 타 죽을 지경이었다. 사람들은 마지막 기대를 품고 알가벰에게 사자를 보내 물을 달라고 부탁했다.

하지만 그는 딱 잘라 거절하면서 갈증을 호소하는 사자에게도 자신이 씻고 난 물을 줄 뿐이었다. 사자는 너무 목이 말라 어쩔 수 없이 그 물을 마시기는 했지만 그 물로 갈증이 해소되지는 않았다.

사람들의 불만은 이제 심각한 수준에 달했다. 갈증으로 죽을 지경이 되자 사람들은 '나는 물고기만큼이나 말라붙었어, 나는 개구리만큼 목이 말라, 나는 거북이만큼 갈증이 나' 하는 식으로 동물과 비교하며 자신들의 갈증을 이야기했다.

마침내 한 거인이 물을 얻기 위해 알가벰에게 갔다. 알가벰은 자신은 물 속에 누워 있어야 하기 때문에 물을 줄 수 없다고 다시 한 번 거절했다. 그 말을 듣고 화가 난 거인은 나무 한 그루를 뽑아 괴물의 머리 위로 쓰러뜨려 그를 죽여버렸다.

그러자 이 나무의 몸통은 강의 큰 줄기(세인트존강)가 되었고 그 가지는 강의 물줄기가 되었다. 그리고 나뭇잎들은 각 물줄기의 싱류에 있는 연못이 되었다. 그렇게 해서 강물이 마을로 다시 흘러 내려 오게 되자 사람들은 물을 마시기 위해 그 속으로 뛰어들었다.
그런데 이상한 일이 일어났다. 물 속으로 뛰어듬과 동시에 사람들은 예전에 갈증을 불평하면서 그들 스스로 비교했던 그 동물들로 변해렸다.

말레시트(Malecite)족, 북동부 산림지대

도마뱀 손

사람에게 죽음을 준 것은 코요테였다. 그는 사람의 손이 자신의 손처럼 뭉툭하지 않다는 이유로 그렇게 만든 것이었다. 그는 사람의 손을 자신의 손처럼 만들고 싶어했었다. 그런데 도마뱀이 반대하고 나섰다.

"안돼, 그들은 내 것과 같은 손을 가져야 해."

그에게는 다섯 손가락이 있었고 코요테는 그저 주먹만 가지고 있을 뿐이었다. 도마뱀 덕분에 사람은 손바닥도 있고 다섯 손가락도 가질 수가 있게 되었다. 그렇지만 코요테가 다시 말했다.

"그렇다면 그들의 손을 그렇게 만들어 주는 대신 그들에게 죽음이 있게 해야 해."

요쿠트(Yokuts)족, 캘리포니아

인간의 운명을 바꾼 쌍둥이

한 쌍둥이 형제는 전세계를 여행하면서 그들이 만나는 악한 것을 모두 다 죽여 버렸다. 그들은 땅밑, 강아래, 바다밑, 그리고 하늘을 다니면서 밤의 요정, 해, 달, 천둥새(천둥을 불러 일으킨다는 큰 새) 등을 모두 만났다.

여행 도중 그들은 조물주가 사는 곳에 도착하게 되었다. 그 이전에 자발적으로 그를 찾아간 사람은 아무도 없었기 때문에 조물주에게는 매우 놀라운 것이었다. 거기에는 방이 둘 있었는데, 하나는 조물주의 것이었고 또 하나는 염라대왕의 것이었다. 조물주와 염라대왕은 함께 살고 있었다. 소년들은 염라대왕의 잠자리에 가 보았다.

"애들아, 스스로 나를 찾아온 사람은 지금까지 아무도 없었단다. 너희들이 처음이야. 여기에 온 특별한 이유라도 있니?"

그러자 쌍둥이 중 형이 말했다.

"우리는 그저 세상을 여행하고 있을뿐 특별한 이유는 없어요."

염라대왕은 사람들이 앞으로 살아갈 햇수를 책에 표시하고 있었다. 그런데 그는 사람들의 수명을 매우 짧게 했다.

"저, 수명을 왜 길게 하지 않는거죠?"

소년들이 물었다.

"그것이 조물주가 나를 만들어낸 이유란다. 그는 나로 하여금 수명을 책임지게 했어. 만일 사람들이 오랫동안 살게 된다면 나중에는 너무나 많아져서 오히려 살기 힘들게 될거야. 그보다는 수명을 짧게 하는 것이 차라리 낫지. 그렇게 하지 않으면 사람들은 정말 불쌍하게 될거라고. 먹을 것이 모자라 굶어 죽는 사람도 생길걸? 사람의 숫자를 적당한 수준으로 줄이려는 것이 바로 조물주가 나를 만들어낸 이유인거야."

소년들은 잠깐 동안이라도 자신들이 그 책에 표시를 할 수 있게 해 달라고 부탁했다. 마침내 그들은 염라대왕을 설득해서 책을 얻을 수 있었다. 그들은 책을 얻자 모든 사람들의 수명을 길게 만들어 버렸다.

"그러지 말아라. 그러면 안돼."

그렇지만 그들은 염라대왕의 말을 듣지 않았다. 소년들은 책을 돌려달라는 그의 부탁도 듣지 않았다. 그는 그 소년들의 너무나 당찬 행동을 보고 대단한 소년들이라 생각하고 오히려 그들을 두려워하게 되었다.

원네바고(Winnebago)족, 중부 산림지대

플레이아데스 성단의 기원

옛날에 한 인디언 부족이 사냥을 하며 잘 아는 어떤 숲을 여행하고 있었다. 그들은 매우 거친 곳을 여행하면서 밤이 되면 길에서 야영을 하기도 했다.

마침내 며칠 후 그들은 회색빛 바위가 있는 아름다운 호수에 도착했다. 거기에는 커다란 나무들도 많았다. 물 속에서는 물고기들이 무리를 지어 다녔고, 언덕에서 사슴이 내려와 물을 마시기도 했다. 언덕과 계곡에는 커다란 밤나무와 너도밤나무(참나무과의 잎이 큰 나무. 꽃은 6월에 피고 열매는 10월에 익음)가 몇 그루 있었는데, 거기에는 다람쥐와 곰들이 자유롭게 노닐고 있었다.

사냥나온 인디언 부족의 우두머리는 '물 속의 길'이라는 이름을 가진 사람이었다. 그는 호숫가에 사람들을 세우고 위대한 신령에게 사냥터에 무사히 도착함을 감사드렸다.

"여기서 우리는 겨울을 지낼 것이다. 그리고 그동안 위대한 정령께서는 우리에게 많은 사냥감과 건강과 평화를 줄 것이다."

가을이 지나갔다. 겨울을 지낼 숙소가 만들어졌고, 사냥은 잘 되어갔다. 어린이들은 재미있게 춤을 추기도 했다. 날씨가 추워지면서 할 일이 줄어든 그들은 쓸쓸함을 느끼기 시작했고, 호숫가의 한적한 곳에 가서 춤을 추곤 했다.

 어느 날 그들이 오랜 시간 동안 춤추며 즐기고 있을 때 이상하게 생긴 노인이 나타났다. 그는 흰 깃털로 된 옷을 입고 흰머리는 은빛으로 빛났다. 그는 사람들에게 춤을 멈추라, 그렇지 않으면 나쁜 일이 일어날 것이라고 말했다. 어린 아이들은 그의 말을 들은 척도 하지 않았다. 그들은 매일 매일 춤을 추었다. 그러자 그도 또한 계속 나타나서 경고를 반복했다.

 그러던 어느 날 춤모임이 끝난 자리에서 다음에 모일 때는 잔치를 열자고 한 아이가 제안했다. 그들은 집으로 돌아가서 모두들 부모님께 음식을 마련해 달라고 부탁했다.

 그러나 '너희들은 아마 좋은 음식들을 다 먹지도 못하고 그냥 버리게 될거야'라고 어떤 부모는 말했다. 또 '집에 와서 먹어야 되지 않니?' 하고 말하는 부모도 있었다. 결국 그들은 아무 것도 얻을 수가 없었다. 그렇지만 그들은 다시 모여서 춤을 추었다. 그러나 춤을 추고 나면 그들은 허기를 느껴 먹을 것이 있으면 하고 바라게 되었다.

 어느 날 춤을 추다 말고 그들은 몸이 공중으로 솟아오르고 있음을 알게 되었다. 배가 고팠기 때문인지 그들의 머리는 매우 가벼운 느낌이었다. 그들은 이런 일이 어떻게 해서 일어나는지 전혀 알 수 없었다. 한 아이가 말했다.

 "뒤돌아보지 마. 뭔가 이상한 일이 일어나고 있어."

 마을에 있던 어떤 여자가 그들을 보고는 불러 보았지만 아무 효과가 없었다. 그들은 계속해서 하늘로 올라갔다. 그녀는 마을로 뛰어갔고 그녀의 말에 사람들이 온갖 음식을 만들어 가지고 뛰어나왔다. 그러나 그들의 부모가 그들을 불러보아도 아이들은 돌아오지 않았다.

 아이들 중에 하늘로 올라가다가 뒤를 돌아본 아이는 별똥별이 되었고 다른 아이들은 하늘에 도달했다. 그들은 하늘에서 별로 변해 황소자리를 구성하게 되었다. 그리고 그 이후로 떨어진 모든 별 똥별은 그 아이들이 변해서 생긴 것이다. 하지만 황소자리의 플레이아데스성단(황소자리에 불규칙하게 모여 있는 별들의 집단)을 구성하는 일곱 개의 별은 계속해서 빛났다. 그 별은 춤추는 아이들을 가리키는 것이다.

오논다가(Onondaga)족, 북동부 지역

사람들을 괴롭힌 형제들

다섯 명의 형제들과 그들의 누이가 산에서 함께 살았다. 형제들은 그 주변의 많은 사람들을 해쳤기 때문에 사람들의 두려움과 증오의 대상이 되었다.

누이는 땔감을 해서 오빠들이 잡아온 고기를 굽곤 했다. 세월이 흘러 그 소녀도 성인식을 올려야 할 무렵이었다. 소녀는 오빠들에게 불평을 했다.

"나를 위해 노래를 불러줄 사람도 없는데 어떻게 춤을 추며 성인식을 하지?"

큰오빠가 대답했다.

"며칠 동안 이 주변을 계속 걸어봐. 돌을 쌓아 두고 5일 동안 잠을 자지 않으면 좋은 일이 생길거야."

소녀는 오빠의 말대로 했다. 그러나 5일째가 되던 날 밤에 소녀는 너무나 피곤한 나머지 잠이 들고 말았다. 소녀는 꿈속에서 오빠들이 온몸에 상처투성이인 채로 굶주리고 있는 것을 보았다. 소녀는 잠에서 깨어 울먹이며 말했다.

"차라리 일찌감치 죽는 것이 나을 걸 그랬어. 그러면 오빠들에게 아무 문제도 생기지 않았을텐데. 내가 춤을 추지 않고 깜빡 잠드는 바람에 이런 일이 생긴거야."

소녀가 집에 와보니 병의 기운이 이미 온 집안을 뒤덮고 있었다. 병균이 매일같이 오빠들을 괴롭혔음을 알 수 있었다. 오빠들을 살펴보니 모두가 온몸에 종기가 나 있었다. 그리고 먹을 것을 잡아올 사람이 아무도 없었기에 오빠들은 굶주리고 있었다. 소녀는 나무를 해다가 불을 지피긴 했지만 먹을 것이 없는 것은 마찬가지였다. 사람들은 형제들이 아프다는 소식에 모두들 기뻐하며 그들이 빨리 죽기를 바랬다.

어느 날 집 근처 연못에 두 마리의 백조가 헤엄치는 것이 형제들의 눈에 띄었다. 소녀가 나무를 해 가지고 돌아오자 오빠 한 명이 말했다.

"우리 힘으로 저 백조 중 한 마리라도 잡을 수 있으면 좋으련만!"

"아마 나는 잡을 수 있을 거예요."

누이는 이렇게 말하며 오빠들의 활을 집어들고 어떤 것이 가장 강한지 시험해 보았다. 그러나 활을 만져 보면서 똑같은 말을 반복했다.

"이건 못쓰겠어. 너무 약해."

그 활은 오빠들에게는 강한 것이었을지 몰라도 소녀에게는 약했던 것이다. 소녀는 그 중 가장 강한 막내오빠의 활을 집어 들었다. 소녀가 연못을 향해 가자 오빠 한 명이 그 광경을 지켜보며 그 형제들에게 말했다.

"연못에 가까이 갔어. 이제 둑에 앉았는데."

소녀는 활을 쏘았다. 그것을 본 오빠는 빗맞았다고 생각하고 실망한 나머지 현기증이 나 쓰러질 정도였다. 그는 더이상 쳐다보지 않았다. 그러나 화살은 백조 두 마리를 모두 꿰었다. 소녀는 백조를 문 밖에 둔 채 돌아와 시치미를 떼었다.

소녀는 시무룩한 표정으로 활을 집안 한쪽 구석에 두었다. 오빠들은 그녀의 행동에 실망해서 시무룩해졌다. 소녀가 오빠들에게 집안에서 요리를 해도되겠어?'라고 묻자 그들은 그때야 백조를 잡은 것을 알고 뛸듯이 기뻐했다. 그들은 기분이 좋아서 일어서려고 했지만 자기들 힘으로는 도저히 일어설 수가 없었다. 그만큼 그들은 쇠약해진 것이다.

소녀는 백조를 요리해서 오빠들에게 조금씩 나누어 주며

"한번에 조금씩만 먹어. 그래야 오랫동안 먹을 수 있지."

소녀는 지방질은 떼어내 오빠들의 몸을 문질러 주었다. 종기를 가라 앉히려는 것이었다.

"이제는 힘이 좀 나는 것 같아."

큰오빠가 말했다. 곧 모든 형제들이 똑같은 말을 했다.

"내 활을 줘. 이제는 활을 쏠 수 있을 것 같아."

산 밑에서 살고 있던 사람들은 형제들이 아프다는 소문을 듣고 너무나 기뻤다. 그들은 사람을 보내 그것이 사실인지 보고 오도록 했다. 그가 형제들을 보고 와서 말했다.

"그들은 정말로 아파요. 증세가 심각한 걸로 봐서 곧 죽을 것 같아요."

누이가 나무를 하러 간 사이 맏형이 말했다.

"누군가 산 위로 올라오는 것 같아. 그 놈을 잡을 수 있도록 강해지면 좋겠어."

그들 형제는 모두 같은 생각을 가지고 있었고 각자 자기 활을 시험해 보았다. 누이가 돌아오자 큰오빠가 말했다.

"담요로 우리를 둘둘 말아서 끈으로 묶어줘. 마치 우리들이 죽은 것처럼 보이게 말이야. 그리고 우리의 곁에 활과 화살을 놓고 보석들도 놓아줘."

소녀는 어쩐지 기분이 나빠졌고 오빠들과 함께 있고 싶지 않았기 때문에 일을 마치자 곧 산 위로 올라갔다. 그녀는 더 이상 살고 싶지 않았던 것이다.

형제들은 소녀가 돌아오기를 기다렸다. 하지만 어두워지도록 소녀는 돌아오지 않자 그 중 한 명이 말했다.

"누이는 항상 죽음에 관해서 말해왔어. 그녀는 죽었는지도 몰라."

산 밑의 사람들은 작은 소년을 보내 형제들이 죽었는지 보고 오게 했다. 소년은 배를 타고 연못을 건너 형제들의 집 가까이까지 갔다. 그러자 소년은 형제들이 담요에 쌓인 채 집 바깥에 버려져 있는 것을 발견했다. 그는 돌아가서 말했다.

"그들은 죽었어요. 집 근처에는 또 활과 화살, 그리고 훌륭한 보석들이 마구 널려 있었어요. 가서 그냥 가져오기만 하면 될 것 같아요."

그들의 족장이 말했다.

"잘 되었어. 가서 그 놈들의 머리를 벗겨 버리고 좋은 물건이 있으면 모두 가져와야겠어."

얼마 후 형제들은 사람들이 올라오는 것을 보고 말했다.

"죽은듯이 가만히 있어. 저놈들이 우리 물건을 훔쳐가기 시작하면 일어나서 모두 없애 버리는거야."

사람들이 그 집으로 왔다. 그들은 담요에 묶인 형제들을 풀어 발로 차보았지만 꼼짝도 하지 않는 것이 죽은 것 같았다. 그들은 안심하고 형제들이 쓰던 담요, 활, 화살, 보석 그밖에 쓸만한 모든 것들을 집어들고 돌아가기 시작했다.

그때 갑자기 쓰러져 있던 형제들이 벌떡 일어나서 칼을 들고 그들을 쫓아가기 시작했다. 그들은 눈에 보이는 모든 사람들을 다 죽여 버렸다. 그리고 시체를 모두 연못에 던져 버리고 나서 누이를 찾아나섰다. 오랜 시간 동안 찾아 헤맨 끝에 간신히 시신을 찾아내어 화장을 했다. 누이의 주검을 본 맏형이 흥분해서 말했다.

"이제 이곳을 떠나 여러 곳을 돌아다니며 사람들을 닥치는 대로 모두 죽여 버려야겠어."

그들은 서쪽 방향으로 출발했다. 그들은 길을 가다가 만나는 모든 사람을 죽여 버렸다. 사람들은 그 형제들이 보이기만 해도 숨기 바빴다. 형제들은 오랫동안 여행을 했고 상당히 많은 사람들을 죽였다. 그러다가 어느 날 그들은 커다란 호숫가에 도착하게 되었다.

그들은 배를 만들어 타고 그 호수를 건너려고 했지만 그들이 탄 배는 호수 한가운데에서 그만 가라앉고 말았다. 그들이 탄 배는 물 밑의 산을 지나 그 밑에 있는 또다른 호수 위로 떠오르게 되었다. 그들은 거기서 '폭풍'이라는 이름을 가진 사람을 만났다.

그는 보통 사람과 별다를 것이 없는 평범한 사람이었는데 다만 자기가 손으로 잡을 수 있는 사람은 모두 죽일 수 있었고 또한 물에 빠뜨릴 수 있는 별난 능력을 가지고 있었다. 그는 형제들을 보자 죽이려고 했다. 하지만 형제들의 힘도 만만치 않았다. 형제는 그와 싸워 결국 칼로 그를 토막토막 내 버렸다. 그리고는 말했다.

"너는 이제 더 이상 사람이 아니다. 그저 사람들에게 겁만 줄 수 있는 존재일 뿐이다."

형제는 그를 쫓아냈다. 그것을 보고 물 밑에 있던 모든 이들이 숨어 버렸다. 그들은 그 형제들이 매우 두려웠다.

형제들은 더이상 죽일 대상을 찾지 못하자 방향을 돌려 동쪽으로 향했다. 그들은 길을 가다가 한 늙은 남자와 여자가 살고 있는 나라에 도착했다. 형제는 말했다.

"우리들은 당신들과 싸우려고 왔소."

노인이 대답했다.

"나는 싸우고 싶지 않아. 우리는 여기서 계속 살아왔다. 여기는 우리 땅이다. 우리를 찾아와서 괴롭힌 사람들은 여태까지 아무도 없었어. 우리는 남을 괴롭히지도 않아. 그러니 어서 썩 물러가."

"아니 당신들은 싸워야 해요."

형제는 노인을 쏘아보며 말했다.

"만일 싸우지 않으면 당신들을 그냥 죽일 거예요. 여태까지 우리는 만나는 모든 사람들을 죽이고 다녔어요."

"당신들이 어떻게 하건 우리를 죽이거나 우리에게 해를 입히지는 못할 것이다."

노인이 말했다.

"우리는 이 세상 사람이 아니거든. 우리는 과거의 세상으로부터 왔다. 우리는 죽지 않는다. 영원히 사는 존재란 말이다."

형제들은 노인이 자신들을 놀린다고 생각하고 흥분했다. 그들은 노인의 말을 들은 척도 않고 노인에게 활을 쏘고 몽둥이로 마구 후려쳤다. 그리고는 불을 질러 노인을 태워 죽이려 했다. 하지만 어떻게 해도 노인을 죽일 수는 없었다. 그들은 겁이 나기 시작했고 결국 달아나 버렸다.

그러자 노인은 그들을 불러 세우려 했다. 하지만 그들이 그의 말을 들을 리가 없었다. 그러자 노인이 말했다.

"우리는 당신들을 쫓아갈 것이다. 아마 멀리 가지 못할 걸. 당신들이 어디에 가건 우리도 갈 것이다. 당신들은 결코 집으로 돌아가지 못할 걸."

그 노인은 오랫동안 형제들을 쫓아갔다. 마침내 노인은 맏형을 따라잡게 되었다. 그런데 이상하게도 그가 맏형을 잡자마자 맏형은 갑자기 늙고 쇠약해졌다. 맏형은 몇번을 넘어지더니 결국 쓰러져 죽어 버렸다.

노인은 둘째도 잡았다. 그 또한 잡히자마자 늙고 약해져서 땅에 쓰러져 죽었다. 셋째는 호수에 다다를 수 있었다. 노인이 그를 따라잡았을 때 그는 얼어붙은 호수 위로 도망치고 있었다. 그도 약해져서 쓰러졌다. 그와 동시에 얼음이 무너져내려 그만 물에 빠져 죽었다. 넷째도 똑같이 죽었다.

막내는 붙잡히지 않고 한참동안 도망쳤기 때문에 노인의 손아귀를 벗어났다고 생각했다. 하지만 집을 몇 발자국 앞에 남겨놓고 그도 노인의 손에 붙잡혔다. 그는 갑자기 늙어 버렸다. 그리고는 한두번 넘어지더니 결국 쓰러져 죽고 말았다.

이렇게 해서 그 노인은 결국 세상에 알려지게 되었다. 만일 다섯 형제가 그 노인과 부인을 가만히 내버려 두었더라면 그들은 자신의 나라에 머물러 세상에 알려지지 않았을 것이다. 노인은 형제들의 몸을 바위로 변화시켰다. 그 바위는 지금도 클라매스(Klamath)에 가면 볼 수 있다.

모독(Modoc)족, 캘리포니아

갈까마귀는 Puget Sound(퓨짓 사운드)의 해변과 Olympic Peninsula(올림픽 페니슐라)의 해변에 살던 사람들에게 도움을 많이 준 것으로 되어 있다. 반면에 코요테는 Cascade Range(캐스케이드레인지)의 동쪽에 살던 이들에게 도움이 되었다고 한다. Quillayute(콰일레이트) 전설에 따르면 갈까마귀는 워싱톤주의 해변을 따라 흐르는 강에 연어를 갖다 주었다고 한다.

장인이 사는 지하세계에서 연어를 맛본 젊은 갈까마귀 (Mole)몰은 연어를 자기 집에 가져가기로 마음먹는다. 그는 자기의 입과 콧구멍에 연어의 비늘을 숨겨서 남쪽으로 온다. 그는 연어 비늘을 Quillayute강에 한 개, Hoh(혼)강에 한 개, 그리고 Queets(퀸츠)강에 두 개를 던지고, 나머지는 모두 Quinault(콰이널트)강에 뿌린다. 그래서 오늘날 Quillayute강과 Hoh강에는 연어가 적고, Queets강에서는 꽤 많은 연어가, 그리고 Quinault강에서는 상당히 많은 수의 연어가 있게 되었다고 한다.

이 뒤에 이어질 이야기에서 갈까마귀는 계속 인간에게 도움을 준다. 짧은 이야기이지만 이 이야기 속에는 신화에서 일반적으로 나타나는 두 개의 주제가 복합되어 나타난다. 그것은 바로 빛의 기원과 불의 기원에 관한 이야기다.

제2부

·

트릭스터 이야기

윈네바고의 트릭스터

트릭스터(꾀많은 사기꾼)가 어느 날 길을 가다가 작은 언덕과 마주치게 되었다. 그는 언덕에 다가가다 근처에서 늙은 한 버펄로를 보았다. 그는 그 버펄로를 잡고 싶은 생각이 났다. 그래서 칼을 꺼내어 풀을 잘라 인간의 모습을 만들었다. 그는 이것을 여러 개 만들어 둥글게 늘어놓고 한쪽 끝에만 입구를 터 놓았다. 그쪽은 매우 질퍽한 늪이 있었다. 이렇게 사람의 울타리를 세우고 난 뒤 버펄로가 있는 곳으로 돌아가 소리를 질렀다.

"오! 내 막내동생이 여기 있었네. 애야, 네가 여기 있었구나. 아무 걱정거리도 없이 쉬고 있었네. 그래, 괴롭히는 자가 없도록 내가 돌보아 줄께."

그는 버펄로에게 그렇게 말했다. 잠시 후 그는 놀란 듯 다시 소리쳤다.

"이봐!, 여기는 사람들이 온통 둘러싸고 있어. 빨리 피해야 돼. 저쪽에 달아날 구멍이 있어."

바로 그때 아무 생각없이 고개를 들었던 버펄로는 깜짝 놀랐다. 정말 사람들이 자기를 빈틈없이 둘러싸고 있는 것처럼 보이지 않는가. 버펄로는 이 예기치 않은 상황에 멍하니 앞만 바라보고 있었다. 그래도 트릭스터가 가르쳐 준 방향으로는 도망칠 수 있을 것처럼 보였으므로 버펄로는 그쪽으로 정신없이 달렸다.

잠시 후 그는 수렁에 빠져 버렸고 트릭스터가 당장 쫓아와서 그를 찔러 죽여 버렸다. 그는 버펄로를 끌어내어 가죽을 벗겼다. 이 일을 하는 동안 그는 줄곧 오른손만을 사용했다. 그런데 갑자기 왼손이 버펄로를 잡았다. 그것을 보고 오른손이 말했다.

"건드리지마. 그건 내 거야. 손을 떼지 않으면 칼로 잘라 버리겠어."

그래도 왼손이 말을 듣지 않자 또 오른손이 말했다.

"손을 떼지 않으면 너를 조각조각 내겠어."

그 말을 들은 왼손은 어쩔 수 없이 손을 떼었다. 하지만 잠시 후 왼손은 다시 오른손을 붙잡았다. 오른손이 버펄로의 가죽을 벗기기 시작하려는 순간 왼손이 오른 손목을 잡은 것이다. 가죽을 벗기려는 때마다 똑같은 일이 반복해서 일어났다. 이런 식으로 트릭스터는 두 손이 서로 다투도록 만들었다. 둘 사이의 싸움은 곧 심각한 상태가 되었고 결국 왼손을 심하게 다쳤다.

"오! 왜 이런 일을 했지? 내가 왜 그랬을까? 나는 스스로를 다치게 했어!"

왼손은 피를 상당히 많이 흘렸다.

그는 잠시 후 다시 길을 떠났다. 새들이 그를 보고 소리를 질렀다.

"저기봐! 저기, 트릭스터가 지나간다."

그들은 소리를 지르고 나서 멀리 도망갔다.

"야! 저 버릇없는 녀석들. 저 녀석들이 무슨 말을 하는거야?"

그가 길을 가는 동안 새들은 비슷한 소리를 질러댔다.

"저기봐, 트릭스터가 지나가고 있어."

그는 계속 걸어갔다. 그러다가 어떤 사내가 곤봉을 들고 있는 것을 보았다. 트릭스터는 희미한 미소를 지으며 말했다.

"저기 내 동생이 또 한 명 길을 가고 있구나! 이봐! 거기서 뭐하는 거요?"

하지만 그는 아무 대답도 없었다. 그러다 갑자기 그 사람이 입을 열었다.

"오! 불쌍한 내 자식들! 애들아 배고프지?"

트릭스터는 그에게 많은 질문을 퍼부었다. 너무 끈질기게 질문을 퍼부으며 성가시게 굴어서 그 사내는 행동에 불편을 느낄 정도였다. 하지만 그는 한마디도 대답하지 않았다. 트릭스터는 그의 행동을 지켜보는 수밖에 없었다.

잠시 후 그가 근처의 작은 언덕을 향해 가는 것을 볼 수 있었다. 거기서 그는 곤봉을 꺼내어 언덕을 두들겼다. 그랬더니 놀랍게도 커다란 곰이 그 속에서 나와 죽는 것이었다. 그는 불을 지펴서 곰의 털을 그을렸다.

그리고는 짐 속에서 물통을 꺼내어 곰의 고기를 삶았다. 고기가 다 익자 그는 먹으며 말했다.

"서둘러라. 애들아, 배고프지? 빨리 먹자."

그는 나무그릇을 꺼내어 곰을 삶은 국물을 따라 놓고 식혔다. 그리고는 자신의 허리에 달려 있던 주머니를 풀었다. 그 속에는 네 명의 작은 아이들이 들어 있었다. 그는 바로 이 아이들에게 그토록 다정하게 얘기했던 것이다.

그 아이들을 보고 트릭스터는 말했다.

"야! 너무 귀엽네! 당신 아주 훌륭한 아이들을 두었소."

그 사내는 아이들에게 음식을 먹였다. 하지만 너무 많이 먹지 않도록 주의했다. 식사를 마치자 그는 다시 아이들을 주머니에 넣고는 허리띠에 묶었다. 그리고 나뭇가지를 꺽어 남은 음식을 그릇에 담아놓고 식사를 하기 시작했다. 그는 남아 있던 국물까지 모두 다 먹어 치웠다.

식사를 다 끝내고 나자 그는 그제사 트릭스터에게 말을 하기 시작했다.

"너무 바빠서 당신 질문에 대답하지 못했소."

트릭스터가 대답했다.

"정말 당신은 너무나 귀여운 아이들을 가지고 있구려. 아이들 중 두 명만 나에게 맡길 생각없소?"

"안돼요. 당신은 보나마나 아이들을 죽이고 말거요."

"아니오, 전혀 그렇지 않을거요."

트릭스터는 이어서 말했다.

"당신은 지금 너무 비약해서 생각하는 거예요. 나는 그저 친구처럼 아이들과 함께 있으면 좋겠다고 생각하는거요. 나도 당신이 하는 것과 똑같이 아주 조심스럽게 다룰 거예요."

그는 설득을 계속한 끝에 그 사내에게서 아이 둘을 얻어낼 수 있었다. 아이 아버지는 그에게 곤봉, 물통, 그릇, 그리고 그가 죽인 곰을 주었다. 그리고 자기 허리띠에 달려 있는 주머니에서 아이들을 꺼내어 트릭스터에게 주며 말했다.

"내 말 잘 들어요. 이 아이들 중에 어느 하나라도 죽게 되면 그때는 당신도 끝장이오. 당신이 이 아이들을 죽게 한다면 당신이 어디에 있건 나는 당신을 쫓아가 죽일거라는 사실을 기억하시오. 내가 준 물건들은 잘 가지고 있다가 한달에 한번씩 아이들에게 밥을 먹이시오. 이 규칙을 바꿀 생각은 아예 하지 마시오. 혹시나 이 규칙을 바꾸거나 지키지 않는다면 당신은 아이들을 죽이게 되고 말거요. 당신은 내가 하는 것을 보았으니까 어떻게 해야 하는지 알거요. 내가 한 것과 똑같이 하면 돼요."

트릭스터가 대답했다.

"잘 알아들었소. 당신이 얘기한 그대로 하리다."

그들은 허리에 주머니를 하나씩 차고 각자의 길로 흩어졌다.

헤어진 지 오래지 않아 트릭스터는 갑자기 소리질렀다.

"귀여운 나의 아이들이 지금쯤은 배가 고플 것 같아. 쓸데없는 생각을 하면서 시간 낭비할 필요는 없지. 지금 당장 먹을 것을 주는게 좋겠어."

마침 근처에는 작은 언덕이 있었다. 그는 곤봉을 꺼내어 언덕을 두드리자 커다란 곰 한마리가 죽어 나왔다. 그리고는 급히 불을 지펴 곰의 털을 그을렸다. 그 다음에는 곰의 몸을 잘라서 끓는 물에 넣고 고았다. 어느 정도 시간이 흐른 뒤 그는 고기를 건져내고 국물을 식혔다. 국물이 식자 그는 주머니를 열고 말했다.

"오, 이 귀여운 것들, 무척 배가 고팠지?"

그는 아이들을 꺼내어 음식을 먹이고 그릇 가득히 국물을 따라 주었다. 아이의 아버지가 말한 것들을 모두 무시한 채 그는 해서는 안될 것들을 많이 했다. 그런 뒤에 그는 다시 아이들을 주머니에 넣고 허리띠에 묶어 두었다.

그는 길을 가다가 꺾어 두었던 나뭇가지를 꺼내 식사를 하기 시작했다. 남아 있던 모든 것을 다 먹고 나서 그는 다시 여행을 시작했다. 세상의 모든 동물들은 그를 보고 '트릭스터, 거짓말쟁이'라고 조롱했다.

시간이 좀 흐른 뒤 그는 또 배가 고파졌다.

하지만 아이들에게는 한달에 한번씩만 밥을 주라고 하던 말이 생각났다. 그렇지만 그는 배가 너무 고팠다.

'나의 귀여운 아이들도 지금쯤 배가 고플거야. 아이들에게도 먹을 것을 주어야지.'

그는 즉시 작은 언덕을 찾아 커다란 곰 한마리를 죽였다. 그리고 늘 하던 대로 불을 지펴 털을 그을린 뒤 곰을 물에 넣고 고았다. 다 끓자마자 건데기를 건져놓고 국물을 식혔다. 그는 허리띠에서 주머니를 풀어 보았다. 그런데 놀랍게도 아이들은 모두 죽어 있었다.

"아니, 이게 어쩐 일이야! 아이들이 모두 죽어 버렸잖아!"

트릭스너가 말을 마치는 순간 아이들의 아버지가 나타나서 말했다.

"이봐! 트릭스터, 당신이 잘못했으니 약속대로 당신은 죽어야 해. 당신이 내 아이들을 죽이면 내가 당신을 죽일 것이라고 이미 말했지 않은가."

그가 다가서자 트릭스터는 간절하게 말했다.

"이봐요! 노형, 잠깐 내 말 좀 들어봐요."

그렇지만 그 사내는 막무가내로 달려들었기 때문에 트릭스터는 아무 말도 못하고 도망갈 수밖에 없었다. 그는 있는 힘을 다해 도망을 갔고 아이들의 아버지는 쫓아오면서 돌을 마구 던져서 하마터면 트릭스터는 돌에 맞을 뻔했다. 그리고 계속 달렸지만 도저히 피할 길이 없을 것 같았다. 그는 달리면서 생각한 결과 지그재그로 왔다갔다해서 트릭스터는 돌에 맞는 것을 겨우 피할 수 있었다.

그러나 그 사내는 트릭스터를 계속 쫓아왔다. 너무 다급해지자 트릭스터는 하늘 위나 땅 밑으로 숨어 버릴까도 생각하게 되었다. 하지만 거기까지도 쫓아올 것 같았다. 그 사내가 뒤에서 소리쳤다.

"트릭스터, 자네가 어디로 도망치더라도 자네 목숨을 구할 수는 없어. 나는 자네를 끝까지 쫓아가서 죽이고 말거야. 그러니 지금쯤 포기하는 것이 좋아. 당신도 알다시피 당신은 이제 지쳤어. 이제 더 이상 갈 곳이 없다고. 당신은 어디를 가건 나를 피할 수 없단 말이야."

그는 계속해서 트릭스터를 쫓아왔다. 트릭스터는 그의 손아귀에서 벗어나질 못하고 있었다. 그런데 그는 갑자기 놀랐다. 그는 이미 세상의 거의 전부를 뛰어서 이제 세상의 끝에 다다르고 있었던 것이다.

그곳은 해가 뜨는 곳이었다. 커다란 바위가 가파른 경사를 이루며 땅과 바닷속을 잇는 바위가 불쑥 솟아 있는 쪽으로 그는 달리고 있었다. 그곳은 바다와 육지가 만나는 곳이었다. 그는 그쪽으로 서둘러 가서 물속으로 뛰어들었다. 그는 바다 한가운데로 빠져 들어갔다.

"트릭스터, 목숨을 건졌구나. 하지만 분명히 언젠가는 죽을거야."

그렇게 말하고 나서 사내는 트릭스터를 쫓는 것을 포기했다. 트릭스터는 안도의 한숨을 내쉬고 중얼거렸다.

"내게 어떻게 이런 일이 있을 수가 있지? 나는 정말 상상도 못했는 걸! 큰 봉변을 당할 뻔했어."

그는 혼자 물속에 남아 있었다. 어디로 가면 바닷가에 닿을 수 있을지 알지 못했기 때문에 그는 정처없이 물속을 걸어갔다. 그렇게 정처없이 걷다가 갑자기 물고기 한 마리가 지나가는 것을 보았다. 트릭스터는 그에게 말을 걸었다.

"이봐요. 당신은 아주 현명하다고 소문이 낫던데 혹시 어디로 가면 바닷가로 가게 되는지 말해줄 수 있겠어요?"

"몰라요. 나는 해안에는 가본 적이 없어요."

그 물고기의 대답이었다. 트릭스터는 계속 걸어 곧 메기를 만나게 되었고 그에게 마찬가지 질문을 했다.

"노형, 당신은 똑똑하기로 유명한 사람 아니오? 바닷가가 어디에 있는지 좀 가르쳐 주시오."

"하지만 나는 몰라요."

그 역시 바닷가에는 가본 적이 없다는 것이었다. 트릭스터는 다시 출발했다. 잠시 후 그는 또 다른 물고기를 만났다.

"노형, 당신은 이곳에 오래 살지 않았습니까? 당신은 바닷가가 어딘지 알 것 같은데 어디로 가면 바닷가에 닿을 수 있는지 나에게 얘기 좀 해주시겠소? 나는 도저히 찾지 못하겠어요."

하지만 그 물고기의 대답도 마찬가지였다. 어쩔 도리가 없어서 트릭스터는 정처없이 헤매면서 물속에 계속 있을 수밖에 없었다. 정처없이 바닷속을 헤매다가 그는 우연히 입이 큰 메기를 만나 그에게 다시 한번 같은 질문을 했다.

"이봐요. 노형, 당신이 똑똑하다는 소문은 내 이미 들어서 알고 있어요. 아마 당신은 바닷가가 어딘지 내게 말해줄 수 있겠죠? 나는 어디가 어딘지 도저히 모르겠소."

그러나 입 큰 메기도 같은 대답을 했다. 트릭스터는 다시 헤맬 수밖에 없었고 잠시 후 황색 메기와 마주쳤다.

"여보세요. 당신은 만물박사라는 평이 자자하던데 아마 바닷가가 어디인지 알고 있겠죠? 나에게 좀 가르쳐 주시오."

하지만 황색 메기도 바닷가에는 가본 적이 없다고 말었다. 그는 숱한 물고기를 만나 똑같은 질문을 퍼부었지만 모두 마찬가지였다. 그는 자신이 상상할 수 있는 온갖 물고기란 물고기는 다 만나서 물어 보았지만 모두 헛일이었다.

그러다가 그는 우연히 송어떼와 마주쳤다. 그들을 향해 질문을 했지만 별로 기대는 하지 않았다.

"여보세요. 당신네들은 모르는 것이 없다고들 하던데 혹시 바닷가로 가는 길을 아시오?"

그러자 송어떼들은 웃으면서 말했다.

"허허, 이봐요. 바닷가는 바로 여기 아닙니까? 당신이 있는 바로 여기가 바닷가에요."

송어떼의 대답을 듣고 나서 살펴보니 바로 옆에 육지가 있었다. 그는 곧장 물 밖으로 나왔다.

"고마워요. 정말 고마워요."

그는 송어떼에게 감사의 인사를 했다. 알고보니 그는 바닷가를 따라 계속 헤엄쳐 오고 있었던 것이었다. 물 밖으로 나오자 그는 갑자기 배가 고파졌다. 그는 흙으로 그릇을 만들어 가지고 바닷가로 갔다. 그는 물고기가 먹고 싶었던 것이었다. 가까이에 물고기가 보이자 그는 정신없이 그것을 쫓아갔다. 하지만 도저히 물고기를 잡을 수가 없었다. 그러다가 어느 순간 그가 서 있는 바로 옆으로 물고기가 지나가는 것이 보였다. 그는 즉시 그릇으로 그것을 건져 올렸다.

"하하! 이것만으로도 훌륭한 찌개를 끓여 먹을 수 있겠어."

그렇게 말하고는 불을 지펴 찌개를 끓였다. 그것을 먹으며 그는 말했다.

"아주 맛있는데! 고기도 쫄깃쫄깃하고 말이야."

그는 길을 가다가 배가 고플 때면 자기가 만든 그릇으로 물고기를 건져 올려 찌개를 끓여 먹었다. 그는 찌개를 너무 좋아한 나머지 자주 먹어서 과식을 하게 되었다. 위가 풍선처럼 늘어나 배가 터져버릴 지경이었다. 그런데 갑자기 빨간 지느러미를 가진 물고기가 자신 곁으로 다가오는 것을 보았다. 그 물고기는 바닷가로 와서 그에게 말을 했다.

"이봐, 노형 당신은 이제 숨쉬기가 곤란해질 걸? 아마 당신은 죽고 말거야."

그 말을 들은 그는 화가 나서 말했다.

"내가 너를 잡아다가 찌개를 끓여 먹고 말거야. 맛좋게 생겼는 걸!"

그는 그 물고기를 잡아다가 땅에 묻어 버렸다.

그는 정처없이 세상을 돌아다녔다. 한참을 걷다가 그는 어떤 호숫가에 도착하게 되었는데 그곳에 한 사람이 서 있는 것을 보고 놀랐다. 그는 누구인지 궁금해서 서둘러 다가갔다. 그 사람은 싸만색 옷을 입고 있었다. 호수에 가까이 가서 살펴보니 그 사람은 호수

반대편에 서서 트릭스터가 있는 쪽을 손가락으로 가리키고 있는
것이었다.

"이봐요. 뭘 가리키고 있는거요?"

트릭스터는 그 사람을 불러 보았지만 아무런 대답이 없었다. 그
는 다시 한번 물어 보았다.

"여보세요. 지금 무엇을 향해 팔을 들고 있는 겁니까?"

그래도 아무 대답이 없었다. 계속 변함없이 그 사람은 호수 건너
편에서 무언가를 향해 손가락질을 하고 있었다.

"글쎄, 지금 그렇게 해야 할 상황이라면 나도 그렇게 해보지 뭐.
나도 까만 옷을 입고 저 사람처럼 팔을 들고 서 있어 볼까."

그는 까만 옷을 입고는 그 사람이 서 있는 쪽을 향해 서둘러 갔
다. 그리고 그 사람이 하는 것처럼 팔을 쳐들고 있었다. 시간이 좀
지나자 똑같이 팔이 아파오기 시작했다. 그는 옆 사람에게 말했다.

"노형, 이제 그만 합시다. 팔 아프지 않아요?"

역시 대답이 없었다.

"노형, 나는 배가 고파요. 밥먹고 다시 합시다. 내 당신을 위해
서 당신이 좋아할 만한 동물을 잡아오겠소. 그러니 이제 그만 좀
합시다."

그러나 여전히 그 사람은 말이 없었다. 트릭스터는 투덜거리며
말했다.

"이런, 지금 내가 무슨 짓을 하고 있는거지? 이 사람은 심장이
없는 걸! 나는 그저 흉내만 낸 꼴이네."

그는 그와 헤어지려고 하다가 무심코 고개를 돌렸다. 옆 사람을
본 트릭스터는 깜짝 놀라고 말았다. 그가 여태껏 본 것은 사람이
아니라 그루터기에 나뭇가지가 튀어나와 있는 것이었다. 나무 그
루터기를 그는 사람으로 잘못 본 것이었다. 그는 혼자서 이렇게 중
얼거렸다.

"이러니 사람들이 나를 바보라고 놀리지. 사람들 말이 맞아."

그는 다시 길을 가기 시작했다. 한참을 정처없이 걷고 있는데 어디서 비명소리가 들렸다. 무슨 소린가 하고 들어 보았더니 놀랍게도 커다란 새가 자기 머리 위에서 내는 소리였다. 그 새는 그가 있는 쪽으로 날아오고 있었다. 그것을 보는 순간 그는 갑자기 자기도 그 새처럼 날고 싶은 생각이 들었다. 그 새가 가까이 오자 트릭스터는 말을 걸었다.

"이봐요. 노형, 당신은 하늘을 날 수 있으니 참 좋겠소. 당신은 정말 운이 좋은거요. 나도 날고 싶지만 어디 그럴 수 있어야지."

그는 이어서 말했다.

"노형, 당신 등을 타고 나도 한번 하늘로 올라가 볼 수 없겠소? 내게도 그렇게 공중에서 땅을 내려다볼 수 있는 행운을 한번쯤 누리게 해줄 수 있지 않소?"

"좋아요."

새가 쾌히 승낙하자 그는 등에 올라 앉을 수 있었다. 물론 그 큰 독수리는 그를 업고도 쉽게 하늘을 날았다. 하늘에 오르자 기분이 좋아진 트릭스터는 주절대기 시작했다.

"노형, 기분이 너무 좋네요. 이렇게 즐거운 일이 있으리라곤 상상도 못했어요."

그러다가 독수리가 갑자기 비스듬히 날기 시작했다. 위험을 느낀 트릭스터는 큰 소리로 독수리에게 외쳤다.

"이봐요. 조심해요. 조심하란 말이오. 그러다가 나를 떨어뜨리고 말겠소."

그 말을 들은 독수리가 다시 똑바로 날기 시작했고 트릭스터는 즐거운 마음으로 세상을 굽어볼 수 있었다. 하지만 독수리는 유심히 숲을 살피며 속이 빈 나무가 없는지를 찾고 있었다. 그는 트릭스터를 골려 주고 싶었다. 얼마 동안 찾은 끝에 그는 카지도 없이 속이 텅 비어 있는 나무를 한 그루 보았다. 그는 그 나무 가까이로 가서 갑자기 트릭스터를 그 위에 떨어뜨렸다. 트릭스터는 움푹 패인 나무 위로 뚝 떨어졌다.

"아차, 정말 무서운 녀석인 걸. 나쁜 놈이야. 완전히 허를 찔렸네."

그는 분했지만 어쩔 도리가 없었다. 잠시 후 그는 마치 나무를 벨 때 나는 소리와 같은 이상한 소리를 들었다.

"어? 여기 어디쯤 사람들인 있는건가? 사람들이 이렇게 깊숙한 곳까지 올 것 같지 않는데."

그는 혼자 중얼거렸다. 사람들이 점점 가까이 와 그들의 말소리를 알아들을 수 있을 정도가 되었다. 그들은 모두 여자들이었다. 그들이 있는 쪽을 향해 그는 노래를 불렀다.

"꼬리 자른 너구리 내가 여기 있지요."

거기 있던 여인들 중 한 명이 그 소리를 듣고 동료에게 말했다.

"들어봐. 말소리가 들려. 누군가 우리 말고 여기에 또 있는 모양이야."

그는 다시 한번 똑같은 노래를 불렀다. 그 소리를 들은 사람들은 그가 있는 곳을 찾아내고는 말했다.

"그를 꺼내어 주자."

그들은 나무를 잘라 그를 꺼내 주었다. 그는 한쪽 귀퉁이에 너구리 가죽으로 된 담요를 두었는데 그것을 여인들이 보았다.

"아! 저것이 이제 커다랗고 훌륭한 너구리가 되고 있었구나."

여인들은 그렇게 생각했다. 여인들이 말하는 것을 들은 트릭스터는 그들에게 말했다.

"당신들이 도와준다면 나는 아주 살찌고 훌륭한 너구리가 될 수 있어요. 내가 숨어 있던 이곳을 여러분들의 옷으로 가득 채우고 난 뒤 잠시 어디로든 갔다 오세요. 그러면 나는 무척이나 살이 쪄 있을 거예요."

"그렇게 하겠어요."

여인들은 대답을 하고 모두 옷을 벗어서 나무에 걸쳐둔 뒤 벌거벗은 채 집으로 돌아갔다. 트릭스터는 그 광경을 신나게 구경하다가 나무에서 뛰어나와 도망쳤다. 나중에 여인들이 돌아왔을 때에는 아무것도 찾을 수가 없었다.

한참을 도망치다가 그는 어떤 계곡에 도착하게 되었다. 그런데 거기서 북소리와 사람의 고함소리가 함께 들렸다. 누군가 계곡 안에서 무슨 일을 하고 있는 것이 틀림없었다. 그 소리는 너무나 커서 마치 하늘에라도 들릴 것 같았다.

"글쎄, 사람들이 거기서 뭘하고 있는걸까? 심심하던 차에 마침 잘되었는 걸! 무슨 일을 하고 있는지 몰라도 나도 그들 틈에 끼어 같이 해야지. 춤을 추러 온건가? 그러면 좋겠는데. 나도 옛날에는 춤을 잘 추었잖아."

트릭스터는 그렇게 혼자 중얼거리고는 계곡 안쪽으로 들어갔다. 그쪽으로 가는 도중에도 그 소리는 계속해서 들렸다. 마치 사람들이 너무 즐거워 환호성을 지르는 것 같았다. 완전히 들뜬 분위기가 전해져 왔다.

'아! 저쪽으로 가면 사람들이 많이 있는 모양이다.'

그는 혼자 생각했다. 그 동안에도 그 소리는 계속해서 들렸는데 북소리가 워낙 커서 북소리가 한번 나면 마치 하늘이 무너져 내릴 것만 같았다. 북소리가 나면 사람들은 더 큰 소리로 고함을 지르는 것이었다.

소리가 너무나 크다는 느낌이 들자 그는 갑자기 불안한 생각이 들어 계곡 바깥으로 뛰어나오기 시작했다. 그런데 이상하게도 방향을 바꾸어 뛰기 시작하자 오히려 그 소리는 점점 더 가까운 곳에서 들려왔다. 소리는 가까운 곳에서 들렸지만 사람은 보이지 않았다. 소리는 정말 컸다. 곧 하늘이 무너져 내리지 않을까 하는 걱정마저 들었다.

마치 사람들이 떼지어서 고함치고 있는 사이를 지나가고 있는 듯한 느낌이 들었다. 그런데도 이상하게 사람은 전혀 보이지 않았다. 그는 고개를 갸웃거리다가 정신을 차리고 그곳을 둘러보았다. 멀지 않은 곳에 동물들의 뼈가 흩어져 있고 좀 떨어진 곳에는 사슴의 두개골이 눈에 띄었다. 그게 바로 주범이었다. 그것은 여러 방향으로 구멍이 뚫려서 나팔의 역할을 하였다.

그는 그곳으로 가서 사슴의 두개골을 살펴보았다. 그리고 어떻게 해서 소리가 그토록 크게 나는지, 또 환호성 같은 소리가 어떻게 날 수 있는지를 알 수 있었다. 두개골 안에 있던 수많은 파리가 그 원인이었다. 파리들은 두개골 안에 들어갔다가 한꺼번에 밖으로 나오면서 그렇게 커다란 소리를 내는 것이었다. 그가 보니 파리는 스스로 그것을 즐기는 것 같았다. 그는 파리들의 신나는 모습에 부러움을 느꼈다.

"그들이 뭣을 하건 나도 그들 틈에 끼고야 말겠어. 그런데 그 틈에 끼려면 도대체 어떻게 해야 하는거지?"

트릭스터는 잠시 생각에 잠겼다. 그리고는 말했다.

"이봐요, 당신들 무척 재미있는 모양이구려. 도대체 무슨 일을 하고 있는 거요. 나도 당신들 틈에 끼어서 함께 하고 싶은데 어떻게 하면 좋은지 좀 가르쳐 주시겠어요?"

파리들이 그에게 대답했다.

"글쎄, 어려운 일은 아무것도 없는데, 당신이 보았듯이 사슴의 목구멍을 통해서 드나들 뿐이에요."

그 말을 들은 트릭스터는 목을 통해 그 안으로 들어가려 했지만 실패했다. 오기가 난 그는 몇 번이고 시도를 했지만 도저히 할 수 없었다. 그가 다시 질문했다.

"도대체 당신들은 그 안으로 어떻게 들어갔지요?"

그는 아무리 그 안에 들어가려 해도 몸집이 커서 들어갈 수 없었다. 그 점을 고려해서 그들이 대답했다.

"당신이 정말 들어오고 싶다면 그저 '목구멍아 커져라!'라고 말만 하면 돼요. 그러면 목구멍이 정말 커지고 당신은 들어올 수 있지요. 우리도 그런 식으로 해요."

그는 앉아서 말했다.

"목구멍아, 커져라!"

그랬더니 목구멍이 정말 커졌다. 그는 아무 문제없이 그 안에 들어갈 수 있을 것 같았다. 그는 목 안쪽으로 자신의 머리부터 들이밀었다. 파리들은 모두 뒤로 물러섰다. 그런데 그가 머리를 집어넣자마자 그 두개골의 목구멍이 점차 줄어들었다. 그는 머리만 사슴 두개골 안에 간신히 집어넣은 채 아주 불편한 자세가 되었다. 그는 있는 힘을 다해 빠져나오려고 했지만 아무 소용이 없었다.

그는 정말 아무것도 할 수 없었다. 그는 자신이 어떻게도 할 수 없으리라는 것을 깨닫자 그 두개골을 뒤집어 쓴 채 강가로 갔다. 마침 그 두개골에는 사슴의 뿔이 그대로 달려 있었다. 강가에 도착한 그는 강을 따라 걸어가다가 잠시 후에 마을에 도착하게 되었다. 사람들이 물을 길으려고 강에 올 무렵 그는 너구리 가죽을 덮은 채 강가에 누워 있었다. 그의 모습은 정말 보기에도 무시무시한 느낌을 주었다. 그는 너구리 가죽으로 온몸을 덮고 머리 위에는 기다란 뿔이 나 있었다.

아침 일찍 한 여인이 물을 길으러 왔다가 그의 모습을 보았다. 그녀는 깜짝 놀라서 도망치기 시작했다. 그때 그가 말했다.

"삼간만요. 나는 당신에게 축복을 내리러 온거요."

그 말을 듣자 그녀는 다시 돌아서서 그가 있는 곳으로 왔다. 그는 말을 이었다.

"집에 가서 도끼를 가지고 다시 오시오. 그리고 온갖 공물(신 앞에 바치는 물건)도 가져오시오. 어떤 것을 가져와야 할지는 어른들께 여쭈어 보시오. 그리고는 도끼로 내 머리를 내려치면 그 속에서 부적과 함께 당신이 원하는 모든 것이 다 나올거요. 나는 사슴의 요정이오. 나는 마을에 축복을 내리러 왔소."

그는 한마디 더 덧붙였다.

"나는 이 물 속에 사는 위대한 정령이오."

그녀는 집으로 돌아가 사람들에게 본대로 이야기를 했다.

"강가에 우리를 축복하러 왔다는 물의 정령이 있어요. 그는 온갖 부적이 들어 있는 상자를 가지고 왔대요. 우리가 공물을 가져가서 그 앞에 바치고 도끼로 그의 머리를 가르면 그 속에 온갖 부적이 다 들어 있을거래요."

그 말에 사람들은 저마다 공물을 들고 강가로 갔다. 그들은 무시무시한 모습을 하고 있는 정령을 발견할 수 있었다. 그들은 상당히 많은 양의 공물을 가지고 왔다. 그것들은 붉은 깃털, 흰 사슴가죽, 붉은 실로 짠 허리띠 같은 것이었다. 사람들은 공물을 그의 앞에 내려놓은 뒤 누가 도끼를 들 것인지 정했다. 그리고 나서 도끼로 내려쳐 두개골을 쪼개어 버렸다. 그런데 쪼개진 두개골 속에서 트릭스터가 웃고 있는 것이 아닌가. 그는 일어서면서 말했다.

"내가 머리에 정말 굉장한 장식을 하고 있었는데 당신들이 그것을 부수어 버렸어."

그는 큰 소리로 웃었다. 사람들은 그를 보고 소리를 질렀다.

"이거, 트릭스터 아냐?"

그는 정색을 하고 이렇게 말했다.

"당신들이 내게 이렇게 많은 공물을 바친만큼 나도 보답을 하겠소. 당신들이 이 두개골을 무슨 용도에 사용하건 당신들이 원하는 목적이 항상 이루어질 수 있게 해주겠소."

그리하여 사람들은 그것을 이용해서 여러가지 부적과 약을 만들었고 그것들은 모두 효험이 있었다. 그리고 난 뒤 트릭스터는 다시 방랑의 길을 떠났다.

사람들이 살고 있는 어떤 마을에 말이 두 필 있었다. 코요테는 장가를 들어 그 마을에 살고 있었다. 트릭스터는 코요테에게 복수를 하고 싶은 생각이 간절했고 반대로 코요테는 또 한번 트릭스터를 골려주고 싶었다. 하지만 트릭스터는 이제 코요테가 품고 있는 생각을 쉽게 알아차렸다.

'그 녀석의 속임수에 여러 번 속아넘어갔지만 이번만은 그냥 넘어가지 않을거야. 이번에는 거꾸로 내가 그 녀석을 속여넘겨야지'라고 트릭스터가 혼잣말을 했다.

어느 날 그는 숲속으로 갔다. 그곳은 마을의 말들을 기르는 곳이었다. 그는 거기서 말 한 필을 발견하고는 그것에 주문을 걸어 잠들게 했다. 그는 말이 잠든 것을 확인한 뒤 들쥐에게 가서 말했다.

"여기 죽은 동물이 한마리 있어. 코요테에게 가서 이렇게 말 좀 해줘. '이봐, 저기 마을 가까운 곳에 죽은 동물이 있어. 그런데 너무 큰 놈이라 나 혼자서는 움직일 엄두도 못내. 그것을 가져다가 우리 둘이 나누면 좋을 것 같아.'라고 말이야."

들쥐는 흔쾌히 승낙하고 코요테에게 가서 말했다.

"이봐, 자네는 힘이 몹시 세다면서, 그래서 하는 말인데 마을 저쪽 숲 근처에 가면 죽은 동물이 한마리 있어. 자네는 그것을 옮길 수 있을 것 같아. 내가 직접 옮기고 싶지만 그럴 엄두가 안나서 자네에게 부탁하러 온걸세. 나는 항상 자네에게 연민의 정을 느끼고 있었어."

코요테는 기분이 좋아져서 그곳으로 갔다. 트릭스터는 숨어서 그들이 오는 것을 기다렸다. 그들은 곧 도착했고 들쥐가 말 꼬리를 코요테에게 묶었다. 그는 그 둘을 아주 단단하게 묶었다. 코요테가 말했다.

"나는 힘이 세니까 이 정도 동물은 문제없이 끌 수 있지. 그런데 여기 쓰러져 있는 동물은 사슴인가?"

"그래 그래, 이제 준비가 다 됐으니 끌어봐."

들쥐가 말하자 코요테는 힘을 주어 끌기 시작했다. 그 바람에 말은 놀라서 잠이 깨었다. 깨어보니 자기 꼬리에 어떤 동물이 묶여 있는 것을 보고는 더욱 놀라서 미친듯이 날뛰었고 그러다가 있는 힘을 다해 달리기 시작했다.

코요테는 말 꼬리에 묶인 채 그대로 끌려갈 수밖에 없었다. 그는 창피해서 그저 나뭇가지 하나가 끌려가는 것처럼 보이려고 꼼짝도 하지 않았다. 말은 마을을 향해 달려갔고 그것을 본 트릭스터는 큰 소리로 외쳤다.

"저기봐요. 우리 마을의 사위인 코요테가 와요. 뭔가 좋지 않은 일이 있었는가 봐요. 저기봐요. 저기!"

그 말에 마을 사람들이 달려와 코요테를 쳐다보았다. 의외로 코요테는 말꼬리에 묶인 채 끌려오고 있었다. 말은 주인에게로 갔다. 사람들은 말을 붙잡고 코요테를 풀어주었다. 그는 일어나면서 경련을 일으켰다. 아픈 것도 아픈 것이지만 너무나 창피했다. 그는 자기 집에도 가기 싫었다. 그는 아예 마을을 떠나버렸다. 그에게는 부인도, 아이들도 있었지만 그 모든 것을 다 두고 떠나 버렸다.

그날 이후로 그는 사람과 함께 살지 않았다. 어디서든 사람이 그를 보기만 하면 그는 창피함을 느꼈고 가까이 다가가면 입술이 부르르 떨리게 되었다. 그 옛날에 있었던 일 때문에 그는 아직도 창피를 느낀다.

트릭스터는 그 마을에 오래 머무르면서 아이들도 많이 낳았다. 어느 날 그가 말했다.

"너무 오래 여기 살았어. 이제는 떠날 때가 된거야. 이제 아이들도 많이 자라고 했으니 다시 세상을 떠돌면서 많은 사람들을 만나보아야지. 이렇게 한 곳에 정착해 살라고 내가 태어난 것은 아니잖아."

그는 다시 여행을 시작했다. 그는 미시시피강을 출발해서 상류까지 거슬러 올라갔다. 미시시피는 정령들이 사는 곳이었고 미시시피강은 그 정령들이 다니는 주요 도로였다.

그는 그 강가에 인디언들이 살려 한다는 것을 알았고, 그것이 바로 그가 강을 따라 여행을 한 이유였다. 여행을 하는 동안 그는 인디언들에게 방해가 될지도 모르겠다고 생각되는 것들은 모두 바꾸거나 없애 버렸다. 그는 갑자기 조물주가 세상에 자신을 보낸 이유를 다시 생각했다. 그리고 나자 그는 강가에 있는 장애물들을 더 열심히 제거하게 되었다.

그는 길을 가는 동안 사람들을 괴롭혀 왔던 모든 것들을 죽이거나 잡아먹었다. 물의 요정들은 땅이나 물의 표면에서 약간 떨어진 곳에 자신들의 길을 가지고 있었는데 트릭스터는 그것을 땅이나 물 속 깊이 집어넣었다. 그 길이란 강 속에 있는 구멍들이었다. 많은 강에는 곳곳에 소용돌이가 있어서 배가 지나가기 힘들었는데 그는 그것을 아예 땅속 깊이 집어넣어 버렸다.

그는 다시 길을 떠났다. 어느 날 그는 커다란 폭포가 있는 곳에 도착하게 되었다. 폭포는 무척 거대하였다.

"너는 다른 곳으로 옮겨갔으면 좋겠어. 사람들이 여기 와서 살 것 같은데 네가 여기 있으면 사람들에게 방해가 될 것 같아."

그 말에 폭포가 대답했다.

"싫어요. 이곳은 내가 선택한 곳인 만큼 나는 그냥 여기 있을 거예요."

"다시 한번 말하겠는데 너는 다른 곳으로 옮겨가는 것이 좋겠어.”

트릭스터는 타일렀지만 폭포는 막무가내였다.

“이 세상을 사람들이 편히 살 수 있게 만들거야. 그런데 네가 여기 있으면 사람들에게 방해가 돼. 내가 이 세상에 온 것은 그런 것들을 다시 배치하기 위해서야. 만약 내 말을 듣지 않으면 너는 신사적인 대접을 받기 힘들어.”

그러나 폭포는 고집을 피우며 대답했다.

“애당초 말했듯이 나는 옮기지 않을 거예요. 그럴 생각은 추호도 없어요.”

그러자 트릭스터는 나뭇가지를 꺽어 폭포에 던졌다. 그랬더니 폭포는 땅위로 솟아올랐다. 그것을 보고 트릭스터는 다시 길을 떠나 바닷속을 본 후 하늘로 올라갔다.

조물주가 사는 세상 밑에는 그것과 똑같은 세상이 하나 더 있어 그 세상을 트릭스터가 다스리고 있다. 거북은 제3세계를 책임지고 토끼는 우리가 살고 있는 세상을 맡고 있다.

윈네바고(Winnebago)족, 중부 산림지대

산토끼의 모험

어린 시절의 어느 날, 토끼가 평소보다 조금 멀리 산책을 갔다가 우연히 두 다리로 걷는 동물을 만났다. 그 동물은 너무 약해 보여서 금방이라도 땅에 쓰러져 버릴 것만 같았다. 토끼는 그것을 앞질러 가서 기다리고 있었다. 그는 자기가 입김을 조금만 세게 불어도 동물이 쓰러지리라 생각하고는 그것이 가까이 오자 입김을 혹 불어 보았다. 하지만 그것은 꼼짝도 하지 않았다.

그는 계속해서 몇번이고 불어 보았지만 아무 소용도 없었다. 그가 네번째로 입김을 불었을 때에야 두 다리로 걷던 동물은 토끼의 존재를 알게 되었다. 그 동물은 토끼에게 화살을 쏘았다. 화살을 맞은 토끼는 아파서 소리를 지르며 집으로 돌아와 할머니께 이야기했다. 할머니는 화살을 뽑으며 말했다.

"그이는 네 아저씨일거야. 그리고 네게 화살을 쏜 것을 보면 틀림없이 네가 그를 방해했기 때문이다. 그렇지 않고서야 화살을 쏠 이유가 없지 않니?"

"내가 꽤 먼곳에 있었는데도 화살을 쏘아 맞춘 걸 보면 아저씨는 대단한 분인가봐요?"

토끼가 묻자 할머니가 대답했다.

"애야, 화살은 사람들이 사냥감을 잡을 때 쓰는 무기란다."

토끼는 화살을 고이 간직하기로 했다.

그 다음날 아침 그는 화살을 집어들고 숲속으로 갔다. 숲에서 그는 사슴을 보았다. 그는 화살이 사슴을 향하도록 근처의 나뭇가지 사이에 끼워놓고는 소리를 질렀다.

"날아라. 화살!"

하지만 화살은 꼼짝도 하지 않았다. 그는 화살을 다시 잘 만지작거리고는 날아가도록 시도해 보았지만 헛수고였다. 결국 그는 집으로 그냥 돌아와 할머니에게 말했다.

"할머니, 화살은 내 말을 듣지 않나봐. 사슴이 바로 코앞에 있었는데도 잡지 못했어요. 화살을 쓰다듬고 간청을 했는데도 날아가지 않았어요."

그 말을 듣고 할머니가 말했다.

"애야, 사냥꾼들이 그렇게 주문을 외워서 화살을 날려보내는 것이 아니란다. 그들은 활이라는 기구를 이용해서 화살을 쏘는거야."

"할머니, 그럼 제게도 활을 하나 만들어 주세요."

그러자 할머니가 또 말했다.

"사람들은 호두나무를 이용해서 활을 만든단다. 호두나무는 그 껍질이 매우 부드럽거든. 네가 그 나무를 구해오면 활을 하나 만들어 주마."

"그런 나무는 이 근처에도 많아요. 할머니!"

토끼는 말을 마치고 당장 뛰어가서 나뭇가지를 잘라왔다. 하지만 그가 가져온 것은 포플라나뭇가지였다. 할머니가 그것을 보고 말했다.

"이게 아니야. 이것은 포플라잖니."

그는 다시 가서 나무를 꺾어왔다. 이번에는 호두나무를 제대로 골라왔다. 할머니는 그에게 활을 만들어 주었고 또 화살은 어떤 나무로 만드는 것이 좋을지도 가르쳐 주었다. 화살에 쓸 나무를 구하기 위해서 그는 네 번이나 숲속으로 갔다와야 했다.

할머니는 그에게 화살을 만들어 준 뒤 이번에는 칠면조 깃털을 구해오라고 했다. 그는 밖에 나가서 칠면조를 산채로 잡아왔다. 그러자 할머니는 이제 아교를 구해오라고 했다. 그것은 철갑상어(주둥이가 긴 원통 모양으로 나왔고 배는 흰색. 네 개의 수염이 있고 양턱에는 이가 없음)의 척추에서 구해야 했는데 네 번의 시도 끝에 그는 아교를 구해 왔다. 깃털을 붙이는 것을 마지막으로 화살은 완성되었다. 그는 신이 나서 화살을 들고 다니며 여기저기 쏘아대기 시작했다.

다음날 아침 그는 사냥하러 길을 나섰다가 큰 뿔이 달린 사슴과 마주쳤다. 그는 사슴을 향해 화살을 쏘고는 그 자리에 죽은 채 쓰러져 있으라고 말했다. 그리고는 집으로 왔다. 집에 와서 그는 할머니에게 화살로 사슴을 죽였다고 자랑하고 그 다음날 아침에 끌어오겠다고 말했다.

다음날 아침 그는 수레를 끌고 그 전날 사슴이 있던 곳으로 갔다. 놀랍게도 거기에는 내장만 조금 남아 있을 뿐 아무것도 눈에 뜨이지 않았다. 그는 근처에 있는 마을로 향했다. 마을 입구에는 한 늙은 여인이 살고 있었는데 그는 그녀에게 다가가서

"안녕하세요? 할머니. 혹시 사슴 한마리 못보셨어요? 어제 내가 화살을 쏘아서 쓰러뜨렸는데 오늘 와서 보니 없어졌지 뭐예요."

그러자 늙은 여인이 대답했다.

"응. 애야, 무슨 일이 일어났는지 말해줄께. 아까 여러 명의 전사들이 여기에 모였단다. 그때 마침 화살을 맞아 다친 사슴이 이곳으로 와서는 바로 집 앞마당에 쓰러졌다. 사람들은 죽은 사슴을 보고는 서로 그것을 가져가려고 애를 썼지. 나노 예외는 아니었다. 하지만 너도 보다시피 나같은 사람이 그런 사람들 틈에 끼어서 무

얼하겠니? 지금 막 사람들은 사슴을 어디론가 끌어가 버리고 나는 그저 피나 조금 얻었을 뿐이야. 그 피를 가지고 스프를 끓이는 중이야.”

“할머니, 내 화살은 누가 빼갔지요?”

토끼가 물었다.

“족장인 ‘날카로운 팔꿈치’가 가져갔어.”

“그 화살은 제 것이에요. 그것은 보통 화살하고는 달라요. 공포심을 일으키는 힘이 있단 말이에요. 할머니도 그런 화살은 본 적이 없을걸요?”

“정말 무섭게 생기긴 했더라. 네 화살을 내게 한번 다시 보여주지 않겠니?”

여인의 말에 그는 화살을 하나 꺼내었다. 그런데 그가 화살을 꺼내자마자 그 집에 천둥 번개가 마구 쳐대는 것이었다. 여인은 놀라면서 말했다.

“애야, 화살을 도로 집어넣는 것이 낫겠어.”

그리고 덧붙여 말했다.

“사슴에 꽂혀 있던 화살이 네 것인줄 알아. 진정하고 내가 사슴피로 끓인 스프나 좀 마셔봐.”

그녀는 그에게 스프를 한 그릇 건네 주고는 또 입을 열었다.

“너는 그것으로 네 화살통도 따뜻하게 할 수 있을거야.”

“알았어요.”

그가 스프를 자신의 화살통에 부으려 하자 노인이 말했다.

“그게 아니야. 내가 말했던 것은 그걸 가지고 네 갈비뼈를 따뜻하게 할 수 있으리라는 뜻이었어.”

그 말을 들은 그는 옷을 걷어 올리고 그것을 갈비뼈 위에 부으려고 했다. 하지만 다시 그녀가 그를 말렸고 네번째에 가서야 그는 그녀의 말뜻을 알아듣고 그것을 마셨다. 토끼가 말했다.

"할머니, 저 친구가 가서 내 화살을 찾아오면 좋겠어요."

"오! 얘야, 네가 가면 그는 죽고 말거야."

"그는 족장이라고 하지 않았어요? 그런데 어떻게 그런 사람이 싸워서 죽임을 당하겠어요?"

그는 옆에 있던 젊은이에게 돌아서서 말했다.

"가서 내 화살을 가져와."

그 젊은이는 사실 그 노인의 손자였다.

젊은 친구는 마을로 내려가 말했다.

"내 친구가 자기 화살을 찾길 원합니다."

하지만 족장은 그의 말을 들은 척도 하지 않아 그는 빈손으로 돌아올 수밖에 없었다.

"다시 한번 가봐."

토끼가 말했다. 세 번에 걸쳐 그는 빈손으로 돌아왔다. 네번째 마을을 찾아가자 족장은 그제서야 상대를 해주었다.

"화살이 저기 있으니 가져가!"

젊은 친구는 화살을 보고는 다가가 그것을 집으려 했다. 하지만 족장은 그 순간 자신의 뾰족한 팔꿈치를 이용해서 그의 등을 찔러버리고는 사람들에게 말했다.

"저 녀석을 공중에 매달아 말라 비틀어지게 해라. 좋은 눈요기가 될거야."

그 장면을 목격한 누군가가 늙은 여인에게 와서 그녀의 손자가 '날카로운 팔꿈치'에 의해 살해되었다는 것을 알려 주었다. 그 자리에서 함께 소식을 들은 토끼는 노인을 향해 돌아서서 말했다.

"이 사람이 와서 이야기를 하기 전까지 나는 당신 손자가 족장인 줄 알았어요. 이제 안되겠어요. 이번에는 내가 직접 가서 '날카로운 팔꿈치'를 만나보고 올게요. 그런데 할머니 혹시 숯놀 있으세요?"

여인은 그에게 숫돌을 건네 주었다. 그것을 받아든 그는 마을로 내려갔다. 마을에 가서 보니 족장의 집은 기다랗게 생겼는데 집안에는 미녀들이 수도 없이 많았다. 모두 족장의 부인이었다. 토끼가 족장에게 말했다.

"내가 알기로는 내 화살이 여기에 있는 모양인데 전에도 나는 화살을 찾으러 사람을 보낸 적이 있다. 당신은 화살을 돌려달라는 이유 하나만으로 사람을 죽였다는 말을 들었어. 그래서 이번에는 내가 직접 온거야."

화살은 집의 벽과 기둥 사이에 걸려 있었는데 그곳은 '날카로운 팔꿈치'가 누워 있는 바로 위였다. 족장이 화살을 가리키며 말했다.

"저기 저거 말이오? 가져가든지 말든지 마음대로 하시오."

토끼는 자기와 족장 사이에 숫돌을 놓고는 화살을 집기 위해 몸을 구부렸다. 그 순간 족장은 뾰족한 팔꿈치를 쑥 내밀어 그를 찌르려고 하다가 그만 숫돌에 부딪혀 팔꿈치를 부러뜨리고 말았다. 토끼가 말했다.

"아직 다른쪽 팔꿈치는 멀쩡할 걸? 그걸로 찌르려면 찔러봐."

"좋아"

흥분한 족장은 다른쪽 팔꿈치를 마구 휘두르다가 그것도 부러뜨리고 말았다. 그는 무릎까지도 부러뜨렸다.

"이제 내가 당신에게 사람을 어떻게 죽이는지 보여주겠소."

토끼는 족장을 향해 화살을 쏘았고 화살은 그를 정확하게 맞추었다. 토끼는 공중에 매달려 있던 젊은 친구를 끌어 내려놓고 그 옆에 앉아서 말했다.

"너, 왜 자고 있니? 화살을 가져오라고 그랬지 여기 와서 잠이나 자라고 그랬니?"

말을 마치자 그 친구는 눈을 번쩍 뜨고는 일어나 집으로 갔다.

토끼는 화살을 다시 집어들고 사람들을 향해 '날카로운 팔꿈치'

의 아이들과 아기를 가진 그의 부인은 모두 태워 버리라고 말했다. 그러자 사람들은 토끼에게 말했다.

"우리는 당신이 사는 곳에 가서 그 마을을 돌보며 살고 싶어요."

그러자 토끼가 대답했다.

"안돼요. 당신들을 못살게 굴던 족장도 없으졌으니 당신들도 이제는 옛 족장을 다시 따르며 옛날처럼 살 수 있을거요."

사람들은 토끼에게 감사를 표했고 토끼는 집으로 돌아왔다.

집으로 돌아온 토끼는 할머니에게 말했다.

"할머니, 내가 사슴을 끌어오러 갔더니 이미 마을사람들이 그것을 끌고 가서 다 먹어치워 버렸어요. 대단한 사람들이에요."

그러자 할머니가 대답했다.

"그래, 하지만 '날카로운 팔꿈치'도 위대한 정령 중의 하나야."

그 말에 토끼가 대답했다.

"오! 할머니, 그 사람을 재평가하시는 거예요? 나는 숫돌로 쉽게 그 사람의 팔을 부러뜨리고 죽여서 사람들로 하여금 아예 태워 버리도록 했어요."

그러자 할머니가 놀라면서 소리를 질렀다.

"이런! 이 눈도 크고 귀도 크고 발도 큰 녀석아! 네가 내 동생을 죽이고 말았구나."

그 말을 들은 토끼는 놀라서 말했다.

"오! 이런 사악한 늙은이 같으니. 내 당신도 쏘아 죽여서 태워 버릴 거예요."

그러자 할머니는 웃으면서 말했다.

"애야, 그저 농담으로 한 말인데 그렇게 흥분하면 어떡하니? 정말 잘했어. 내 동생이긴 했지만 그가 얼마나 네 삼촌과 숙모들을 못살게 굴었는지 몰라. 사실 그는 진작에 없어져야 하는 존재였어."

이런 일이 있고 난 뒤 얼마 지나지 않은 어느 날 토끼가 말했다.

"할머니, 곰 할아버지에게 가서 인사나 하고 올까 해요."

"그것 좋은 생각이다. 네가 가면 그분은 아주 반가워하실거야."

"그를 위해 도토리를 가져갈까 하는데 어떻겠어요?"

"좋지, 그렇게 하려무나."

그래서 토끼는 길을 떠났다. 그는 곰의 집에 도착하자 도토리가 들어 있는 가방을 밖에 둔 채 안으로 들어갔다. 곰은 그를 보고 아주 반가워했다.

"오! 손자가 왔구나. 귀여운 녀석, 그래 할아버지를 찾아오기는 왔구나."

토끼가 말했다.

"예, 제가 왔어요. 그리고 할아버지 드리려고 도토리도 좀 갖고 왔어요."

곰은 잠시 바깥에 나갔다가 다시 들어와서 물었다.

"애야, 가방이 어디에 있니?"

"바깥에 없어요?"

토끼가 말했다. 곰이 네 차례나 확인을 한 후에도 못찾자 토끼가 나가보았다. 그러나 그의 눈에도 도토리를 넣어 두었던 가방은 보이지 않았다. 그래서 토끼가 물었다.

"할아버지 혹시 벌써 다 드신 것 아니에요?"

"여기서 도토리 반쪽을 주워 먹기는 했는데 설마 그것을 말하는 것은 아니겠지? 네가 가방 가득 도토리를 가져왔다고 해서 나는 그것을 찾고 있는데."

"맞아요. 가방 가득히 도토리를 가지고 왔어요."

토끼가 말했다. 그러자 곰이 토끼에게 말했다.

"애야, 그런데 너 아직 식사 안 했지? 밥부터 먹자."

그는 손자를 위해 음식을 만들어 주었고 토끼는 훌륭한 식사를 할 수 있었다.

식사를 다 끝낸 토끼가 말문을 열었다.

"할아버지, 여기 아주 오랫동안 살지 않으셨어요?"

"그래, 아주 오랫동안 여기 살았지."

"그동안 혹시 놀라거나 무서운 일이 일어난 적이 없으셨어요?"

"아니, 이 할아버지는 아무것도 무서워하지 않아."

(인디언 사이에서는 곰은 겁이없는 불굴의 존재로 인식된다. 그리고 본래부터 인간의 식량으로는 쓰이지 않았다)

잠시 후 토끼가 다시 말했다.

"할아버지, 세상에는 전쟁이 무척 많이 일어나는 거 아세요?"

"그래, 정말이야. 하지만 나는 그것을 두려워하지 않아."

"제게는 무서운 게 없다는 말이 오히려 이상하게 느껴져요. 그래서 일부러 그렇게 묻는 거예요."

그리고 나서 토끼는 밖으로 나와 집 근처 여기저기에 똥을 흩어 놓고는 그 위에 깃털을 꽂아 놓았다. 그리고 그 똥더미들을 향해 다음날 아침에 마치 전쟁이 일어난 듯이 마구 소리를 질러달라고 부탁했다. 그는 다시 집에 돌아와서 말했다.

"할아버지, 정말 무서운 것이 없으세요?"

그러면서 그는 화살을 하나 꺼내어 곰에게 보여주었다.

"없어."

곰이 말했다. 토끼는 계속 화살을 꺼내 보여주었고 네 개째 보여주자 곰이 말했다.

"애야, 그것 좀 치워주겠니? 그 중에는 정말 무서운 것도 있구나."

밤이 되자 그들은 잠자리에 들었다. 그런데 밤새도록 곰은 악몽을 꾸었고 꿈속에서 헛소리를 하기도 했다. 참다못한 토끼가 그를 흔들어 깨웠다.

"할아버지, 일어나 보세요. 악몽을 꾸시나봐요."

노인은 즉시 일어나서 말했다.

"내가 악몽을 꾸었나 보다. 네가 나에게 보여준 것처럼 생긴 화살을 팔에 맞는 꿈을 꾸었어."

"그것 봐요. 할아버지, 지난 밤에 제가 여기 왔을 때부터 뭔가 좋지 않은 느낌이 있다고 말씀드렸잖아요."

그들은 다시 잠이 들었는데 새벽녘에 갑자기 밖에서 무슨 소리가 들렸다. 그것은 전쟁터로 나가는 전사들이 내는 휘파람소리 같았다. 그 소리는 무척이나 커서 적이 그들에게 상당히 가까이 와 있는 것 같았다. 토끼는 '와!'하고 소리를 지르며 밖으로 뛰어나와 곰이 나오기를 기다렸다. 한참 후에 곰이 나오는 순간 토끼는 그를 향해 화살을 쏘았고 그 화살은 곰의 팔을 관통했다.

토끼는 집으로 돌아가 할머니에게 말했다.

"할머니, 할아버지는 정말 대단한 분이에요."

"그럼, 그는 위대한 정령이야."

"이런, 그런데 내가 왜 그랬지? 나는 이렇게 하고 왔어요."

토끼는 화살을 쏘는 시늉을 했다. 그러자 할머니는 놀라면서 소리를 질렀다.

"오, 이 눈 크고 귀 크고 발 큰 녀석아. 네가 내 형제를 죽이고 왔구나."

"이런 사악한 여자 같으니. 내가 그에게 한 것처럼 문 밖에서 당신을 기다리다가 팔을 쏘아 맞추겠어."

토끼의 말이 끝나자 할머니는 말했다.

"오! 나는 그저 농담으로 그렇게 말했을 뿐이야. 사실은 그가 없어져서 기쁘단다. 그가 없으면 내가 먹을 것이 많아지거든."

그들은 곰을 집으로 끌어오기 위해 그의 집으로 갔다. 그들은 곰의 가죽을 벗기고 몸통을 토막내며 토끼가 말했다.

"할머니, 할머니는 머리를 들고 가시겠어요?"

"싫어!"

"머리를 들고 갈 사람은 내가 아니야. 죽인 사람이 들고 가는 게 당연한 거 아니야?"

"그러면 할머니, 뒷다리쪽을 들고 가시겠어요?"

"이렇게 꼬부라진 등을 가진 내가 어떻게 그걸 들고 가겠니?"

"할머니, 그러면 갈비뼈를 들고 가시면 어때요?"

"만일 내가 그걸 들고 가면 내 갈비뼈가 너무 커질거야."

그러면서 그녀는 노래를 부르기 시작했다.

　　손자야, 내가 그걸 쌀께.

　　손자야, 내가 그걸 쌀께.

그리고는 할머니는 춤을 추기 시작했다. 그렇지만 결국 그는 할머니에게 뒷다리쪽을 싸게 했고 할머니는 즉시 출발했다.[1]

그는 할머니를 쫓아갔다. 그러다 어느 순간엔가 할머니가 샛길로 들어서는 것을 보았다. 그는 할머니가 왜 샛길로 들어섰는지 의아하게 생각했다. 그런데 그녀에게는 사슴가죽이 있었다. 그녀는 그것을 가지고 언덕 꼭대기에 올라가 그 위에서 미끄러지고 뒹굴고 했다.

나중에 집에 돌아온 뒤 그녀는 길을 잃었었다고 말했다. 길을 잃었다가 어떤 마을에 도착하게 되었는데 그곳에서 자기가 싸가지고 있던 것을 마치 공다루 듯했기 때문에 지저분해졌다고 설명했다. 계속해서 할머니는 거기서 토끼의 친구 하나를 만났는데 그가 마을사람들이 가지고 놀던 그녀의 짐을 찾아 되돌려 주었기에 돌아

---

1) 이 이야기는 이 부분이 아주 짧게 되어 있다. 이 이야기를 이해하기 위해서는 곰은 토끼가 할머니라고 부르는 대지(Earth)의 남편이라는 사실을 기억해야 한다. 토끼는 그녀에게 뒷다리부분를 준다. 사실은 그부분은 그녀가 원했던 것이다. 하지만 토끼에게 그것을 달라고 부탁하지 못했는데 그것은 곰의 성기가 붙어 있기 때문이었다.

올 수 있었다고 설명했다. 그 말을 들은 토끼는 친구의 이름을 들 먹이며 그 이름이 맞는지 물어 보았다.

"그래, 맞아. 바로 그 이름이었어."

사실 그런 이름은 존재하지 않았다. 그것은 토끼가 그녀의 반응을 보기 위해 그리고 실제로 그녀가 무엇을 했는지 알아보기 위해 꾸며낸 이름이었다. 갑자기 토끼가 말했다.

"할머니. 혼자 요리를 해서 드시고 온 것은 아니에요? 나도 식사를 할래요."[2]

그래서 그들은 각자 요리를 하게 되었고 실컷 음식을 먹었다.

어느 날 토끼가 말했다.

"할머니, 삼촌 댁에 가서 인사드리고 오면 좋겠어요."

"그렇게 하려무나."

할머니가 대답했다. 그는 삼촌 댁을 향해 출발했다. 가는 도중에 그는 어떤 커다란 강과 마주치게 되었는데 강쪽을 바라보며 소리를 질렀다.

"게야, 이리좀 오너라!"

그러자 수많은 게가 그에게로 왔다. 그는 그 중 큰 놈을 잡고 말했다.

"네 배를 내게 빌려줘."

그리고는 게의 껍질을 벗겨 돛을 달고는 소리쳤다.

"바람아! 불어라!"

그러자 바람이 불어 그를 강 건너편까지 가게 해 주었다. 그는 게 껍질을 탄 채 노래를 흥얼거리며 여유있게 강을 건너갈 수 있었

---

2) 이런 말을 한 이유는 분명하지 않다. 윈네바고족의 남녀는 보통 식사를 함께 한다. 토끼의 말은 이제는 할머니가 성숙한 여인이며 자신도 성인이 되었음을 깨달았다는 표현으로 받아들이면 좋을 것 같다. 사실 윈네바고족에게는 아직도 이런 속담이 있다. '집에 가서 할머니랑 놀아라' 이것은 어려 보이는 남자에게 쓰는 표현이다.

다. 강을 건넌 후 그는 자기가 타고온 게 껍질을 강가에 끌어다 놓고 길을 계속 갔다. 곧 그는 어떤 집을 발견하고는 안에 들어가 보았다. 그러자 그 안에 있던 사람들이 말했다.

"야, 우리 손자가 왔다."

그 안에 있던 사람들은 몸통이 없고 머리만 있었다. 그들은 차례대로 그에게 인사를 하며 말했다.

"우리 손자 배고프겠어."

그들은 그를 위해 무언가를 만들어 주었다. 그들은 곰의 갈비에 옥수수를 넣어 끓었다. 그것을 맛본 그는 너무 맛있어서 잔뜩 먹게 되었다. 식사를 하면서 그는 그들이 건네준 칼을 사용했다. 그는 고깃덩어리를 입에 물고 칼을 사용해서 그것을 잘랐다. 그러다가 잘못해서 코에 상처를 내게 되었다. 그가 아파서 소리를 지르자 그 집에 있던 사람들이 놀라며 말했다.

"우리 손자가 칼에 베인 모양이야. 다른 칼을 주는 것이 좋겠어."

그는 그들이 새로 준 칼이 너무 마음에 들어 자신이 칼에 베었다는 사실조차 잊어버린 것 같았다.

얼마 후 토끼는 집으로 돌아왔다. 집에 도착하자 할머니가 놀라서 말했다.

"이런, 내 손자가 삼촌 집에 갔다오더니 얼굴에 상처가 났네."

그때부터 지금까지 사람들은 누가 삼촌 댁에 갔다온다고 하면 '코에 상처내러 간다'는 표현을 쓴다.

어느 날 토끼가 삼촌에게 인사를 드리러, 다시 말해 코에 상처를 내러 삼촌집을 찾아갔다. 길을 가다가 그는 지난번처럼 몸통이 없이 머리만 있는 사람들로 가득 찬 집에 도착했다. 그는 집 안에 들어갔고 지난번과 같이 그들이 말했다.

"오! 우리 손자가 배고프겠어. 맛있는 것 좀 만들어 주자."

그들은 그에게 음식을 만들어 주었고 그는 또 과식을 하게 되었다. 그런데 그가 식사를 끝내자 그들 중 우두머리인 듯한 사람이 말했다.

"이제 우리 손자를 잡아먹자. 이제는 잡아먹어도 맛있을 것 같다."

그리고는 문을 모두 잠궈 버렸다. 하지만 토끼는 구석에 작은 구멍이 있는 것을 발견하고는 그곳을 통해 도망쳤다. 그들 중 하나가 그것을 보고 소리쳤다.

"그가 도망쳤다. 붙잡아!"

그들 모두 그를 쫓아갔다. 그 중 한 명은 맨 뒤에서 소리를 질러댔다.

"그를 붙잡아라. 그를 붙잡으라고!"

마침내 토끼는 지쳐서 나무 위로 기어올라 갔다. 그러자 뒤떨어져 있던 사람이 와서 말했다.

"나무를 쏠아서 쓰러뜨려."

그들은 일제히 나무를 둘러싸고 이빨로 쏠기 시작했다. 그러자 토끼는 또 다른 나무로 도망쳤고 그들은 또 그 나무를 쏠았다. 네 번째 나무를 기어올라 갔을 때에도 그들은 나무를 쏠기 시작했다. 그런데 갑자기 그들 중 하나가 소리쳤다.

"이런, 왜 이렇게 나무가 쓰지. 너무 쓴데."

그리고는 침을 뱉어댔다. 하지만 그들은 그래도 서로 격려해가며 계속 나무를 쏠았다. 그러다가 지친 그들은 토끼가 나무에서 내려올 때까지 기다리기로 했다. 그들은 나무를 쏠는 일을 멈추고 기다렸다. 한참 지나자 토끼는 나무 위에 계속 머물러 있는 것에 지쳐서 생각하기 시작했다.

"어떻게 하면 좋을까?"

잠시 후 그는 노래를 부르기 시작했다.

머리만 있는 것들아, 나는 그냥 지나갈테야.

가서 잠이나 자, 잠이나 자라고!

그러자 그들은 서로 이야기를 주고 받았다.

"우리 손자가 자라고 하는데, 그래 우리 한잠 자는 게 좋겠어."

그들은 그렇게 말하고 모두 잠을 잤다. 하지만 실제로 잠이 든 사람은 아무도 없었다. 모두들 자는 척할 뿐이었다. 그러나 그가 노래를 네 번 반복해서 부르는 동안 결국 그들은 정말로 잠이 들고 말았다. 그들이 잠든 것을 본 토끼는 아주 조심스럽게 나무에서 내려왔다. 하지만 그가 땅에 발을 딛는 순간 잘못해서 소리를 내고 말았다. 토끼는 다시 도망을 갔고 그들 중 한 명이 잠에서 깨어나 소리를 질렀다.

"우리 손자 녀석이 도망간다."

그리고 다시 그들은 토끼를 뒤쫓기 시작했다. 토끼는 계속 달아나다가 시냇물을 만났고 그것을 단숨에 건너뛰었다. 그러자 맨 뒤에 있던 사람이 소리를 질렀다.

"저 놈이 물을 건너뛰었다. 우리도 건너자!"

그 말에 모두들 시내를 건너려고 점프를 했다. 하지만 그들은 모두 실패하고 물에 빠져 죽었다. 토끼는 숨을 돌린 다음 시냇물을 따라 내려가면서 죽은 머리를 찾기 시작했다.

그리고는 불을 지펴 물 속에서 건져낸 머리들을 불 속에 집어 던졌다. 그런 뒤에 타고 남은 뼈를 잘게 빻아서 냇물에 뿌리며 말했다.

"너희들은 사람들을 못살게 굴었어. 너희들은 이제 물고기가 되어 물 속에서 살게 될텐데 그래도 아마 사람들이 물 속에 들어오면 너희들은 사람의 발목을 갉아먹으려고 애쓸거야."

그는 할머니께 돌아왔다. 지난 경우와 마찬가지로 그녀는 그를 꾸짖었다. 그리고 그 머리만 있던 사람들은 자신의 동생들이었다고 말했다. 그 말에 그는 또 이전과 마찬가지로 그녀를 물고기로 만들어 버리겠다고 위협했고, 그녀는 토끼가 그들을 죽여 기쁘다고 말했다. 그들은 그의 삼촌과 숙모들을 못살게 굴었기 때문에 그가 한 행동은 참 잘한 것이라고 했다.

어느 날 토끼가 평소와 다름없이 세상을 돌아다니다가 무언가가 움직이는 소리를 들었다. 그래서 그는 가까이 다가가 무엇이 있는지 살펴보았다. 그랬더니 기다란 지팡이를 들고 있는 키가 큰 사람이 눈에 띄는 것이었다. 그는 허리가 무척이나 가늘어 보였다. 토끼는 혼자 생각했다.

'저렇게 허리가 가는데도 부러지지 않나?'

그는 그 사람을 향해 입김을 훅 불어 허리가 부러지는지를 지켜보았다. 하지만 그의 허리는 멀쩡했고 토끼는 다시 한번 앞으로 달려가 입김을 불었다. 네 번을 반복한 뒤에야 그 사람은 토끼를 보았다. 그는 땅 위에 작은 하얀 물체가 있는 것을 보고는 지팡이로 그것을 짓이겨 던져 버리고 자기 집으로 돌아갔다.

토끼가 한동안 집에 오지 않자 할머니는 걱정이 되어 그를 찾아나서기로 했다.

"얘가 어디서 또 바보같이 엉뚱한 짓을 하고 있는거야."

그녀는 혼잣말을 하면서 길을 가다가 키가 큰 사람이 사는 곳에 도착해 그에게 물었다.

"이봐요. 혹시 작은 토끼 한 마리 못봤어요? 내 손자녀석인데 없어져서 이렇게 찾고 있어요. 그 녀석은 워낙 엉뚱한 데가 많아서 어쩌면 당신이 무의식적으로 어떤 해를 입혔는지도 모르겠어요. 그래서 혹시 본 적이 없는지 물어 보러 왔어요."

그 말을 들은 그는 그녀에게 자신의 지팡이로 짓이긴 것을 설명했고 그녀는 어렵지 않게 그곳을 찾아가 손자를 발견할 수 있었다.

"오! 이 눈 크고 귀 크고 발 크고 코에 상처난 못난 녀석아! 이제 그만 일어나 집으로 가자.”

그렇게 말하고서 그녀는 그의 손을 잡아 끌어올렸다. 그러자 토끼가 대답했다.

“할머니, 나는 저 사람에게서 상당히 멀리 떨어져 있었는데 그래도 저 사람이 나를 이렇게 만들었어요. 그는 대단한 능력을 가진 사람인가봐요.”

그 다음날 아침 토끼는 그 키가 큰 사람을 찾아 나섰다. 이번에는 그도 스스로 키를 크게 만들어서 그 사람보다도 더 컸다. 그는 또 지팡이도 하나 들고 갔다. 그 지팡이는 커다란 삼나무(높이 40m, 나무 껍질을 적갈색이고 잎은 바늘모양이며 종자에는 날개가 있음)를 뿌리 채 뽑은 것이었다. 마침내 토끼가 그 큰 사람을 찾았을 때 그는 노래를 부르고 있었다.

“누가 나만해? 감히 누구의 키가 나만한거야?”

그러자 토끼도 똑같은 노래를 부르기 시작했다. 그 큰 사람은 그를 보고 소리를 질렀다.

“어떻게 된거야? 내 평생 나보다 큰 사람은 본 적이 없는데!³⁾당신은 어디서 온거요?”

그가 물었다. 그러자 토끼도 그를 따라서 똑같이 흉내를 내었다. 그러자 그가 말했다.

“어디 우리 얘기좀 해봅시다.”

그들은 함께 그의 집을 향해 걸어갔다. 도중에 갑자기 토끼는 그의 지팡이로 거인을 후려쳤다. 그러자 그 사람은 왕개미로 변했는데 그것이 그의 본래 모습이었다. 그에게 토끼가 말했다.

“너는 사람을 많이 괴롭혔어. 그래서 이제부터 너는 땅을 기어

---

3) 자기과시를 하는 것은 흔히 연약함을 암시하는 무학적 표현방법이다. 아마도 윈네바고 사람들은 그가 자신의 힘을 과시하는 것을 보고 이 대목에서 이미 그 거인이 죽임을 당하리라는 것을 암시하고 있다.

다니며 살아야 해. 아마 사람들이 지나가다가 너를 짓밟을 경우도 있을 걸!”

그는 다시 길을 떠났다. 한참을 가다가 잘 닦인 넓은 길을 만났다.

‘누가 이런 길을 만들었을까?’

그는 의아하게 생각했다.

‘누가 그랬는지 반드시 만나봐야겠어.’

그는 쐐기풀을 집어다가 함정을 만들었다. 그리고는 그 다음날 아침에 가서 함정에 걸려있는 것이 없는지 살펴보았다. 그랬더니 놀랍게도 함정에 누가 걸려있는 것이 아니라 누군가 길을 지나간 자가 함정을 부수어 버린 것이었다.

그래서 이번에는 동물의 힘줄을 구해 그것으로 올가미를 만들어 두었다. 그 다음날 가보니 그것도 끊어져 있기는 마찬가지였다. 그는 다시 피나무(높이 20m 정도로 잎은 넓은 달꼴, 가을에 달걀꼴 과실이 익음. 가구재로 쓰이며, 어린 꽃봉오리를 차로 하기도 한다) 껍집을 벗겨 밧줄을 만들어 그것으로 올가미를 삼았다. 그러나 그것 역시 누군가에 의해 끊어져 있었다. 결국 그는 할머니에게 가서 물었다.

“할머니, 아주 강한 끈이 필요해요. 좀 만들어 주세요.”

그녀는 그를 위해 자기 머리카락으로 끈을 만들어 주었다. 그 끈을 가지고 그는 새로운 올가미를 만들었다. 그 다음날 아침 그는 누군가가 노래부르는 것을 들을 수 있었다.

토끼야, 이리와서 나 좀 풀어줘. 토끼야, 나 좀 풀어줘!

토끼야, 사람들은 무얼할까?

토끼야, 와서 나 좀 풀어줘! 토끼야 와서 나 좀 풀어줘!

할머니는 그 소리를 듣고 그만 화를 버럭내었다.

“그래, 노끈을 그럴려고 만들어 달라고 한거였어? 이 녀석, 이 눈 크고 귀 크고 발 크고 코에 상처난 나쁜 녀석아!”

할머니는 이렇게 소리지르며 그를 마구 때렸다. 토끼는 아파서 비명을 지르며 노랫소리가 들려온 쪽으로 도망갔다. 그가 그곳에 가까이 가자 뭔가 반짝이는 것이 보였다. 그는 그것을 풀어주려 했지만 맨손으로는 도저히 풀 수 없었다. 그래서 집에 가 할머니에게서 칼을 빌려서 올가미에 걸려있는 것에게 돌아왔다. 그리고는 눈을 감은 채 정신없이 뛰어다니면서 칼질을 해 올가미를 풀어주었다. 하지만 그 순간 토끼는 그의 한쪽 엉덩이를 그을려 버렸다. 그가 풀어준 것은 다름 아닌 태양이었던 것이었다. 그는 그렇게 햇빛에 그을렸다.[4]

어느 날 밤 누군가가 토끼의 집 근처에 와서 노래를 불렀다.

"할머니와 살고 있는 너, 네가 어딜 가든 나는 개를 시켜서 너를 끌고 다니게 하고, 내 손수 너를 물어뜯어 버릴거야."

그 노래를 들은 토끼가 말했다.

"할머니, 우리는 지금 아주 어려운 지경에 빠진 것 같아요. 이러다 죽는 건 아닌지 모르겠어요. 제 생각에는 돗자리 사이에 숨으면 안전할 것도 같은데."

그러자 노래는 다시 이렇게 이어졌다.

"할머니와 함께 살고 있는 너, 네가 돗자리에 숨어도 개는 네 냄새를 맡고 너를 찾을 수 있을 걸!"

그러자 토끼는 걱정이 되어 말했다.

"오, 할머니! 우리는 정말 어려운 지경에 와 있어요. 숯으로 모습을 바꾸어 타다남은 재 사이에 숨으면 어떨까요?"

토끼가 말했다.

"네가 숯으로 모습을 바꾸어 재 사이에 숨어도 개는 냄새를 맡고 너를 찾아낼거야."

---

4) 토끼 엉덩이가 지금처럼 된 것은 그때의 일이라고 한다. 인디언은 '불에 그을린 토끼 엉덩이'라는 표현을 쓴다.

"오, 할머니 우리가 이제 할 수 있는 유일한 일은 하늘로 올라가 버리는 것밖에 없어요."

하지만 그 순간 바깥에서 또 노랫소리가 들렸다.

"네가 하늘로 올라가도 개는 네 냄새를 맡고 쫓아갈거야."

토끼는 그만 화가 치밀어서 바깥에 나가 집을 둘러보았지만 아무 것도 찾을 수 없었다. 여러번 두리번거리다가 결국 그는 할머니에게 그렇게 말하는 게 누군지, 어디에 있는지 물어 보았다. 그러자 '저쪽에 있는 것 아니니?'하고 할머니가 가리킨 방향을 살펴보니 작은 개구리 한마리가 있었다.

"너였어? 너 같은 게 어떻게 그렇게 말을 할 수 있었지?"

그는 그렇게 말하고 화가 나서 곤봉으로 그 개구리를 내리쳤다. 그런데 그는 개구리가 도대체 어떻게 말을 할 수 있었는지 궁금했다. 그의 입을 벌려 보았다. 그 입 속에는 기다란 이빨이 나 있다. 그는 개구리의 이빨을 모두 부러뜨리고 태워버린 뒤 말했다.

"너는 말이 너무 많고 쓸데없이 사람들에게 겁을 주었어. 이제 더 이상 너는 아무것도 해치지 못할거야."

어느 날 아침 토끼는 괭이와 도끼를 한자루씩 쥐고 길을 떠났다. 길을 가다가 그는 비버(날카로운 앞니로 나무 등을 넘어뜨려 물 속에 집을 짓고 뒷발의 물갈퀴로 헤엄을 친다. 암수 한쌍과 두 살 이하의 새끼들과 산다) 가족이 살고 있는 곳에 도착하게 되었다.

"오, 내 손자가 왔구나!"

비버가 말했다.

"글쎄, 그런데 너는 목적 없이 여기 오지 않잖아? 무슨 일이라도 있니?"

"예, 할아버지, 여기서 하루 자고 갔으면 좋겠어요. 그리고 내일 아침 저를 호수 건너편에 데려다 주시면 고맙겠어요. 사실 그래서 왔어요. 저, 그리고 할아버지 드리려고 괭이를 가져왔어요. 일하시는데 도움이 될 거예요.”

“오! 애야, 아주 훌륭한 것을 가지고 왔구나. 나는 아무런 대가 없이 사람들을 강 건너로 데려다 주곤 했는데, 그것이 나의 보람이었으니까. 그런데 너는 너무나 좋은 것을 내게 주었구나. 내일 아침 너를 호수 건너편까지 태워다 주마.”

그때 비버의 부인이 말했다.

“내 생각에는 내가 이 애를 건너게 해주는 것이 나을 것 같아요. 애가 우리한테 이렇게 잘 해주는데 당신은 너무 느리잖아요. 그러니 내가 그 애를 태워 주는게 더 좋을 것 같아요.”

“그럼 그렇게 하구려.”

남편 비버는 쾌히 승낙했다. 그런 뒤에 그 늙은 부부는 아이들한테 물었다.

“너희들 중에 누가 토끼에게 잡아먹히겠니?”

“저요.”

그들은 모두 합창을 하듯이 소리질렀다. 자식들 중에는 상당히 큰 것도 있었고 매우 작은 것도 있었다. 비버 부부는 그 중에서 중간 크기의 것을 골라 삶기 시작했다. 다 끓은 후 그것을 평평한 판 위에 올려 놓고 토끼에게 주었다. 그러면서 그 늙은 비버는 말했다.

“애야, 뼈를 따로 발라내려고 하지 말고 살만 잘 골라 먹어. 그리고 근육도 먹지 말고 그대로 두어.”

그런데 배가 너무 고팠던 토끼는 급히 먹다가 잘못해서 앞발의 근육을 다치게 했다. 그가 식사를 마치자 비버는 먹고 남긴 뼈와 근육을 물 속에 담그는 것이었다. 잠시 후 죽은 비버는 다시 살아나 마구 울어댔다. 부모가 놀라 살펴보니 그 비버는 앞발의 근육이 다쳐서 우는 것이었다. 비버의 발이 지금의 형태가 된 것은 이 때의 일이라고 한다. 이것을 본 토끼는 무척 미안해 하며 말했다.

“미안해요. 조심하느라고 노력을 하긴 했는데.”

토끼는 자기가 해야 할 일에 대해 새삼 생각해 보고는 혼자 중얼 거렸다.

"이제는 나의 삼촌과 숙모들을 괴롭히던 것들을 모두 없애 버린 것 같아. 조물주가 나를 세상에 보낸 보람이 있을거야. 사람을 괴 롭히던 것들이 모두 없어진 만큼 삼촌과 숙모들도 이제는 나처럼 편하고 평화롭게 이 세상에서 사실 수 있을거야."

그리고는 그는 다시 인간을 괴롭히던 새들을 하늘로 날려보내고 세상에 살던 온갖 나쁜 정령들을 짓밟아 땅속으로 밀어 넣었다. 그 리고 난 뒤에 그는 혼자 생각했다.

'나쁜 짐승들은 모두 죽인 것 같고, 이제는 사람들이 음식으로 쓸만한 것들을 좀 마련해 주어야겠어.'

그는 어떤 것이 음식으로 좋을지 동물들에게 직접 물어 보기로 했다. 그는 크고 작은 온갖 동물들을 모두 불러 모았다. 그리고 약 간의 기름도 준비했다. 기름은 음식으로 쓰일 동물을 좀 더 살찌게 만들기 위한 것이었다.

그는 먼저 사슴에게 물어 보았다.

"너는 어떻게 살고 싶니?"

그러자 사슴은 이렇게 대답했다.

"저는 사람을 잡아먹으며 살고 싶어요."

그 말을 들은 토끼는 사슴에게 입을 벌려보라고 했다. 입 안에는 상당히 길고 징그러워 보이는 이빨이 있었다. 토끼가 말했다.

"그게 네 소망이라면 이걸 한번 먹어봐. 이건 사람의 피로 만든 거야."

그는 어떤 과일을 사슴에게 건넸다. 그런데 그 과일은 너무 신 것이어서 앞니와 어금니 몇 개만 남고 다른 이빨은 거의 다 녹아 버렸다. 사슴은 울며 말했다.

"내가 잘못 말했어요. 당신 삼촌은 언제든지 나를 잡아먹을 수 있을 거예요.”

그 말에 토끼는 감사의 뜻을 표했다.

“잘 생각했어.”

다음에는 곰에게 물어 보았다. 곰은 사람들이 자신을 잡아먹어도 좋다고 말했다. 하지만 그에 앞서 조건이 있었다. 곰을 잡기 전에 사람들이 단식을 해야 한다는 것이었다. 만일 단식을 하지 않고 그를 잡으려 한다면 그는 자기 굴 앞에서 앞발을 세우고 있을 것이기 때문에 잡기 어려울 것이라고 덧붙였다. 그 말에 토끼가 말했다.

“그런 말은 적당치 않은 걸. 나의 삼촌들은 이상한 부적이 있는데다가 무엇이든 찾아내는 개도 가지고 있단 말이야.”

다음으로 질문을 받은 동물은 말이었는데 그는 이렇게 대답했다.

“나는 당신의 삼촌, 숙모들과 언제까지나 함께 살면서 그들을 도울 거예요. 그들이 무거운 것을 옮겨야 하는 일이 있다면 내가 대신 들고 갈 거예요.”

토끼는 고마워하며 말했다.

“좋은 생각이오. 당신은 사람들에게 큰 도움이 될 수 있을거요. 당신은 좋은 사람이니까 좋은 일도 많이 하리라 믿어요. 사실은 그 때문에 당신에게 질문하기가 두려웠어요. 당신이 인간을 잡아먹고 싶다는 말을 할까봐 말이오. 잘 되었소.”

토끼는 다른 동물들에게도 질문을 한 뒤 말했다.

“당신들 중 사람들에게 잡아먹힐 생각이 있는 사람은 이 기름 속에 한번씩 들어갔다 나오시오. 그리고 나면 몸이 무거워질거요.”

그 말에 곰이 먼저 기름 속에 들어가 뒹굴고 나왔다. 그래서 그는 오늘날 우리가 보듯이 그렇게 살이 찌게 된 것이다. 그 다음에는 밍크가 뛰어들었다. 하지만 밍크는 적당치 않다는 것이 그 자리에 있던 동물들의 의견이었다. 그들은 밍크를 다시 꺼내어 기름을 다 털어내고 그를 쥐어짜듯 했다. 그래서 밍크는 그렇게 작고 마른 동물이 되었다.

그 다음에는 생각지도 않았던 스컹크가 뛰어들었는데 그 역시 적당치 않다고 수군거렸다. 왜냐하면 그에게서는 고약한 냄새가 나기 때문이라는 것이었다. 하지만 스컹크는 아픈 사람이 자기를 삶아 먹으면 나을 거라고, 자기는 만병통치약이라고 주장했다. 토끼는 그가 정말 그런 약속을 지킬 수 있는지 보겠다며 그를 꺼내 혼자 있게 내버려 두었다. 나머지 동물들도 모두 기름통 속에 한번씩 들어갔다 나온 뒤 각자 집으로 돌아갔다.

모두들 흩어진 뒤에 토끼는 개 두 마리와 부적을 마련했다. 곰사냥을 어떻게 하는지 보여주기 위한 것이었다. 그리고 그는 돌을 달구어 한증막을 만들었다. 한증막이 다 지어지자 그는 그 속에 들어가 '정신집중'을 했다.[5] 그는 또 마른 옥수수도 삶았다. 한증을 하면서 그는 모든 나무와 풀과 세상의 돌과 심지어 이 땅과도 이야기를 나누었다.

그런 뒤에 그는 담배를 땅위에 뿌리고는 의식을 시작했다. 그는 노래를 부르기 시작했고 할머니께 부탁해 함께 노래를 부르도록 했다. 그는 '검은 뿌리'라는 노래부터 시작했다.[6] 그가 노래를 계속 하자 곰은 그를 쳐다보고 싶은 욕망에 사로잡혔다. 마침내 곰은 참지 못하고 그를 쳐다보았다. 그러자 토끼가 소리를 질렀다.

---

5) 이것은 인디언의 모든 의식에 다 있는 것인데 지금의 경우 특히 중요한 의미를 지닌다. 곰 사냥을 준비할 때, 보통 사냥을 나갈 사냥꾼은 타고 있는 장작불 앞에서 어떤 깜부기불 같은 것이 자신에게 날라온다는 생각이 들 때까지 그 불을 가만히 응시하도록 되어 있다. 사냥꾼을 향해 날아오는 깜부기불은 곰의 마음이 그를 향해 돌아서는 것으로 해석된다.
6) 이 노래는 질병의 치료와 관계가 있다. 경우에 따라 기적적인 효험이 있기도 했던 것으로 생각된다.

"할머니, 지금 누군가의 마음이 나를 향해 다가와요!"

그 말에 대한 그녀의 대답은 간단했다.

"더 열심히!"

굴 속에 있던 곰은 이 모든 대화를 다 들었다. 그리고 이내 그 전날 자신이 한 말을 후회하기 시작했다.

잠시 후 토끼는 다시 노래를 부르기 시작했다. 이번에는 춤곡이었다. 곰은 다시 춤추고 싶은 욕심이 생겼다. 곰은 토끼가 춤추고 있는 곳에 가보고 싶은 욕심까지 생겼는데 거기서 너무나 맛있는 냄새가 나서 자기도 맛을 보고 싶은 생각이 들었기 때문이었다.[7] 그렇게 해서 곰은 토끼가 무엇을 하든지 그가 하는 일에 계속 신경을 쓰게 되었다. 그의 마음은 토끼를 향해 있는 것이었다.

토끼는 곰의 마음이 자신을 향해 오는 것을 알았다. 곰의 마음이 자신에게 가장 가까이 왔다고 느껴지는 순간 그는 의식을 멈추어 버렸다. 그리고는 휴식을 취한 뒤 그 다음날 아침 개를 데리고 와서 곰을 찾기 시작했다.

"이쪽 방향에서 곰의 마음이 다가오는 것을 느꼈어."

그는 개에게 그렇게 말하고는 곰을 찾도록 했다. 곰은 앞발을 들어 자신의 굴을 막아버리려고 했지만 개는 그 굴을 찾아냈다. 마침내 곰은 개에게 말했다.

"내가 여기 있다고 토끼에게 말하지마. 그러면 내가 먹을 것을 줄께."

하지만 개는 곰의 말을 듣지 않고 짖어대기 시작했다. 그러자 다른 개도 뛰어왔다. 개 두 마리가 곰을 굴 밖으로 끌어내려고 했다.

---

7) 이와 같은 설화는 동물 사냥을 설명하는 이론이다. 동물이, 보다 자세히는 동물의 영혼이 자신에게 바쳐진 음식 냄새를 참아내지 못한다는 것이다. 정령들로부터 힘을 얻고 도움을 받고 하는 일에 관해서도 비슷한 설명을 한다. 또, 그 경우 정령이 좋아하는 향기는 담배냄새라고 한다.

그 순간 토끼가 나타났다.

"잘했어, 애들아."

그는 곰에게 말했다.

"이제 그만 나오시지."

그는 막대기로 곰을 푹푹 찔러 바깥으로 나오게 했다. 곰이 바깥으로 나오려는 순간 그는 화살을 꺼내어 곰을 향해 겨누었다. 곰은 화살이 어느 순간에 날라올지 몰라 불안한 눈초리로 화살을 힐끗힐끗 쳐다보았다. 하지만 토끼는 곰이 굴 밖으로 나오는 것을 보자 화살을 쏘지 않고 앞쪽으로 뛰어가서 개가 곰을 몰아오기를 기다렸다.

토끼는 가만히 서서 기다리고 있었다. 잠시 후 곰이 토끼 앞으로 다가왔다. 토끼는 똑바로 서서 곰의 심장을 향해 화살을 겨누었다. 곰은 놀라서 뛰는 대신에 천천히 걷기 시작했다. 그러나 토끼는 그를 쏘지 않았다. 토끼가 네번째로 화살을 겨누자 곰은 드디어 울기 시작했다. 토끼는 곰을 놀리면서 말했다.

"너는 네가 생각했던 것보다 용감하지 못한 모양이구나. 왜 울지? 네가 네 굴 앞에 네 발을 세우고 있어도 사람들은 이런 식으로 해서 너를 잡을 수 있다구."

곰이 말했다.

"당신 말이 옳았어요. 사람들이 나를 잡아야겠다고 마음만 먹으면 언제나 나를 잡을 수 있을 거예요."

곰은 이제 완전히 자포자기했고 사람들은 오늘날까지도 토끼가 한 것과 같은 방법으로 곰을 잡을 수 있게 되었다.

토끼는 혼자 생각했다.

"이제 사람들은 평화롭게 영원히 살 수 있을거야."

그렇지만 그의 할머니가 말했다.

"애야, 네 말이 나를 슬프게 하는구나. 어떻게 네 삼촌과 숙모들이 너처럼 살 수 있겠니? 조물주는 그들을 그렇게 만들지 않았단다. 모든 것에는 종말이 있어야 하는거야.

너는 아마 세상을 여행하면서 땅에 쓰러진 나무를 본 적이 있겠지. 나무에게는 그것이 종말이야. 그런 식으로 누구에게나 죽음이 있는거야. 잔디가 땅위에 눕혀 있으면 그건 죽어 있는거야. 모든 것이 끝이 있는 거라구. 나도 물론 죽는 날이 오겠지."

토끼는 새삼 유심히 그녀를 쳐다보았는데 그러자 이전에는 못보던 것이 눈에 띄었다. 세상 곳곳에 움푹 패인 곳이 있는 것처럼 그녀의 등에도 곳곳에 패인 곳이 있었다. 그렇게 사람들은 늙어가며 세상을 사는 것이었다. 그녀가 말했다.

"세상 이치는 그런거야. 나는 이 세상 자그마한 존재에 불과하단다. 만일 사람들이 영원히 살 수 있다면 그들은 곧 세상을 모두 뒤덮고 말거야. 그런 식으로 사람의 숫자가 마구 늘어난다면 굶주리는 사람이 많이 생길테니까 사람들은 지금보다 훨씬 힘겹게 살게 될거야. 그러니 누구에게나 종말이 있는게 낫지 않겠니?"

토끼는 오랫동안 생각해보았다.

"나는 삼촌과 숙모들을 위해 좋은 것을 마련해 드린 것 같은데 할머니 생각은 그렇지 않은 모양이야."

그는 슬퍼서 담요를 뒤집어쓴 채 구석에 쪼그리고 앉아 흐느꼈다. 그는 사람들의 운명을 생각하며 울었다. 그가 병을 낫게 하기 위한 의식을 생각해 낸 것은 이 때의 일이었다.

다음의 이야기는 병을 낫게 하는 의식의 기원에 관한 것이다. 세상에 있던 모든 나쁜 새와 인간을 괴롭히던 것들은 모두 토끼가 죽여 버렸다. 이것을 사람들은 그가 새들을 공중으로 날려보낸 것이라고 설명한다. 이 땅 위에 살고 있던 모든 나쁜 정령들도 그가 모두 죽여 이 땅에서 더 이상 살지 못하게 했다. 그가 세상을 향해 등을 불쑥 내밀고 있던 것들을 발로 밟아 땅속 깊숙이 처넣었다고 말한 것은 이것을 두고 하는 말이다.

조물주가 토끼를 세상에 보낸 이유는 그를 통해 사람들에게 더 좋은 삶을 살 방법을 가르쳐 주기 위한 것이었다. 토끼는 그래서 세상을 돌아다닌 것이었다. 그는 철이 들 나이가 되자 세상을 떠돌아다니며 사람들에게 조금이라도 방해가 될만한 것들을 모두 없애 버렸다.

그가 사람들을 삼촌과 숙모라고 부른 것은 그의 어머니가 사람이었기 때문이었다. 그의 어머니는 세상에 사는 보통 사람이었다. 그의 어머니는 처녀였기 때문에 그에게는 삼촌과 숙모 이외에는 아무런 친척도 없었다. 그 모든 토끼는 여성의 아들이고 또 남성의 조카이다.

원네바고(Winnebago)족, 중부 삼림지대

속아버린 두 노인

　어떤 호숫가에 커다란 마을이 있었다. 그 마을 주민 중에는 두 장님 노인이 있었다. 어느 날 마을 주민들은 회의를 열어서 그 노인들을 호수 반대편에 보내기로 결정했다. 그 무렵 마을에는 다른 부족의 침략이 많았고 그로 인해 적에게 잡혀 죽을 위험이 높아졌는데, 호수 반대편으로 가면 그런 위험이 없이 안전하게 지낼 수 있었기 때문이었다.

　노인의 친척들은 배에 약간의 음식과 취사도구를 넣어 호수를 건너가, 숲속에 작은 오두막 집을 만들어 주었다. 그리고 호숫가에서 오두막이 있는 곳까지 새끼줄을 이어 놓아 두 노인이 생활하는 데에 도움이 되도록 했다. 집을 다 짓고 난 후 그들은 집에 음식과 취사도구를 넣어 두었다. 그들은 종종 들려서 필요한 모든 것들을 가져다 드리겠다고 두 노인에게 약속하고는 마을로 돌아갔다.

　두 늙은 맹인은 이제 스스로 생활을 꾸려가기 시작했다. 한 명이 물을 길르러 나가면 또 한 명은 요리를 하는 식이었다. 그들은 똑같이 일을 나누어 했고 한 끼의 식사를 위해서 얼마나 많은 음식이 필요한 지를 알게 된 후로는 친척들이 가져다 준 음식도 똑같이 나누었다. 다만 식사할 때에는 하나의 그릇에 음식을 담아 함께 먹었다.

　며칠 동안 그들은 만족스럽게 살았다. 그러던 어느 날 너구리 한

마리가 가재를 찾아 물가를 다니다가 노인의 집으로 이어지는 새 끼줄을 발견하게 되었다. 그 새끼줄은 예전에는 보지 못하던 것이 었기에 너구리는 호기심이 일었다. 그는 혼잣말을 했다.

"이게 뭐야? 이게 어디로 이어지는 건지 줄을 한번 따라가 보아 야겠어."

줄을 따라 가보니 노인의 오두막으로 이어짐을 알 수 있었다. 그 는 매우 조심스럽게 입구로 향해 갔다. 마침 두 노인은 머리를 문 쪽으로 향한 채 잠을 자고 있었는데, 그들이 발을 두고 있는 집 안 쪽 구석에는 숯더미가 눈에 띄었다. 너구리는 곧 오두막 안에서 뭔 가 맛있는 냄새가 나는 것을 느꼈다. 하지만 그는 당장 집에 들어 가 보지는 않기로 했다. 대신 좀 떨어진 곳에 숨어서 노인들의 행 동을 지켜보기로 했다.

잠시 후 노인들은 잠에서 깨었는데 그 중 한 명이 다른 한 명에 게 말을 했다.

"이보게, 배 고프지 않아?"

"마침 잘됐어."

다른 사람이 대답했다.

"나는 불을 지피고 있을 테니 자네는 내려가서 물 좀 길어 오겠 어?

두 노인의 대화를 엿들은 너구리는 물을 길러 나온 노인을 속이 기로 마음먹고, 즉시 물가로 뛰어가서 나무에 묶여 있던 새끼줄을 풀었다. 그리고는 그것을 숲속의 덤불이 우거진 곳으로 가져가서 묶어 놓았다.

물을 뜨러 나온 노인은 새끼줄을 묶어 놓은 데까지 오는 도중에 몇 번을 덤불에 걸려 넘어져야 했다. 힘들게 물가에 도착했다고 생 각한 그는 맨땅 위에 양동이를 기울여 물을 뜨려 했다. 하지만 물 이 있을 리가 없었다. 당황한 그는 오두막으로 돌아가 동료에게 말했다.

"이봐, 잘못하다가는 우리 모두 굶어 죽을 것 같아. 호수가 다 말라붙었어. 우리가 물을 뜨던 곳은 벌써 덤불이 우거져 있어. 어쩌면 좋지?"

"그럴 리가 없어."

다른 노인이 대답했다.

"호숫가에 덤불이 자랄 정도로 그렇게 오랫동안 우리가 잠을 잔 게 아니잖아. 물이 정말 없는 지 내가 한번 다시 가 보겠어."

그는 그의 친구로부터 양동이를 받아 들고 길을 나섰다. 너구리는 처음 노인이 물을 뜨는 것을 포기하고 오두막으로 돌아가자마자 새끼줄을 풀어 처음에 있던 곳에 다시 묶어 놓았다. 그는 무슨 일이 일어나는 지 지켜보기로 했다.

두번째 노인은 호숫가에 무사히 도착해서 양동이에 물을 가득 채울 수가 있었다. 그는 돌아와서 말했다.

"자네 나한테 거짓말한 것 아니야? 물이 아주 많던데. 여기 양동이에 가득 떠왔어."

첫번째 노인은 어째서 이런 일이 생길 수 있을 지 의아해 했지만 도저히 이해할 수가 없었다.

너구리는 이제 오두막 안에 들어가 음식이 다 만들어지기를 기다렸다. 고기 여덟 조각을 구워 요리가 다 되자 그들은 그것을 그릇에 담아 놓고는 땅바닥에 앉아 서로 얼굴을 맞대고 식사를 시작했다. 그들은 각자 고기 한 조각씩 들고는 이런저런 얘기를 해가며 식사를 즐겼다.

너구리는 그릇에 담겨져 있던 고기 네 조각을 가만히 꺼내어 먹기 시작했다. 그는 그 노인들보다 훨씬 더 즐거운 마음으로 식사를 할 수 있었다. 잠시 후 고기를 집기 위해 그릇을 만져 본 한 노인은 고기가 두 조각밖에 남아있지 않음을 알게 되었다.

"이봐, 친구. 자네 몹시도 배가 고팠던 모양이구만. 그렇게 빨리 식사한 걸 보니 말이야. 나는 한 조각 밖에 먹지 않았는데 두 조각 밖에 남지 않았어."

그러자 다른 노인이 대답했다.

"나는 그것들을 먹지 않았어. 자네가 다 먹고 시치미 떼는 것 아니야?"

이 말에 상대 노인은 화가 나서 큰 소리를 쳤고 결국 두 노인은 다투게 되었다. 그것을 보고 있던 너구리는 더 재미있는 광경을 보고 싶어서 각자의 얼굴을 한 대씩 때려주었다. 상대방이 자신을 때렸다고 생각한 두 노인은 오두막 바닥을 굴러 가며 싸움을 하기 시작했다. 그래서 그릇과 양동이는 모두 부서지고 물이 오두막 전체에 번지게 되었다.

너구리는 나머지 고기마저 집어들고는 여유있게 웃으며 오두막에서 나왔다. 너구리의 웃음소리를 들은 두 노인은 즉시 싸움을 멈추었다. 그들은 속았다는 것을 그제야 알게 된 것이었다. 너구리는 그들에게 말했다.

"당신들은 정말 감쪽같이 속았어. 상대방을 그렇게 쉽게 의심하니까 쉽게 속을 수 밖에."

너구리는 다시 호숫가에서 가재를 잡기 시작했다.

메노미니(Menominee)족, 중부 삼림지대

태양에게서 물건을 훔치다

옛날에 한 노인이 세상을 여행하고 있었다. 어느 날 그는 태양이 사는 집에 도착하게 되었는데 태양은 그를 보고 얼마 동안 머물다 가라고 권했다. 그는 기꺼이 그 권유를 받아들였다.

며칠 후 먹을 고기가 다 바닥나자 태양이 말했다.

"할아버지, 사슴을 좀 잡으면 어떻겠어요?"

"그거 아주 좋은 생각이오. 그렇지 않아도 나는 사슴 고기를 아주 좋아해요."

노인이 대답했다. 태양은 가방을 열어서 각반처럼 생긴 물건 한 쌍을 끄집어내었다. 그것은 고슴도치의 바늘과 훌륭한 새의 깃털로 아름답게 장식되어 있었다.

"이것은 내가 사냥할 때 쓰는 각반이오. 나무에 불이 붙게 하는 독특한 효과를 내지요. 각반을 신고 사슴들이 있을 법한 숲을 걸어 다니다 보면 나무에 불이 붙게 되고 사슴들이 그것을 보고 놀라 숲 속에서 뛰어나오면 나는 화살을 쏘아 쉽게 잡을 수 있지요."

"야! 너무 좋은 거네요."

노인은 태양의 각반을 보며 탄성을 질렀다. 그는 그것을 훔치는 수밖에 없다 하더라도 어떻게든 그것을 손에 넣어야겠다고 생각했다.

그들은 사냥하러 같이 나갔다. 길을 가다가 숲이 보이자 태양은 자기 각반으로 불을 질렀고 그러자 놀란 사슴들이 우루루 뛰어나왔다. 그들은 쉽게 사슴을 잡을 수 있었다.

밤이 되어 잠자리에 들게 되자 태양은 각반을 풀어서 한쪽 구석에 두었다. 노인은 그가 각반을 어디에 두는 지 눈여겨보았다가 한밤중이 되자 그것을 훔쳐서 달아났다. 그는 오랫동안 길을 갔고 충분히 멀리 왔다는 생각이 들자 갑자기 피로가 몰려와서 쓰러져 자게 되었다. 그는 각반을 베개 삼아 베고 잤다. 아침이 되자 그는 누군가가 말을 거는 소리에 잠이 깨었다. 눈을 떠보니 태양이 말을 거는 것이었다.

"이봐요, 내 각반이 왜 당신 머리 밑에 있지요?"

그는 그 말을 듣고 놀라서 살펴보니 자기가 아직도 태양의 집에 있는 것이었다. 그는 길을 잃고 다시 그 집으로 돌아왔나 보다고 생각했다. 다시 태양이 물어 보았다.

"내 각반을 가지고 뭘하려는거죠?"

"아, 그건 잠을 자려는데 베개로 쓸만한 게 어디 보여야죠. 그래서 이걸 베개 삼아 베고 잔 거예요."

다시 밤이 되었고 노인은 또 각반을 훔쳐서 도망쳤다. 이번에는 그는 전혀 걷지 않았다. 그는 계속해서 정신없이 뛰어가다가 날이 샐 무렵에서야 잠시 눈을 붙였다.

여러분은 아마 그 노인이 얼마나 바보같은지 알 수 있을 것이다. 그는 이 세상이 모두 태양이 사는 집이라는 것을 몰랐다. 그는 아무리 빨리 달려 보았자 태양의 눈길을 피할 수는 없다는 것을 몰랐던 것이다. 아침이 되자 그는 자신이 아직도 태양의 손아귀를 벗어나지 못하고 있음을 알게 되었다. 그런데 태양이 이번에는 좀 다른 말을 했다.

"이봐요, 할아버지, 당신이 내 각반을 너무나 좋아하는 것 같으니가 그것을 당신에게 주겠어요. 잘 보관하세요.”

그 말에 노인은 기분이 좋아졌다. 그는 다시 길을 떠났는데 그러다가 어느 날 식량이 모두 바닥났다. 그는 그 각반을 사용하기로 마음먹고 각반을 신고는 숲에 불을 질렀다. 불을 보고 놀라 뛰어나오는 사슴을 쏘아 잡으려는 순간 불길이 자기를 향해 오는 것을 알게 되었다.

그는 놀라서 재빨리 불을 피해 달렸지만 때는 이미 늦었다. 불은 이미 그의 다리에 붙어 태워버릴 기세였다. 그의 각반도 물론 불길에 휩싸였다. 그는 강으로 달려가서 물 속에 뛰어들었다. 그리고 각반을 풀어 버렸다. 하지만 각반은 이미 불에 타서 못쓰게 되어 있었다.

어쩌면 이 모든 것이 각반을 훔치려고 한 노인을 괘씸하게 생각한 태양이 일부러 꾸민 일이었는 지도 몰랐다.

블랙풋(Blackfoot)족, 대평원

눈을 떼낸 사나이

눈을 자기 얼굴에서 떼어낼 수 있는 사람이 있었다. 그는 주문같은 것을 외워서 자기의 눈을 나뭇가지에 올려 놓았다가 다시 부르곤 하였다. 어떤 사람이 그것을 보고 그에게 눈을 떼어낼 수 있는 방법을 가르쳐 달라고 간청했다.

그는 눈을 떼어내는 방법을 가르쳐 주고 하루에 네 번 이상 떼어내면 안된다고 경고했다. 눈을 떼어내는 방법을 배운 사람은 강을 따라서 걸었다.

그는 길을 가다가 어떤 커다란 나무를 만나자 자신의 능력을 시험해 보고 싶어졌다. 그는 자기의 눈을 나무 꼭대기에 보냈다가 다시 불렀다. 그는 이것을 한없이 반복할 수 있을 것만 같았다. 그는 경고를 너무 쉽게 잊어버린 것이다.

그는 눈을 떼어내는 것이 재미있었고 그래서 장난삼아 자기 눈을 반복해서 나무 꼭대기에 보냈다가 다시 불렀다. 그런데 다섯번째 시도했을 때 정말로 눈이 내려올 생각을 하지 않았다. 하루 종일 그는 눈을 불렀다. 하지만 눈은 꼼짝도 하지 않았고 오히려 점점 부풀어 올라 꼭 못쓰게 될 것만 같았다. 조금 지나자 파리마저 그 위에 달라붙었다.

그 사람은 너무 지쳐서 그 자리에 쓰러져 버렸다. 하지만 그래도 그는 자기 눈을 쳐다보며 계속 불러대었다. 그러다가 밤이 되어 그는 깜빡 잠이 들었는데 그때 쥐 한 마리가 그에게로 달려왔다. 그는 자신이 앞을 보지 못하는 것을 쥐가 알지 못하도록 눈을 감았다. 그리고 쥐를 잡으려고 그냥 가만히 누워 있었다.

조금 지나자 쥐가 그의 가슴 위로 올라왔다. 그래도 그는 가만히 있었다. 쥐는 그의 얼굴 위로 올라와 자기 둥지에 쓰기 위해 그의 머리카락을 잘라 가려고 했다. 그러다가 그의 눈물을 핥아먹기도 했다. 그런데 그 때 그는 자신의 입 속으로 흘러 들어온 쥐의 꼬리를 꽉 물었고 쥐는 그에게 잡히고 말았다.

그는 쥐를 꼭 잡고 자기의 처지를 얘기하며 눈을 찾을 수 있도록 길을 안내해 달라고 말했다. 그러자 쥐는 나무 위에 눈이 있기는 하지만 이미 굉장히 부풀어 버렸다고 말해 주었다. 그래도 원한다면 나무에 올라가 눈을 가져다 주겠다고 말했다. 하지만 그는 쥐를 놓아주지 않았다. 쥐는 그냥 도망쳐 볼까 하는 생각도 했지만 그가 너무 꼭 잡고 있어서 도저히 그럴 수도 없었다.

쥐는 어떻게 하면 자기를 놓아 주겠냐고 물어 보았다. 그 사람이 눈을 하나 떼어 주면 보내 주겠다고 하자, 쥐는 결국 눈을 떼어 주고 풀려났다. 그는 쥐의 눈을 받아서 세상을 다시 볼 수 있게 되기는 했지만 쥐의 눈이 워낙 작았기 때문에 세상을 또렷이 볼 수는 없었다. 그는 자신의 잘못을 뉘우치며 눈물을 흘렸다.

버펄로가 근처에서 풀을 뜯고 있다가 그가 우는 것을 보고 가까이 갔다. 버펄로를 보고 그가 말했다.

"여기 정말 나를 도와줄 수 있는 이가 왔구나."

버펄로는 그가 원하는 것이 무엇인지 물어 보았다. 그는 눈을 잃어버렸으며 다시 눈이 있으면 좋겠다고 말했다. 버펄로는 자기 눈을 하나 빼어서 그 사람에게 주었다. 이제 그 사람은 세상을 제대로 볼 수 있게 되었다. 하지만 버펄로의 눈은 너무 커서 그의 얼굴에 잘 들어 맞지 않았다. 눈의 일부는 원래 있던 자리에 들어가고 나머지 부분은 얼굴 밖으로 툭 튀어나와 있을 수 밖에 없었다. 그는 할 수 없이 그런 대로 살았다.

체이엔느(Cheyenne)족, 남동부 지역

싸움에 나선 거북이

한 거북이가 싸움을 하러 길을 나섰다. 그는 길을 가다가 코요테를 만났다. 코요테가 물었다.

"어디 가는 길이니?"

거북이가 대답했다.

"나는 싸움을 하러 길을 나선 거예요."

코요테가 다시 물었다.

"그래, 어디로 가는데?"

"나는 사람들이 많이 모여 있는 곳으로 가려고 해요. 그런데 나하고 달리기 한번 해 보실래요? 함께 가도 좋을지 한번 보게요."

그들은 함께 달리기를 했고 거북이는 코요테가 달리는 것을 보고 말했다.

"안되겠어요. 너무 느려요."

거북이는 다시 길을 떠났고 한참을 가다가 여우를 만났다. 여우가 말을 걸었다.

"어이, 이봐, 어디 가는거야?"

"나는 사람들이 많이 모인 곳으로 가고 있어요."

"내가 함께 가도 좋겠니?"

"얼마나 잘 달릴 수 있는 지 한번 보고요."

그 말에 여우는 달리기 시작했는데, 이번에도 여우는 너무나 빨라서 그의 달리는 모습을 분간하기도 힘들 정도였다. 거북이 말했다.

"빨리 달리지를 못하는군요. 당신은 안되겠어요."

거북이는 다시 길을 떠났고 이번에는 매가 그에게로 날아왔다. 이번에는 거북이가 먼저 매에게 말했다.

"나는 싸움터로 가는 중인데 나와 함께 떠날 친구를 찾고 있소."

매가 말했다.

"그래요? 그러면 혹시 내가 함께 가도 좋겠소?"

거북이가 말했다.

"그러면 당신이 얼마나 잘 날 수 있는지 한번 봅시다."

그 말에 매가 날기 시작했는데 그 속도가 어마어마했다. 너무 빨라서 거북이는 잠시 동안 매가 어디에 있는지조차 분간하기 힘들 지경이었다. 매가 돌아오자 거북은 말했다.

"당신은 빨리 날지 못하는군요. 안되겠어요."

거북은 길을 떠났다. 길을 가면서 그는 혼잣말을 했다.

"나와 함께 갈 친구가 있으면 좋겠어."

그때 갑자기 토끼가 뛰어나와서 말했다.

"내가 함께 가도 좋겠어요?"

거북이는 점잖게 말했다.

"달리기 실력을 한번 봅시다."

그 말을 듣고 토끼는 뛰기 시작했다. 토끼의 걸음도 무척이나 빨랐다. 하지만 거북이는 고개를 저으며 말했다.

"안되겠어요. 너무 느려요."

거북이는 같은 말을 반복하며 길을 갔다.

"함께 길을 갈 친구가 있으면 좋겠어."

그러자 어디에선가 칼이 튀어나오며 말했다.

“이봐요, 함께 가고 싶어요.”

거북이 말했다.

“빨리 달릴 수 있다면 함께 가지요.”

그 말을 듣고 칼은 달려 보려고 했지만 몸이 말을 듣지 않았다. 그것을 보고 거북이가 말했다.

“좋아요. 함께 가도 좋겠어요.”

그들은 다시 길을 떠났다. 거북이는 ‘이 길을 함께 갈 친구가 있으면 좋겠어’라는 말을 계속 반복했다. 잠시 후 갑자기 빗이 튀어나와 말을 했다.

“당신 뭐라고 말을 했지요?”

거북이 말했다.

“나는 지금 싸움터로 가는 중이오.”

“그러면 내가 함께 가도 되겠어요?”

빗의 물음에 거북이는 이전처럼 똑같이 말했다.

“당신이 얼마나 잘 달릴 수 있는지 한번 봅시다.”

빗은 달리려고 했지만 전혀 움직일 수가 없었다. 그 모습을 지켜보고 있던 거북이 말했다.

“좋아요. 나와 함께 갑시다.”

그들은 함께 길을 떠났다. 길을 가며 거북이가 또 같은 말을 했다.

“싸움터에 함께 할 친구가 있으면 좋겠어.”

그러자 이번에는 어디서 송곳이 튀어나와 말을 했다.

“내가 함께 갈 수 있겠어요?”

거북이 말했다.

“당신 달리는 것을 한번 봅시다.”

송곳은 달리려고 해도 달릴 수가 없었다.

“됐어요. 나와 함께 가도 되겠어요.”

그렇게 해서 넷이 함께 길을 갔다. 그들은 얼마 후 어떤 큰 마을에 도착했고 거북이는 칼을 마을 안에 먼저 들여보냈다. 칼이 마을에 들어가자 누군가가 그를 발견하고는 집으로 가지고 갔다. 그런데 집에서 그 칼로 고기를 자르다가 손가락을 베었고, 화가 난 그는 칼을 문 밖에 버렸다. 칼은 거북에게로 돌아와서 말했다.

"마을에 갔더니 누군가가 나를 집어서 집에 가지고 갔어요. 집에서 그가 고기를 자르려고 할 때 나는 그의 손가락을 베었고, 그가 나를 문 밖에 내팽개쳐서 이렇게 돌아오게 되었어요."

거북이 말했다.

"아주 잘했어요. 이번에는 빗이 한번 마을로 내려가 보도록 해 봐요."

빗은 마을로 내려갔고 그것을 발견한 한 여인이 집어 들어서 머리를 빗어 보았다. 그런데 그 빗은 머리가 빗어지기는 커녕 오히려 머리카락이 마구 빠지는 것이었다. 여인은 화가 나서 빗을 내팽개쳤고, 빗은 다시 동료들에게로 되돌아왔다.

"마을에 갔더니 아름다운 머릿결을 지닌 한 젊은 여인이 눈에 띄었어요. 그 여인이 마침 나를 보더니 집어서 자기 머리를 빗잖아요. 그래서 나는 그 여자의 머리카락을 뽑아 버렸어요. 그러자 그 여자는 나를 집어 던졌고, 나는 이렇게 돌아오게 된거죠. 여기 봐요. 그 여자의 머리카락을 아예 가지고 왔어요."

"잘했네요. 이번에는 송곳이 가서 활약을 해 보시지요."

거북이 말했다. 송곳이 마을에 가자 한 늙은 여인이 그를 보고 집어 들었다. 그 여인은 송곳을 이용해서 자기 신발을 고치려고 했다. 그런데 어느 순간 송곳이 손가락에 푹 찔려 버렸다. 여인은 송곳을 집어 던졌고, 송곳은 일행에게 돌아와서 말했다.

"나는 한 여인을 몹시 다치게 했어요. 그 여자는 신발을 고치는데 나를 이용하려고 했는데 나는 그녀의 손가락을 찔러 버렸어요.

그녀는 놀라서 나를 집어 던져 버렸죠.”

거북이가 말했다.

“잘했어요. 그러면 이번에는 내 차례네요.”

그는 마을로 갔고 사람들은 거북이를 보고 말했다.

“이게 뭐야? 거북이 아냐? 싸움터에 나가는 중인 모양인데? 저런 녀석은 죽여 버려야 해.”

사람들은 그를 집어서 마을 안쪽에 데려가서 말했다.

“저 녀석을 석탄 위에 올려 놓고 태워 버리면 어때?”

그 말을 듣고 거북이 말했다.

“좋지요. 그렇게 하면 내가 마구 다리를 뻗는 바람에 화상을 입게 되는 사람들이 여럿 생길거요. 아마!”

그러자 사람들이 말했다.

“그래, 그럴지도 몰라. 불 위에 커다란 단지를 올려 놓고 단지 안의 물이 끓으면 저 녀석을 그 안에 집어넣는 방법이 좋을 것 같아.”

그 말을 듣고 거북이가 또 말했다.

“좋아요. 좋은 방법이예요. 그렇게 하면 끓는 물에 데는 사람이 좀 생기겠죠.”

사람들이 말했다.

“저 녀석 말이 맞아. 저 녀석을 시냇물에 던져 버리는 것이 가장 좋을 것 같아.”

그러자 거북이가 말했다.

“제발 그렇게는 하지 말아요. 두려워요.”

사람들은 고개를 갸우뚱거리며 말했다.

“아마 저 녀석은 물을 두려워하는 모양이야. 저 놈을 물에 던지는 것이 좋겠어.”

그러자 거북은 더 큰 소리로 다급하게 소리를 질렀다.

“무서워요. 제발 물 속에만은 던지지 말아주세요!”

그 말에 사람들은 그를 물에 던지는 것이 가장 좋은 방법이라는 확신을 갖게 되었고 결국 그를 시냇물에 던져 버렸다. 그러자 거북이는 물 위로 떠 올라서 혀를 낼름거리며 사람들을 놀렸다.

“속았지, 요놈들아.”

사람들은 칼과 송곳을 집어서 생활에 유용하게 사용했다. 하지만 거북은 물 속에 계속 머물러 있었다. 그리고 사람들이 물 쪽으로 가까이 올 때마다 이렇게 말하곤 했다.

“속았지. 물은 바로 나의 집인데.”

그의 말을 들으면 사람들은 그에게 돌을 던지기도 했고 그러면 그는 다시 물 속으로 잠기곤 하는 것이었다.

포니(Pawnee)족, 대평원

하늘이 무너져도

어느 날 코요테가 칠면조를 만났다. 그는 달려가면서 칠면조에
게 말했다.
"하늘이 무너지려 하고 있소."
칠면조가 말했다.
"어떻게 그걸 알아요?"
"하늘 한조각이 내 꼬리 위로 떨어졌어요. 나는 지금 하늘이 무
너져도 살 수 있는 숨을 만한 굴을 찾고 있는 중이오."
"그래요? 그러면 함께 찾도록 합시다."
"그래요."
그들은 길을 가다가 수탉 한마리를 만났고 그에게도 코요테가
말했다.
"하늘이 무너지려 하고 있어요."
수탉이 말했다.
"그걸 어떻게 알죠?"
"하늘 한조각이 내 꼬리에 떨어졌어요. 나는 지금 혹시 어딘가
에 숨을 만한 굴 같은 것이 없나 찾고 있는 중이오. 하늘이 무너지
더라도 살아날 수 있게 말이오."
"그럼 함께 찾아도 될까요?"

그들은 길을 가다가 또 양을 만났다. 양에게도 코요테가 말했다.

"하늘이 무너지려 하고 있어요."

"어떻게 그걸 알아요?"

"하늘 한조각이 이미 내 꼬리 위로 떨어졌어요. 나는 지금 어딘가 숨을 만한 굴이 없나 찾아다니는 중이오."

"그러면 나도 함께 갑시다."

그들은 함께 길을 떠났고, 길을 가다가 이번에는 거위를 만났다. 코요테가 말했다.

"하늘이 무너지려 하고 있어요."

"어떻게 알았지요?"

"하늘 한조각이 벌써 내 꼬리에 떨어졌어요. 하늘이 무너져도 살 수 있는 숨을 만한 공간을 찾는 중이오."

"혹시 함께 가도 될까요?"

"그럽시다."

길을 가다가 마침내 그들은 적당한 굴을 찾아냈다. 그런데 굴에 들어가자마자 코요테는 갑자기 돌아서서 거위를 잡아먹어 버렸다. 거위를 잡아먹고 나서 그는 양도 잡아먹었다. 양을 잡아먹고 난 뒤에는 수탉을 잡아먹었다. 그리고 나서 칠면조까지 모두 잡아먹었다. 결국 그는 함께 간 동물을 모두 다 잡아먹은 것이었다.

주니(Zuni)족, 남서부 지역

제3부
●
영웅과 초자연적인 여행이야기

태양의 사위

벨라쿨라(Bellacoola) 강에는 연어들이 살고 있었다. 강 근처에는 한 족장과 그의 부인이 살고 있었는데 그들은 연어 어망을 쳐 놓았다. 어느 날 그 부인은 강둑에서 연어를 잡고 있었는데 어떤 연어의 배를 가르니 그 속에는 작은 아기가 들어 있었다. 그녀는 그 아기를 잘 꺼내어 강물에 몸을 씻겼다. 그리고는 아기를 근처에 두고 집에 돌아가서 사람들에게 말했다.

"내 말 좀 들어봐요. 내가 글쎄, 연어 뱃속에서 아기를 꺼냈지 뭐예요. 가서 한번 봐요."

그녀에게는 아직 요람에 있는 아기가 하나 있었다. 그리고 그녀가 발견한 아기도 그녀의 팔뚝만한 아주 작은 아기였다. 그녀는 아기를 집에 데려왔고 사람들은 아기를 잘 돌봐주라고 충고했다. 그녀는 두 아기를 함께 돌보았다.

그날 사람들이 그녀의 집에 모여서 이야기하는 동안 그 아기는 그들의 이야기를 모두 알아듣고 있다는 표정으로 사람들의 얼굴을 둘러보았다. 그런데 놀랍게도 다음날이 되자 아기는 상당히 자라 있었고 며칠 후에는 보통의 아이만큼 성장하게 되었다. 그리고 그녀가 낳은 아기도 놀라운 속도로 자라났다. 그녀는 두 아기에게 똑같이 젖을 먹이며 키웠다. 며칠 후 그들은 걷고 말도 할 수 있게 되었다.

그 두 아이는 어느 정도 자라서 소년이 되었고 함께 모험을 떠났다. 그들은 어떤 마을을 지나가는데 그 마을 한가운데에 집이 한채 있었다. 그들은 그 집에 아름다운 소녀가 앉아 있는 것을 보았다. 붉은 빛깔을 띠고 있는 그녀의 머리는 무척이나 길어서 마루에 끌릴 지경이었다. 하지만 피부는 아주 흰 빛이었다. 그녀의 큰 눈은 수정처럼 맑아 보였다. 소년은 그 소녀를 좋아하게 되었다.

그들은 계속 길을 걸었지만 그 소년의 생각은 소녀 곁을 떠나지 않았다. 길을 가다가 연어 소년이 어떤 집에 가까이 가자 문이 열렸고 그는 집으로 뛰어들어갔다. 그 순간 문이 갑자기 닫혔지만 그는 살짝 피해서 들어갔다. 그 소년도 연어소년처럼 무사히 집 안에 들어갈 수 있었다. 집 안에는 많은 사람들이 있었다. 그들은 두 소년에게 음식을 주었는데 그것은 매우 이상한 냄새가 나고 생긴 모양도 이상했다. 그것은 강물 속의 나무에 붙어 자라는 미역같은 것으로 만든 음식이었다.

소년들이 음식에 손도 대지 않자 그들 중 한 명이 말했다.

"너희는 저기 있는 두 아이를 먹을지도 모르겠다. 저 아이들을 강에 데리고 가서 강물에 던져라. 그리고 던지는 순간 절대로 그들을 쳐다보지 말아야 된다."

그 소년은 자리에서 일어나 두 아이를 데리고 강으로 갔다. 그는 시킨대로 아이들을 강물에 던졌다. 던지는 순간에 아이들을 쳐다보지 않은 것은 물론이었다. 잠시 후 아이들을 던진 곳에서는 훌륭한 암수 연어 한마리씩이 나타났다. 그는 그것들을 잡아 그 집으로 돌아와 불에 구웠다. 사람들은 그에게 내장과 뼈는 다치지 않게 잘 골라 먹으라고 말해 주었다.

그가 식사를 마치자 사람들은 그에게 내장과 뼈를 모아 강에 가서 아이들을 던졌던 곳에 다시 던지라고 말했다. 그는 그것을 잘 들고 가서 쳐다보지 않고 강물에 던졌다. 그가 집으로 돌아갈 때 뒤에서 자신을 쫓아오는 아이들의 소리를 들을 수 있었다. 그런데 집에 와서 보니 한 여자아이는 눈이 없어진 모양이었다.

사람들은 그 소년이 앉아 있던 자리에서 연어의 눈과 뼈 한쪽을 찾아냈다. 그들은 그 소년에게 다시 강으로 가서 그것들을 마저 던지고 오라고 했다. 그는 아이들을 데리고 가 뼈를 강에 던졌다. 그러자 아이들은 다시 본래의 상태로 돌아와 건강한 모습을 보여주었다.

잠시 후 소년은 연어소년에게 말했다.

"나는 그 예쁜 소녀가 있던 집에 가보고 싶어."

그들은 결국 그 집으로 갔다. 소년이 연어소년에게 말했다.

"들어가 보자! 나는 그 소녀의 얼굴을 자세히 보고 싶어."

그들은 집 안에 들어갔다. 집 안에 들어가니 한 남자가 일어나 그들에게 순록가죽으로 만든 방석을 건네주고 음식도 주었다. 잠시 후 소년은 연어소년에게 말했다.

"저 소녀에게 내가 결혼하고 싶다고 말해줘."

연어소년은 소녀에게 그 말을 전했다. 그러자 소녀는 웃으며 말했다.

"그분은 저하고 결혼하면 안돼요. 저하고 결혼하는 분은 다들 죽고 말아요. 저도 그분이 좋아요. 하지만 저는 그분을 죽게 하고 싶지는 않아요. 만일 죽어도 좋다면 저하고 결혼하세요."

그녀는 '샘물 연어'의 딸이었고 이름은 '연어 딸기 새'였다. 그 다음날 그녀는 아들을 낳았고 하루 뒤에는 딸을 낳았다.

얼마 후 그녀의 아버지가 말했다.

"우리 배를 띄워서 그 젊은이를 고향으로 보내주는 것이 좋겠어."

그는 마을 사람들을 모두 불러 모았다. 마을 사람들은 각자 집으로 돌아가 준비를 했고 그 다음날 일찍 배를 타고 출발했다. 그 젊은이는 가장 빠른 배인 '샘물 연어'의 배를 타고 갔다. 그들은 강을 거슬러 올라가 그 젊은이가 살던 마을 근처에서 배를 멈추었다.

그들은 배를 강가에 묶어 두고 사자를 보내 연어 어망이 그냥 있는지 보고 오도록 했다. 사자는 상류에 다녀와 어망이 있다고 말해 주었다. 그 말을 들은 그들은 젊은이와 그 부인을 보내 주었다. 그리고 젊은이의 부모를 위해 많은 선물도 주었다.

연어 어망을 지켜보던 마을 사람은 두 마리의 아름다운 연어가 어망 안으로 들어오는 것을 보았다. 그것은 사실 연어의 배였지만 사람의 눈에는 연어처럼 보였다. 그는 어망 위에 올가미를 놓았다. 그러자 많은 물고기가 그 안에 들어왔다. 그는 물고기를 건져내었다. 젊은연어는 생각했다.

'이 사람이 나와 내 부인을 조심스럽게 다루었으면 좋겠는데.'

그의 소망은 현실로 이루어졌다. 그 사람은 다른 물고기의 머리를 부수기도 하고 함부로 다루었지만 그 젊은이와 부인은 가만 놔두었다. 그는 연어를 자기 집에 가져가 기둥에 걸어 두었다.

밤 사이에 그 젊은이와 부인은 다시 인간의 모습이 되었다. 젊은이는 아버지의 집에 들어갔다. 그런데 아버지의 머리는 독수리의 깃털로 덮혀 있었다. 그는 아버지께 말씀드렸다.

"저는 어젯밤에 아버지 어망에 잡혔어요. 아버지는 제가 언제 집을 나갔는지 기억하세요? 저는 연어의 나라에서 살다가 왔어요. 그중 하나는 저와 함께 여기에 왔어요. 그들이 사는 곳은 강을 따라 조금만 내려가면 나와요. 연어는 사람들이 물고기를 먹는 것을 보면 흐뭇함을 느껴요."

그리고는 어머니를 향해 말을 이었다.

"연어를 요리할 때는 항상 조심하세요. 뼈를 절대로 상하지 않게 잘 두었다가 나중에 강물에다 다시 던지세요."

그 젊은이의 두 아이도 올가미에 걸려서 잡혀왔다. 그는 땅 위에 나뭇잎을 깔아놓고 그 위에 붉은색과 흰색 삼나무 껍질을 다시 깐 뒤 독수리 깃털을 덮었다. 그리고는 자기 어머니에게 부탁해서 연어들을 그 위에 두게 했다. 그러자 그 연어들은 아이들로 변했다.

그가 고향으로 돌아와서 이런 일을 하고 나자 그 후로는 연어가 강을 따라 많이 올라왔다. 연어는 스스로 어망에 들어와 올가미에 걸렸다. 그리고 사람들은 그 연어를 그가 가르쳐준대로 조심스럽게 잘 말렸다. 그들은 연어요리를 먹고난 뒤 그 뼈를 다시 강물에 던졌고 그러면 연어는 다시 살아서 자기 나라로 돌아갔다.

가장 느린 배를 타고 오는 연어는 마을에 가장 늦게 도착했다. 그 연어는 사람들에게 많은 선물을 주었다. 그는 여러가지 색깔의 나뭇잎을 주었는데 그로 인해 가을이 되면 나무들이 여러 색깔의 잎을 가질 수 있게 되었다.

모든 연어들이 돌아가고 나자 '연어 딸기 새'와 그녀의 아이들도 그들을 따라 고향으로 돌아갔다. 그리고 나서 그 젊은이는 독수리를 잡을만한 작은 집을 한 채 짓기로 했다. 그는 올가미가 붙어 있는 기다란 막대기를 이용했고 연어를 미끼로 썼다.

그는 그의 작은 집에 돗자리를 깔았다. 그리고 독수리를 잡고 나면 깃털을 모두 뽑았다. 그는 좋은 깃털을 대단히 많이 모을 수 있었다. 깃털을 충분히 모았다는 생각이 들자 그는 집으로 돌아가 동생을 데리고 왔다. 그 작은 집에 도착하자 그는 동생에게 작은 막대기를 주었다. 그리고는 그에게 말했다.

"내가 떠나더라도 슬퍼하지마. 나는 태양을 만나보고 올 생각인데 오랫동안 있지는 않을거야. 연어 나라에서는 오래 있었지만 하늘에는 오래 머물 생각이 없어. 내가 이 돗자리 위에 눕거든 저 깃털로 나를 둘러싸. 그리고 막대기로 얼마 농안 나를 살살 두드려봐. 그러면 커다란 깃털이 공중으로 솟아오르는 것처럼 보일거야.

그때 멈추면 돼."

그 소년은 형이 시킨대로 했고, 그러자 정말 형의 말대로 모든 것이 일어났다. 깃털은 넓은 원을 그리며 하늘로 솟아올랐다. 높이 오를수록 원은 점점 커지더니 마침내 시야에서 사라져 버리게 되었다. 그것을 본 소년은 울면서 집으로 돌아왔다.

하늘에 올라간 젊은이는 커다란 집을 한 채 발견했다. 그것은 '전설의 집'이었다. 그는 다시 사람의 형태를 갖추고 집 안을 살짝 엿보았다. 집 안에는 여러 사람들이 있었는데 모두 얼굴을 벽쪽으로 돌리고 있었다. 그들은 집 뒤의 낮은 마루에 앉아 있었다.

오른쪽 구석에는 커다란 불이 있었고 그 둘레에 여자들이 앉아 있었다. 그는 좀더 허리를 숙여 집 안을 자세히 보려고 했다. 그때 한 늙은 여자가 그를 알아보고는 가까이 오라고 손짓했다. 그는 그 여인에게 다가갔다. 그랬더니 그 여인은 그에게 집 뒤로는 가지 말라고 하는 것이었다.

"조심해! 집 뒤에 있는 사람들은 너를 해칠지도 몰라."

그녀는 작은 상자를 열어서 차가운 바람을 담고 있는 주머니를 주었다. 그 주머니는 염소의 방광으로 만들어진 것이었다. 그들이 그를 해치려고 하면 그 주머니를 열라고 그녀는 설명해 주었다. 그가 그것을 열면 어떤 불도 그를 해치지 못하리라는 것이었다. 집 뒤편에 있는 사람들은 그를 불 가까이 데려가 태워 죽일 것이라는 사실도 가르쳐 주었다.

그들 중 한 명이 그의 얼굴을 문질러 없애 버리고 나면 마루 밑에서 불이 나와 모든 것들을 그을리면서 다가오리라는 것이었다. 그 여인은 그 사람들이 생각하고 있는 모든 것들을 설명해 주었다. 그러는 도중에 집 뒤에 있던 사람 중 한 명이 뒤를 돌아보았다. 그는 바로 태양이었다. 그는 방문객의 힘을 시험해 보려고 그 여인에게 말했다.

"당신을 찾아온 사람이 다 있소? 어디 그 젊은이가 어떤 사람인지 좀 봅시다. 가까이에서 그 사람을 한번 보면 좋겠는데."

그 젊은이는 태양을 향해 다가갔다. 그가 자리에 앉자마자 태양은 그의 얼굴을 문지르고는 정면으로 쳐다보았다. 이때 그는 얼굴을 돌리고 있었다. 시간이 조금 지나자 그는 주변이 매우 뜨거워지는 것을 느낄 수 있었다.

그는 담요로 몸을 잘 감싸고는 그 여자가 그에게 준 주머니를 열었다. 그러자 겨울 바람이 갑자기 불어와 주변이 매우 시원해졌다. 태양은 그에게 어떠한 해도 입히지 못했다. 그는 아무 말도 하지 못하고 방문객을 바라볼 뿐이었다. 잠시 후 그가 말했다.

"나는 당신에게 이 집 뒤에 있는 자그마한 집을 보여주고 싶소."

그들은 함께 일어나서 밖으로 나갔다. 그들이 가본 그 집에는 문이 없었다. 지붕의 한가운데에 있는 구멍을 통해서만 집에 들어갈 수 있었던 것이다. 지붕 위의 그 구멍에는 집 마루를 향해 사다리가 내려져 있었다. 그 집에는 공기가 전혀 없었고 집은 돌로 만들어져 있었다.

집에 들어가자 태양은 집 한가운데에 불을 지폈다. 그리고 난 뒤 그 방문객은 집 안에 그냥 둔 채 사다리를 타고 올라와 지붕을 막아 버렸다. 태양은 아예 그 젊은이가 피할 엄두도 내지 못하도록 사다리를 빼내어 버렸다.

집은 매우 뜨거워지기 시작했다. 소년은 더 이상 참기 힘들 정도로 집 안이 뜨거워지자 주머니를 열었다. 그러자 그 속에서 찬 바람이 불어나오고 눈이 오기 시작했다. 집 안의 불은 꺼졌고 천장에는 자그마한 고드름이 얼어붙을 정도가 되었다. 그는 이제 시원하고 안락한 느낌이 들었다. 잠시 후 태양은 자신의 네 딸에게 말했다.

"우리집 뒤에 있는 집에 가서 청소 좀 하고 오니라."

그는 그 젊은이가 타죽었으리라 생각하고 시신을 청소하고 오라고 시킨 것이다. 그들은 어떻게 되었는지 궁금해서 서로 빨리 가보려고 야단이었다. 하지만 그 딸들은 지붕을 열어보고는 깜짝 놀라고 말았다. 지붕 뚜껑에 고드름이 붙어 있는 것이었다.

이상한 생각이 든 그들은 서둘러서 사다리를 타고 내려갔다. 그들이 마루에 내려서는 순간 젊은이는 일어서서 그들을 할퀴었다. 막내가 가장 늦게 마루에 내려섰는데 모두들 그가 일어나서 할퀴는 바람에 놀라 도망쳤다. 태양은 딸들의 비명 소리를 듣고는 그 원인을 알아보았다.

그는 젊은이가 아직 살아 있다는 말을 듣자 놀랍기도 하고 화가 나기도 했다. 그는 그를 죽일 또 다른 방법을 생각해 내었다. 그는 딸들을 시켜 그를 집에 불러들였다. 그래서 그는 '전설의 집'에 다시 들어가게 되었다. 그리고 밤이 되어 그는 그 집에서 자게 되었다. 그가 잠자리로 들어가자 태양은 딸들에게 말했다.

"내일 아침 일찍 집 뒤에 있는 산에 올라가거라. 나는 저 젊은이에게 말해서 너희들을 따라가게 할거야."

딸들은 그가 아직 잠들어 있을 때 출발했다. 그들은 절벽 가까이 있는 작은 초원에 올라섰다. 그들은 양으로 자신의 모습을 바꾸었다. 태양은 자기 딸들이 산에 오르는 것을 보자 젊은이를 깨웠다.

"이봐, 저 양들을 보라구!"

그는 양들을 보고 자리에서 일어났다. 그는 그들을 죽이고 싶었다. 태양은 그에게 산의 왼쪽길은 위험하니 오른쪽길을 따라 올라가라고 알려주었다. 젊은이는 활과 화살을 들고 떠났다. 떠나려는 순간 그의 화살을 보고 태양이 말했다.

"자네, 그 화살을 쓰지 말고 내 화살을 써봐. 내 것이 더 좋을 것 같아."

그들은 화살을 바꾸었다. 태양은 자신이 만든 화살 네 개를 주었다. 이 화살은 그 촉을 숯으로 만든 것이었다. 드디어 젊은이는 산을 오르기 시작했다.

그는 양이 보이는 곳에 다다르자 화살을 꺼내어 잘 겨냥해서 쏘았다. 화살은 양을 정확히 맞추었다. 하지만 그 양은 죽지 않고 그저 쓰러질 뿐이었다. 다른 화살도 마찬가지였다. 그가 화살 네 개를 모두 써버리자 이제는 양들이 그를 죽일 기세로 사방에서 그에게 달려들었다.

그가 피할 수 있는 유일한 길은 절벽이 있는 쪽 뿐이었다. 그들은 그에게 달려들어 그를 산 밑으로 떨어뜨려 버렸다. 그는 머리를 아래로 향한 채 절벽 아래로 떨어졌다. 하지만 그는 중간에서 자신의 몸을 새의 깃털로 변화시켰다. 그리고는 바위로 뒤덮인 땅 위에 부드럽게 내려 앉았다.

그는 다시 사람의 모습으로 돌아와서 산을 올라갔다. 산 위에 아직도 양들이 있는 것을 보자 그는 그것들을 향해 화살을 쏘아서 모두 죽여 버렸다. 그리고는 그것들을 절벽 밑으로 집어던진 뒤 절벽 아래로 가서 양들의 다리를 잘라 버렸다. 그리고 그것들을 가지고 집으로 왔다. 그는 태양이 집 앞에 앉아 있는 것을 보았다. 그는 태양에게 발을 건네주며 말했다.

"내가 양들을 몇 마리나 잡았을지 생각해보시지요."

태양은 그것들을 보자 자기 딸들이 모두 죽었다는 것을 알고는 울부짖었다.

"네가 내 아이들을 모두 죽여 버렸어!"

그 말에 젊은이는 다리를 들고 양들이 쓰러져 있는 곳에 가서 다리를 그들의 몸통에 붙여 주었다. 그리고는 근처에 있는 작은 강에 그들을 던져 넣었다. 그러자 그들은 잠시 후 다시 살아서 태양의 딸 모습으로 나타났다. 이것은 연어의 나라에서 배운 기술이었다. 그는 그 딸들에게 말했다.

"이제 가서 아버지를 만나봐! 그는 당신들을 무척이나 보고 싶어하니까."

그들은 그가 생명을 다시 불어넣어 주었다며 무척이나 고마워했다. 그는 그들을 쫓아갔다. 그가 들어오는 것을 보고 태양이 말했다.

"자네에게 내 딸들을 주겠어."

그 다음날 아침 태양이 말했다.

"사위, 내가 자네를 위해 무얼 해주면 좋겠나?"

그가 대답했다.

"내 연어 어망의 올가미를 가지고 오면 좋겠어요."

그들은 태양의 배를 타고 강을 거슬러 올라갔다. 강물은 물살이 무척 심했다. 젊은이는 뱃머리에 앉아 있었고 태양이 배를 조종했다. 그는 젊은이를 강물에 빠뜨리고 싶은 생각에 배를 일부러 흔들거리게 했다. 강물은 어망 위에 쳐놓은 댓가지 위를 흘러가며 작은 폭포같은 것을 이루고 있었다.

그는 젊은이에게 올가미에 닿을 수 있도록 댓가지 위에 서 보라고 했다. 그는 그렇게 했다. 하지만 그가 올가미에 손이 닿는 순간 자신이 디디고 있던 기둥이 무너져 결국 강물에 빠지고 말았다. 그는 소용돌이 속에서 물 위로 두어번 떠오르더니 다시는 물 위에 나타나지 않았다. 태양은 그것을 보고 배를 돌리며 생각했다.

'그는 틀림없이 죽고 말거야.'

태양은 집으로 돌아와 딸들에게 말했다.

"강에서 사위를 잃어버리고 말았다. 그가 물에 빠졌는데 물 속에 들어가서는 사라져 버렸기 때문에 도저히 찾을 수가 없었다."

딸들은 모두 슬퍼했다.

젊은이는 물 속에서 곧 연어의 모습으로 형태를 바꾸어 살아남을 수 있었다. 그는 땅위로 다시 올라와 인간의 모습을 회복한 뒤 아내들에게 돌아왔다. 태양은 그가 돌아오는 모습을 보고는 무척 놀랐다. 그 다음날이 되자 태양은 곰곰히 생각하기 시작했다.

'어떻게 하면 사위를 죽여 버릴 수 있을까?'

잠시 후 그는 혼자 중얼거렸다.

"그래, 나무하러 가서 해치울 수가 있겠어."

그는 연장을 챙겼다. 그리고는 젊은이를 배에 태우고 강을 따라 내려가 바다에 도착할 수 있었다. 그들이 바다에 도착했을 때 바다는 아주 잔잔했다. 강 어귀의 갯뻘에는 꺾어진 나무들이 진흙 속에 많이 박혀 있었다. 그것들 중 어떤 것은 진흙 속에 반만 잠겨 있기도 했다.

그들은 바닷가에서 많이 떨어진 곳에 있는 나무를 하나 자르기 시작했다. 그러다가 태양은 일부러 망치를 물 속에 떨어뜨렸다. 망치가 물에 떨어지는 순간 그는 속으로 생각했다.

'망치야, 똑바로 떨어지지 말고 엉뚱한 곳에 떨어져서 나중에 그가 너를 찾기 힘들게 해.'

그는 배에 주저앉아서 소리를 지르기 시작했다.

"오! 이런 망치를 놓쳐 버렸네. 그 망치는 내가 세상에 처음 생겨날 때부터 가지고 있던 건데."

그는 한동안 넋이 나간 사람처럼 물 속을 쳐다보다가 사위에게 말했다.

"자네, 혹시 자맥질할 줄 아는가? 내 망치를 가져다 줄 수 있겠어? 물은 그리 깊어 보이지는 않는데 말이야."

젊은이는 대답하지 않았다. 그러자 태양이 다시 말했다.

"나는 망치 없이는 돌아가지 않겠어."

그러자 그가 말했다.

"예, 자맥질을 할 줄은 알아요. 그렇게 원하시면 제가 가서 망치를 찾아오도록 해보죠."

태양은 그가 망치를 찾아올 수 있다면 그에게 초자연적인 힘을 주겠다고 약속했다. 그는 물 속에 뛰어들었다. 그러자 태양은 바다의 물살이 거세어지도록 했다. 그리고 찬 바람을 불러들여 물이 얼어붙게 했다. 갑자기 날씨가 추워지면서 바다에는 한길이나 되는 두께의 얼음이 얼어붙었다. 그는 혼잣말로 중얼거렸다.

'이제 너는 죽었다.'

태양은 얼음사이에 갇혀 꼼짝도 하지 않는 그의 배를 버리고 집으로 돌아왔다. 그리고 딸들을 만나서 이렇게 말했다.

"사위를 잃어버리고 말았어. 그리고 내가 아끼던 망치도 함께 잃어버렸어."

그가 망치 이야기를 하는 순간 딸들은 무슨 일이 일어난는지 짐작할 수 있었다. 하지만 태양의 생각과는 달리 그 젊은이는 망치를 찾을 수 있었다. 그는 망치를 찾은 뒤 배가 있는 쪽으로 돌아왔다. 그러나 물 밖으로 나오려는 순간 얼음에 갇혀 물 밖으로 나올 수 없음을 알았다. 그는 얼음이 깨어진 틈을 찾다가 마침내 아주 작은 틈새를 발견하였다. 그리고는 몸을 물고기의 형태로 변화시켜서 그 틈으로 나와 본래 모습을 회복했다.

젊은이는 망치를 들고 태양의 집으로 돌아갔다. 태양은 불 앞에 앉아 있었는데 눈을 감은 채 몸을 녹이고 있었다. 젊은이는 망치를 꺼내어 그를 향해 정면으로 집어 던졌다. 그리고는 말했다.

"이제부터는 소중한 물건이라면 조심해서 다루시오."

잠시 후 그는 말을 이었다.

"그리고 이제 나를 죽이려는 노력은 그치는게 좋을거요. 다시 나를 죽이려 한다면 내가 당신을 죽이고 말거요. 내가 보통 사람 같아 보여요? 당신은 나를 이길 수 없어요."

태양은 아무 말도 할 수 없었다. 그날 밤이 되어서야 태양은 그의 사위에게 말했다.

"매일 아침 무슨 새소리가 들리는데 그 소리가 너무 아름다워 그 새를 내가 가질 수 있다면 정말 좋겠어."

젊은이가 물었다.

"무슨 새인지 아세요?"

태양이 대답했다.

"나는 무슨 새인지 모르겠어. 내일 아침 일찍 일어나서 보면 알 수 있을거야."

그 젊은이는 새를 잡아주기로 마음먹었다. 이튿날 아침에 그는 매우 일찍 일어났다. 그리고는 밖에서 들려오는 새소리를 들을 수 있었다. 그 새는 바로 뇌조(雷鳥 ; 몸빛이 여름에 흑갈색 바탕에 황갈색 반점이 있으나, 겨울에는 흰색으로 바뀌고 꽁지는 짧음)라는 것을 쉽게 알 수 있었다. 그는 밖에 나와 속으로 말했다.

"새야, 이리로 와."

그러자 새는 그가 있는 쪽을 향해 내려왔다. 새가 상당히 가까워졌을 때 그는 새를 쏘아 맞추었다. 그는 태양이 일어나기를 기다렸다. 그러면서 젊은이는 새에게 이렇게 말했다.

"이 집 주인이 너를 보고 싶어해. 두려워하지마. 아무도 너를 해치지 못할거야. 이 집 주인은 나를 죽이려고 한 적이 몇 번 있었지만 실제로는 내게 아무것도 하지 못했거든. 내가 너를 보호해줄 테니까 아무것도 두려워할 필요가 없어. 그저 나의 부탁 한 가지만 들어주면 돼."

새는 젊은이가 하는 말을 이해했다. 그는 이어서 말했다.

"해가 지고 나면 나는 태양에게 말해서 너를 그의 가까이에 두게 할거야. 그러면 너는 그의 곁에 앉아 있다가 그가 잠들고 난 뒤 그의 눈알을 쪼아내는거야."

태양이 일어나고 나자 그는 새를 데리고 집에 들어갔다. 그는 말했다.

"내가 새를 잡았어요. 장인어른께 드릴테니 잘 다루세요. 아마 아침마다 일어날 시간이 되면 그 새가 알려줄 거예요. 잠자리에 들

때면 그 새를 머리맡에 두세요. 그러면 아침에 아름다운 목소리로 장인어른을 깨울 거예요."

그날 밤 태양은 사위의 말대로 새를 머리맡에 두고 잠자리에 들었다. 그가 잠들자 새는 살짝 그의 눈을 쪼아냈다. 아침 일찍 그는 새의 노랫소리를 들고 잠이 깨었다. 잠이 깬 그는 눈을 뜨려고 했지만 웬일인지 눈이 떠지지 않았다. 그는 사위를 불러 말했다.

"새가 내 눈을 멀게 만든 모양이야."

그 말을 들은 사위가 말했다.

"왜 애초에 새를 원하셨어요? 새가 착하리라고 생각하셨나요? 그놈은 나쁜 새예요. 장인어른의 눈알을 쪼아낸 모양이예요."

그는 새를 들고 집 밖에 나가 새에게 시킨대로 잘 해주어 고맙다는 인사를 했다. 그리고는 새를 날려보냈다.

태양이 일과를 시작할 시간이 되자 말했다.

"앞이 보이지 않으니 길을 가다가 여러 번 넘어지겠는 걸."

4일간 그는 집에 머물러 있었다. 그는 먹지도 않고 매우 슬퍼했다. 그것을 본 사위는 그의 눈을 고쳐주어야겠다고 마음먹었다. 그의 나쁜짓을 벌주어야겠다고 생각해서 그런 일을 했지만 갑자기 그가 불쌍하다는 생각이 들었다. 그는 물을 좀 떠온 뒤 장인에게 말했다.

"당신 눈을 고쳐주겠어요."

그는 장인의 얼굴에 물을 뿌렸다. 그러자 당장 그의 눈은 원래의 모습으로 돌아왔다. 그가 말했다.

"이제는 내가 무슨 힘을 지니고 있는지 알겠죠? 내가 연어의 나라에 있었을 때 나는 늙은 연어가 목욕하는 물에서 함께 목욕을 했어요. 그 물은 젊음을 되돌려주는 물이었어요. 그 뒤로는 내가 닦는 물은 모든 것을 젊고 건강하게 만들어 주지요"

그날 이후로 태양은 젊은이에게 어떠한 해를 끼칠 엄두도 내지 못했다.

마침내 젊은이는 고향으로 돌아가고 싶어졌다. 그는 집을 떠나 하늘에 뚫린 구멍을 통해 밑으로 뛰어내렸다. 물 속에 있던 그의 부인은 그가 독수리 깃털로 바꾸어 부드럽게 땅위에 내려앉는 것을 볼 수 있었다. 그러자 그녀의 아버지는 그녀에게 빨리 뭍위로 올라오라고 했다.

그녀는 최대한 서둘러 그가 땅에 내려앉을 무렵에 그녀도 뭍으로 올라올 수 있었다. 그는 먼저 동생을 만나보았지만 동생은 형을 알아보지도 못했다. 생각해보니 그는 하늘에 일 년 동안이나 머물러 있었던 것이었다.

벨라쿨라(Bellacoola)족, 북서부 해안지역

'커텐 뒤에 버려져'와 '우물 속에 버려져'

옛날 어떤 곳에 한쌍의 부부가 살고 있었는데 마침 부인은 임신 중이었다. 어느 날 남편이 사냥을 하러 가고 부인 혼자 있을 때 '붉은 여인'이라는 이름의 사악한 여자가 그 집에 와서 부인을 죽이고는 만삭이 다 된 배를 갈랐다. 그녀의 뱃속에서는 다 자란 아기가 나왔는데 쌍둥이였다.

그 여자는 한 아기는 집 안의 커텐 뒤에, 또 한 아이는 우물 속에 던져 버렸다. 그리고는 부인의 몸에 막대기를 꽂아 땅 위에 똑바로 세워 놓았다. 그리고는 그녀의 윗입술을 살짝 그을려서 마치 웃으며 서 있는 느낌이 들게 했다.

사냥을 갔다가 사슴을 잡아 힘겹게 집으로 끌고 오던 남편은 부인이 집 현관에서 웃으며 서 있는 것을 발견했다. 그는 짜증스런 목소리로 말했다.

"나는 지금 힘들어 죽겠어. 배도 고프고 말이야. 왜 말도 않하고 그저 웃고만 있는거야?"

그러면서 부인을 툭 건드렸다. 그러자 그녀는 뱃속을 드러내 보이며 쓰러져 버렸다. 그는 놀라서 그녀를 끌어안았지만 그녀는 이미 죽어 있었다. 그는 그것이 '붉은 여인'의 짓이라는 것을 대번에 알 수 있었다.

그리고 난 뒤 얼마 지나지 않은 어느 날 밤, 그는 혼자서 식사를 하고 있는데 어디에선가 사람 소리가 들려왔다.

"아버지, 제게도 먹을 것 좀 주세요."

그는 밥을 먹다말고 주위를 둘러보았지만 아무것도 눈에 뜨이지 않았다. 그는 식사를 계속했다. 그런데 잠시 후 똑같은 목소리가 또 들려왔다. 마찬가지로 먹을 것을 달라는 소리였다. 그가 말했다.

"네가 누군지 몰라도 이리 나와서 나와 함께 식사를 하자. 나는 불쌍하고 외로운 사람이야."

그러자 커텐 뒤에서 한 어린 소년이 나왔다. 그날 이후로 그들은 함께 살았으며 그 아이의 이름은 '커텐 뒤에 버려져'로 붙여졌다. 낮에 그가 사냥을 하러 가면 아이는 혼자 집을 지키곤 했다. 그러던 어느 날 소년이 말했다.

"아버지, 제게 활 두 개하고 화살 좀 만들어 주세요."

그는 아들에게 왜 활이 두 개나 필요한지 물어 보았다. 소년이 말했다.

"번갈아 가면서 쏘게요."

그는 아이를 위해 활 두 개를 만들어 주었다. 하지만 활을 두 개나 필요로 하는 데에는 뭔가 이유가 있으리라 생각하고 아이가 활을 가지고 무엇을 하는지 살펴보기로 했다. 그런 마음을 먹고난 지 얼마 지나지 않은 어느 날의 일이었다. 그는 아이의 행동을 지켜보기로 마음먹고 아침 일찍 일어나 집을 나섰다. 그리고는 집 뒤 언덕에 올라가 아이를 지켜보았다. 시간이 좀 흐르자 집 근처에서 비슷한 나이의 두 소년이 화살을 쏘는 것을 볼 수 있었다.

저녁에 집으로 돌아온 그는 아들에게 물어 보았다.

"이 근처에 네 또래의 아이가 보이던데 누구니?"

아들이 대답했다.

"집 앞 우물에 사는 아이예요."

그가 말했다.

"그러면 그 애도 데려다가 함께 살면 좋겠네."

그 말에 아들이 다시 말했다.

"그럴 수는 없어요. 왜냐하면 그 애는 꼭 수달처럼 날카로운 이빨이 있거든요. 하지만 아버지가 생가죽으로 된 옷을 만들어 주신다면 데려올 수 있을지도 모르겠어요."

그들은 그 아이를 데려올 계획을 짰다. 아버지가 말했다.

"나는 집 안에 가만히 있을테니 그 아이에게 내가 집에 없다고 말해."

아들은 우물가에 가서 그 소년을 불렀다. 그 소년의 이름은 '우물 속에 버려져'였다.

"이리 나와. 화살도 쏘고 나하고 놀자."

'우물 속에 버려져'는 고개만 내밀고 '무슨 냄새가 나'라고 말하며 나오기를 주저했다.

'커텐 뒤에 버려져'가 말했다.

"아니야, 그럴 리가 없어. 아버지는 집에 안계신 걸."

그러자 잠시 후 '우물 속에 버려져'는 우물에서 나와 '커텐 뒤에 버려져'와 함께 놀았다. 그들은 표적을 정해 누가 더 화살을 잘 쏘는지 내기를 하기로 했다. 그러다가 '우물 속에 버려져'가 표적 근처에 가서 얼마나 정확히 쏘았는지 몸을 굽혀 살펴보는 순간, '커텐 뒤에 버려져'가 그를 뒷쪽에서 붙잡아 팔을 몸 뒤쪽으로 꺾었다. '우물 속에 버려져'는 놀라서 '커텐 뒤에 버려져'를 물어 버리려 했지만 그는 가죽옷을 입었기 때문에 아무 소용이 없었다.

그것을 본 아버지가 집에서 달려나와 '커텐 뒤에 버려져'를 도와 주었다. 그러자 우물 속에서는 '우물 속에 버려져'를 돕기 위해 물이 쏟아져 나왔다. 하지만 그들은 그를 끌고 물이 닿을 수 없는 산 위로 올라가 버렸기 때문에 물이 쏟아져 나와도 어쩔 도리가 없었다. 그들은 산에서 그의 코 밑에다 향을 피웠다. 그러자 그는 곧 인간으로 돌아왔다. 그날부터 그 세 남자는 함께 살았다.

어느 날 아이 중 한 명이 말했다.

"이제는 엄마를 깨울 때도 된 것 같아요."

그들은 어머니의 무덤으로 가서 이렇게 외쳤다.

"엄마, 돌냄비가 떨어져요."

그러자 아이들의 죽은 엄마는 몸을 조금 움직였다.

"엄마 가죽 화장대가 부서져요."

그러자 그녀가 일어나 앉았다.

"엄마, 맷돌이 떨어져요."

그러자 그녀는 머리를 손질하기 시작했다. 그녀가 말했다.

"내가 무척 오랫동안 잠이 들었던 모양이야."

그녀는 아이들과 함께 집으로 왔다.

아버지는 아이들에게 집 근처에 있는 강가에는 절대로 가지 말라고 했다. 거기에는 늙은 여자가 사는데 그녀는 끓는 물이 들어 있는 솥을 가지고 있다가 무엇이든 살아 있는 것이 가까이 가기만 하면 솥을 기울여서 끓는 물에 데어 죽게 만든 뒤 먹어 버린다는 것이었다.

그 이야기를 들은 두 소년은 호기심이 생겼다. 그들은 결국 그 여자를 보러 강가로 나갔다. 그녀가 사는 곳에 이르렀을 때 마침 그녀는 잠들어 있었다. 그들은 그녀의 솥을 훔쳐낸 뒤 그녀를 깨우며 말했다.

"할머니, 이런 곳에서 솥이 왜 필요하죠?"

그러면서 그들은 그녀가 대답할 여유도 주지 않고 솥을 기울여 끓는 물을 부어 버렸다. 그러자 그녀는 그 물에 데어 죽고 말았다. 그들은 솥을 집으로 가져와 어머니께 드렸다.

아버지는 그들을 보고 시키지 않는 짓은 다시는 하지 말라고 꾸짖으며 말했다.

"언덕 저편에는 아주 고약하고 나쁜 놈이 사는 모양이야. 나는 그 놈이 어떤 놈인지 알고 싶지도 않아. 너희들도 그쪽에는 갈 생각도 하지마."

그들은 거기에 사는 것이 무엇인지 알고 싶었다. 그래서 결국에는 언덕 위로 올라가 꼭대기에 얼굴을 내미는 순간 갑자기 심한 회오리 바람이 불어 그들은 그 속으로 빨려 들어갔다. 언덕 너머 사는 것의 입김에 의해 단숨에 그들은 뱃속으로 빨려 들어갔다. 그들은 주위를 둘러보았다. 사람도 많았고 동물도 많았다. 그런데 다들 이미 죽어 있거나 죽어가고 있었다.

그 놈은 알고 보니 커다란 악어같이 생긴 뱀이었다. 그들은 뱀의 콩팥을 건드리며 그것이 무엇인지 물어 보았다. 그러자 뱀이 대답했다.

"그건 나의 약이 나오는 주머니야. 건드리지마."

그들은 뱀의 뱃속을 지나가다 심장을 보고 그게 무엇인지 물어 보았다. 그러자 뱀은 툴툴거리며 말했다.

"거기는 내가 계획을 세우는 곳이야."

그들이 다시 물어 보았다.

"당신도 계획을 세워요? 정말이예요?"

그리고는 대답도 듣지 않고 심장을 칼로 찔러 뱀을 죽여 버렸다. 그들은 뱀의 갈삐뼈를 갈라 그 속에 갇혀 있던 것들을 풀어 주고는 뱀의 심장을 한 조각 잘라 자신들의 아버지에게 가져다 주었다.

뱀의 심장을 본 그 아버지는 또 그들을 꾸짖으며 삼각형 모양의 땅에 나무 세 그루가 서 있는 곳에는 가지 말라고 말했다. 거기 있는 나무들은 그 밑에 누가 들어서기만 하면 갑자기 가지를 땅으로 내려뜨려 눌러 죽여 버리고 만다는 것이었다.

어느 날 두 소년은 그 나무가 있는 곳으로 갔다. 그들은 잽싸게 달리다가 갑자기 멈추곤 했기 때문에 나무들이 가지를 갑자기 내려뜨려도 그들을 맞추지 못하고 땅만 치는 것이었다. 그들은 나무 사이를 뛰어다니다가 아예 나무 위로 뛰어 올라갔다. 그리고는 나뭇가지를 다 부러뜨려 다시는 살아 있는 것을 해치지 못하게 만들어 버렸다.

두 소년은 아버지께 또 혼이 났다. 그들을 꾸짖으며 아버지는 산속에 있는 집에는 절대로 가지 말라고 말했다. 거기에는 뱀들이 사는데 그 놈들은 사람들이 자고 있을 때 항문을 통해 사람의 몸속으로 들어와 버린다는 것이었다. 그들은 다시 한번 아버지가 하지 말라는 것을 하기로 했다. 그래서 산 속의 집으로 갔고 거기에 도착하자마자 뱀들이 그들을 환영했다. 그들은 뱀이 사는 집에 들어가면서 평평한 돌을 구해 들고 들어갔다. 그들은 자리에 앉을 때면 항상 그 돌을 깔고 앉았다.

그 집에 들어가서 시간이 조금 지나자 뱀들은 화톳가(장작을 모아 놓은 불)의 기둥에 머리들을 얹고는 말잇기 놀이를 했다. 그 중 하나가 이렇게 말했다.

"이슬비가 내리고 비를 피할 지붕이 있으면 잠자기 아주 좋지."

그 말에 소년이 대꾸했다.

"소나무 밑에 누워 소나무 가지 사이로 산들바람이 불어올 때면 잠들기 아주 좋지."

그러다가 뱀 한 마리만 남겨 두고 모든 뱀들이 잠이 들었다. 잠들지 않은 뱀은 소년들의 몸 속에 들어가려고 여러차례 시도를 하지만 평평한 돌 때문에 성공하지 못했다. 그날 밤에 두 소년은 그 뱀을 제외한 나머지 뱀들을 모두 죽여 버렸다. 그리고 살아 있는 뱀을 들고는 절벽에 가서 뱀의 머리를 절벽에 문질렀다. 그래서 오늘닐 뱀들은 닙작한 머리를 가지게 되었다.

집으로 돌아오자 아버지는 그들을 또 혼내면서 말했다.

"강가에 뚝이 가파르게 만들어져 있는 곳은 수심도 깊다. 그런 곳에는 나쁜 사람이 있어. 너희들이 그 근처에 가기만 하면 그는 너희들을 둑 밑으로 밀어넣어 물 속에 있는 자기 아버지의 밥으로 만들거야."

결국 그들은 그곳에 가기로 했다. 그런데 출발하기 전에 그들은 마른 풀로 머리띠를 했다. 강둑 근처에 다다르자 그들은 서로에게 말했다.

"그놈이 뒤에서 밀려고 하면 그 순간 땅에 납작하게 엎드리는 거야."

강가에 있던 사람은 그들이 오는 것을 몰래 보고 있다가 갑자기 뛰어나와서 그들을 강물 속으로 밀었다. 하지만 그가 미는 순간 소년들은 재빨리 땅에 엎드렸다. 그러자 그들을 향해 몸을 날렸던 그 사람은 그들의 머리띠를 잡아 채었지만 아무 소용이 없었다. 그는 혼자 물 속에 뛰어든 꼴이 되었다. 그러자 물 속에 있던 그의 아버지는 영문도 모르고 그를 잡아먹었다.

소년들이 집으로 돌아가 자신들이 한 일을 이야기하자 그 아버지는 화를 내었다. 그러면서 말했다.

"불붙은 신발을 신고 다니는 이가 있단다. 조심해야 돼. 그는 자기 마음대로 세상을 돌아다니면서 아무것이나 닥치는 대로 태워 버리는 모양이야."

그 말을 들은 소년들은 이 사람이 어디에 사는지 알아내고 말았다. 그리고 어느 날 그가 나무 밑에서 잠들어 있는 사이에 그의 신발을 훔쳐 각각 한 짝씩 신었다. 그리고는 그를 깨워 그에게 달려들었다. 그는 몸에 불이 붙었고 결국 연기가 되어 없어져 버렸다. 그들은 그 신발을 집으로 가지고 왔다.

그들이 집에 돌아오자 아버지는 그들이 나쁜 것들을 너무나 많이 죽였기 때문에 그들에게 무슨 특별한 일이 생길 징조가 보인다고 말했다. 그리고 난 뒤 얼마 후 그들이 계곡을 걸어가고 있을 때 갑자기 몸이 공중으로 솟아오르는 것을 느꼈다. 얼마동안 공중을 여행한 뒤에 그들은 어떤 높은 산 정상에 내려 앉게 되었다. 그 산은 아주 험해 보였는데 정상 근처에는 커다란 호수가 감싸고 있는 묘한 곳이었다. 그들이 내려 앉자 거기에 있던 천둥새가 말했다.

"너희들을 여기까지 데리고 온 장본인은 바로 나야. 그런데 나는 호수에 살고 있는 커다란 수달을 죽이고 싶어. 그놈은 내 새끼들을 다 잡아먹어 버렸는데 내 힘으로는 그 녀석을 어쩔 도리가 없어."

두 소년은 화살을 만들었다. 그리고 마른 소나무 가지들을 긁어 모아 불을 지펴서 돌을 달구기 시작했다. 잠시 후 그들은 수달을 볼 수 있었다. 수달은 그들을 보자 곧 다가왔다. 그들은 수달이 입을 벌리는 순간 입 속으로 화살을 쏘았다. 하지만 수달은 끄떡도 않고 그들을 향해 다가왔다. 그래서 다시 뜨겁게 달구어진 돌을 수달의 목구멍 속에다 던져 넣었다. 돌이 목구멍을 넘어 뱃속으로 들어가자 수달은 몸을 꼬더니 죽어 버렸다. 그들은 공중을 날아 집 근처 어떤 곳에 내려졌다. 그 후로도 그들은 오래오래 살았다.

크라우(Crow)족, 대평원

더러운 아이

어떤 지역에서 사람들이 커다란 마을을 이루어 함께 살고 있었다. 그 마을 족장에게는 아름다운 두 딸이 있었다. 그런데 두 딸 모두 결혼할 나이가 되었지만 아직 못하고 있었다. 수많은 젊은이가 청혼을 했지만 그들은 모두 거절하는 것이었다. 족장은 걱정이 되어 혼잣말을 했다.

"내 딸들은 누구와 결혼하고 싶은거야? 도대체 모든 사람을 다 싫어하니 어찌해야 좋을까?"

하늘에 있던 태양과 별 남매는 그 마을에서 일어나는 모든 일들을 다 지켜보았다. 오빠인 태양이 동생인 별에게 말했다.

"족장의 딸들이 좋은 친구들을 싫다고 다 거절하는구나. 우리가 내려가서 문제를 해결해주고 오는 것이 좋겠어."

그들은 옷을 만들어 입고 밤에 그들의 마을로 내려왔다.

어둠 속에서 그들은 마을 한 구석에 집을 지었다. 집은 매우 낡아 무척이나 가난한 사람들의 집 같았다. 기둥은 매우 낡고 나쁜 것이었다. 지붕은 얇은 천으로 만들었는데 그나마 누더기인 데다가 곳곳에 구멍이 뚫린 것이었다. 마루는 낡고 말라빠진 잡목과 풀로 대신했다. 침대도 마찬가지였다. 그들의 이불은 낡아빠진 돗자리와 낡아서 못입게 된 옷으로 만든 것이었다. 그릇은 나무 껍질로 엉성하게 만든 것이었다. 이런 식으로 그들은 집을 지었다. 그리고 그 집에 걸맞게 별은 누더기를 입은 채 늙은 할머니의 모습을 했고 태양은 눈병이 있는 지저분한 소년의 모습을 했다.

다음날 아침이 되자 마을의 여자들은 새로운 집이 지어져 있는 것을 보고 누가 왔나 궁금해 했다. 그들은 그 집을 살짝 엿보고는 돌아가 이렇게 말했다.

"밤 사이에 어디서 아주 가난한 사람들이 온 모양이야. 집이 아주 형편없어. 가족이란 눈병이 난 지저분한 아이와 누더기를 걸치고 있는 늙은 할머니뿐이야."

한편 족장은 자신이 나서서 사윗감을 골라야겠다고 결심했다. 그는 나흘 뒤에 활쏘기 대회를 열기로 했다. 그는 마을에 방을 붙어 활쏘기 대회는 모든 남자가 다 참여할 수 있으며 그 대회에서 우승하는 자에게는 자기 딸을 주겠노라고 발표했다. 그 발표를 들은 마을의 젊은이들은 모두들 들떠서 잠을 이루지 못했다. 이윽고 대회를 하루 앞두고 족장의 신하는 마을 젊은이들에게 대회를 알리고 다녔다.

"내일 아침 열리는 대회에는 누구나 참여할 수 있소. 모두 화살 두 개씩 쏘게 될거요. 누구든 마을 끝의 큰 나무 위에 둥지를 틀고 있는 독수리를 맞추는 이는 족장의 딸을 아내로 맞을 수 있소."

마침 그 마을에 있던 코요테는 그 소리를 듣고 기분이 좋았다. 그는 자신이 그 독수리를 쏘아 맞출 수 있으리라고 생각했다. 다음날 아침 독수리가 하늘을 맴도는 것이 눈에 뜨였다. 하늘 높이 날던 독수리가 낮게 내려오기 시작하자 사람들은 흥분했다. 그것은 마을 끝에 있는 나무 위에 내려 앉았다. 젊은이들은 화살을 쏘아 그것을 맞추려고 했다. 물론 모두들 화살은 두 개씩 가지고 있었다. 그런데 그 전날 밤 태양은 별에게 이렇게 말했었다.

"할머니, 활과 화살을 좀 만들어 주세요."

그녀가 말했다.

"뭐에 쓰려고 그러니? 너는 활 쏠 줄 모르잖아? 그리고 화살을 만져본 적도 없잖니?"

그가 대답했다.

"한번 해 보려고요. 내일 시합에 저도 참가할 생각이에요. 족장이 하는 얘기를 들었어요."

그녀는 그의 말을 들어주기로 하고 버드나무 숲으로 가서 화살과 활을 만들 가지를 잘라왔다. 그녀가 만든 활과 화살은 그리 좋은 것이 못되었다. 재료로 쓴 나무도 별로였고 화살에 깃털도 달지 못했다.

한편 독수리가 나타났을 때 코요테는 다른 사람이 새를 쏠까 두려워한 나머지 이렇게 소리질렀다.

"내가 제일 먼저 쏘겠소. 내가 독수리를 쏘아 맞추는 것을 보시오."

그의 화살은 나무의 맨 아랫부분 가지를 맞추고는 떨어져 버렸다. 그는 사람들의 웃음거리가 되고 말았다. 그는 다시 말했다.

"실수였소. 화살에 문제가 있었던 거예요. 다시 쏘면 반드시 독수리를 맞출거요."

그는 다시 화살을 쏘았지만 두번째 쏜 것은 아예 첫번째 쏜 것에도 미치지 못했다. 그는 화가 나서 다른 사람의 화살을 잔뜩 꺼냈다. 그는 화살을 따 쏘아 버릴 심산이었다. 사람들이 그것을 보고는 그에게서 화살을 빼앗으며 말했다.

"화살 두 개씩만 쏘게 되어 있는 것 몰라요?"

사람들은 순서대로 화살을 쏘았지만 아무도 맞추지 못했다. 마지막 사람까지 다 쏘았을 때 태양이 말했다.

"할머니, 화살 좀 쏘게 문을 조금만 걷어올려 주세요."

그러자 그녀가 말했다.

"이녀석아! 그전에 침대에서 먼저 일어나야지."

그녀가 문을 살짝 걷어올려 주자 그는 화살을 쏘았다. 화살은 힘 있게 날아올라가 독수리의 꼬리를 맞추었다. 사람들은 화살이 '더러운 아이'의 집에서 날아오는 것을 보았지만 누가 그 화살을 쏘았는지는 알 수 없었다. 그들은 궁금했다. 그때 그는 다시 화살을 하나 더 쏘았고 그 화살은 독수리의 심장을 정확히 꿰뚫었다.

그 소년이 화살을 쏘았을 때 그 집 근처에는 몇몇 사람이 있었다. 그중에 이리도 있었는데 그는 자기가 화살을 쏘았다고 우기고 싶어졌다. 그래서 그는 '내가 새를 맞췄다'라고 소리를 지르며 새를 집으러 뛰어갔다. 하지만 할머니 별이 그보다 훨씬 잘 달렸다. 그녀는 어느새 새를 집어서 족장에게로 갔다. 그녀는 자기 손자가 독수리를 쏘아 맞추었으니 족장의 딸을 손자에게 주어야 한다고 주장했다. 그것을 본 마을사람들이 하나 둘씩 모여들기 시작했고 어떤 이는 '더러운 아이'라고 놀리기도 했다. 사람들은 말했다.

"그 아이는 몸을 움직이지도 못한대. 그 애는 몸에 이투성이인데다 눈에는 병이 있고 옴이 올랐는지 얼굴에는 딱지투성이래."

족장은 그런 사람에게 자기 딸을 주기가 싫었다. 그는 '더러운 아이'가 걷지 못한다는 사실을 알고 그것을 이용해서 꾀를 내기로 했다. 그가 말했다.

"내일 시합을 다시 한번 열겠소. 내일이 마지막이오. 내일 시합에서 이기는 자에게 진짜로 내 딸을 주겠소."

그는 시합에 참가할 모든 남자들은 그 다음날 담비를 잡을 덫을 두 개씩 놓으라고 말했다. 그런데 담비는 그 마을이 있는 곳에서는 무척이나 귀한 동물이었다. 시합에 참가한 사람 중 첫날 밤에 그 귀한 담비를 한 마리라도 잡는 이는 산속에 하루 더 머물러 한 마리 더 잡을 기회를 가질 수 있었다.

그렇게 이틀을 머문 뒤에 산에서 내려오는 것이었다. 하지만 첫

날 밤 아무것도 잡지 못한 이는 그 다음날 당장 내려와야 했다. 덫은 한 사람당 정확히 두 개씩만 가지도록 허용되었다. 그리고 담비는 밝은 색과 어두운 색 하나씩 그것도 최고로 좋은 가죽을 가진 것을 잡아와야 했다. 마을의 모든 젊은이들이 담비를 잡으러 산으로 떠난 뒤 태양이 누이에게 말했다.

"할머니, 덫 두 개만 만들어 주세요."

그녀가 대답했다.

"먼저 침대에서 일어난 뒤 말해. 이 녀석아!"

하지만 그녀는 손자가 불쌍하다고 생각해서 버드나무 가지로 덫 두 개를 만들어 주었다. 그는 또 할머니에게 부탁했다.

"집 문 양쪽에 각각 하나씩 덫을 놓아 주세요."

하루가 지나자 산에 갔던 젊은이들이 모두 빈 손으로 돌아왔다. 사람들이 돌아오는 것을 보고 별은 자신이 설치한 곳은 어떻게 되었는지 궁금해졌다. 놀랍게도 덫에는 두 마리의 훌륭한 담비가 걸려 있는 것이었다.

오후가 되자 족장은 젊은이들을 모두 불러 모아 담비를 잡은 이가 있는 지 살펴보았다. '더러운 아이'는 물론 보이지 않았다. 그는 걷지 못하니까 산에 가지 못했을 것이고 그러면 아예 담비를 잡을 기회도 없었으리라고 족장은 생각하고 흡족해 하고 있었다. 그런데 그때 '더러운 아이'의 할머니가 나타났다. 그녀의 두 손에는 담비 두 마리가 들려 있었다. 그녀가 말했다.

"담비 두 마리라고 했죠? 내 손자가 잡은 것 두 마리가 여기 있어요."

그녀는 담비를 그에게 건네 주고는 돌아왔다.

한편 코요테는 틀림없이 자기가 담비를 잡을 수 있으리라고 허풍을 떨며 산으로 올라갔다. 그는 덫을 열 개나 가지고 가면서 혼자 중얼거렸다.

"어떤 바보가 덫을 두 개만 놓을까? 열 개 정도는 되야 잡을까 말까 할텐데."

그는 덫 열 개를 모두 설치하고 이틀 밤을 산속에서 보냈지만 아무것도 잡을 수 없었다.

족장은 결국 딸들에게 말했다.

"너희들은 '더러운 아이'에게 시집을 갈 수 밖에 없겠다. 시합을 두 번씩이나 열어 너희들을 구해보려고 했지만 이제 어쩔 도리가 없구나. 내가 한 약속을 또 깨뜨릴 수도 없고 말이야. 가라, 가서 남편과 함께 행복하게 살아라."

그들은 제일 좋은 옷을 입고 길을 떠났다. 길을 가는 도중에 그들은 갈까마귀의 집을 지나가게 되었다. 그런데 그 집에서 그들이 '더러운 아이'에게 시집간다고 비웃는 듯한 웃음소리가 들려왔다. 언니가 말했다.

"얘, 어디 한번 들어가서 그들이 왜 웃는지 물어 보기나 하자."

그러자 동생이 말했다.

"안돼, 언니. 아버지께서 말씀하셨잖아. 곧바로 남편에게로 가라고."

하지만 그 말에는 아랑곳하지 않고 언니는 그 집에 들어가 그 집 장남 곁에 앉았다. 그녀는 그의 부인이 되었다. 물론 다른 모든 갈까마귀와 마찬가지로 그도 추한 모습에 커다란 머리를 가지고 있었다. 하지만 언니는 지저분하고 허약해 보이는 그 소년의 아내가 되느니 차라리 갈까마귀의 아내가 되는 것이 낫겠다고 생각했다.

동생은 할 수 없이 혼자서 길을 갔다. 그녀는 '더러운 아이'의 집에 가서 그의 곁에 앉았다. 할머니는 그녀에게 누구인지, 또 왜 왔는지 물어 보았다. 동생이 대답을 마치자 할머니는 말했다.

"네 남편은 아프단다. 곧 죽을 것 같아. 몸에서 이상한 냄새도 나고. 그러니 너는 네 남편하고 같이 자면 안돼. 저녁이면 친정에 갔다가 낮에 와서 그를 간호하는 것이 좋겠어.”

그 집 근처에 살던 갈까마귀 가족은 그것을 보고 코웃음을 쳤다. 동생이 언니처럼 그렇게 결혼해서 살지 못하는 것에 대해 그들은 화가 나기도 했다. 그들은 오히려 보란 듯이 새며느리에게 훌륭한 옷을 입혔다. 언니의 옷은 구슬, 조개껍질, 사슴의 이빨 등으로 화려하게 장식되었다. 그들은 자기들의 새며느리에게 목걸이도 주었고 시어머니는 또 비취로 만든 도끼 모양의 허리 장식물을 주기도 했다. 하지만 동생은 이런 것을 본 척도 하지 않고 매일 할머니에게 가서 장작을 구하는 것을 돕기도 하고 병든 남편의 시중을 들기도 했다.

3일 동안 계속 똑같은 일을 반복했다. 3일째가 된 날 저녁에 태양이 누이에게 말했다.

“내일쯤에는 사람들이 우리를 알아볼 수 있도록 오늘밤 우리 본래의 모습으로 돌아가면 좋겠어.”

그날 밤 그들은 모습을 바꾸었다. 돗자리 같은 것으로 엉성하게 지어졌던 낡은 집은 훌륭한 가죽으로 지은 새집으로 바뀌었다. 장식이 주렁주렁 달려 있고 기둥 꼭대기에는 화려한 색깔의 장식 리본이 달렸다. 그 집은 그 마을 뿐만 아니라 다른 어떤 종족의 집보다도 훌륭했다.

나무껍질로 만든 낡은 그릇은 훌륭한 구리그릇으로 변했다. 예쁘게 짠 바구니와 수를 놓거나 예쁜 색이 칠해진 가방이 새로이 집안에 놓여지기도 했다. 그리고 할머니는 키가 크고 예쁜 여인으로 변했다. 그녀의 옷은 빛나는 별들이 수없이 달려 있었다. 또한 ‘더러운 아이’는 잘생긴 젊은이가 되어 있었다. 그의 옷은 빛나는 구리가 잔뜩 달려 있었고 그의 머리는 땅에 닿아서 햇빛처럼 빛났다. 다음날 아침 사람들은 새로운 집이 생긴 것을 보고 말했다.

“어디서 부자가 와서는 가난한 사람들이 살던 자리에 집을 지은 모양이야. 거기 살던 노파와 아이는 어디로 갔지, 쫓겨났나?”

한편 소녀는 여느 때와 다름없이 그 집에 왔다가 집이 변한 것을 보고 깜짝 놀랐다. 그녀는 숯한 별이 달린 가죽옷을 입은 여인이 현관에 서 있는 것을 보았다. 그 여인은 머리에도 별이 달려 있었다. 그 여인은 소녀에게 친근한 목소리로 말했다.

“어서 와서 네 남편 곁에 앉으렴.”

그녀는 그제서야 그 여인이 누구인지 알 수 있었다. 집 안에 들어간 그녀는 멋있는 젊은이를 보았다. 그의 옷과 머리는 밝은 태양으로 장식이 되어 있었다. 그녀는 그를 알아보지 못하고 둘러보았다. 그 여인이 말했다.

“저이가 바로 네 남편이야. 가서 남편 곁에 앉아.”

그녀는 정신을 못차릴 정도로 기뻤다.

태양은 부인을 데리고 현관 근처에 놓여진 구리 물병 곁으로 갔다. 그 안에는 물같은 것이 들어 있었는데 아주 밝게 빛나고 있었다. 그는 그녀의 머리를 그 속에 담갔다. 잠시 후 그녀가 고개를 들자 머리카락에 묻은 액체는 그녀의 머리와 몸을 따라 내려가며 반짝이는 작은 별들을 만들어 놓았다.

그는 그녀에게 그 물병을 비우라고 말했다. 그녀가 물병을 기울여 그 속의 액체를 쏟아내자 그 물은 족장의 집을 향해 흘러가며 금가루를 뿌려 만든 것 같은 훌륭한 길을 만들었다. 그때 그는 자신의 아내인 소녀를 보며 이렇게 말했다.

“이 길은 당신이 친정 아버지를 보러갈 때 이용하게 될 길이오.”

오카나곤(Okanagon)족, 고원지대

몰인정한 아저씨

어떤 마을에 '몰인정한 아저씨'라는 이름의 남자가 살았다. 그는 남자 조카가 생기기만 하면 조금 자란 뒤에 모두 죽여 버리곤 했다. 그의 손에 이미 두 명의 조카가 목숨을 잃었다. 두번째 조카가 죽고 나자 그의 부인은 죽은 아이의 어머니에게 가서 말했다.

"혹시 앞으로 아들을 낳게 되더라도 내 남편에게는 말하지 맙시다. 딸이라고 믿게 만드는 거예요. 그러면 아마 그이는 아이를 해치지 않을 것이고 아이는 무사히 자랄 수 있을 거예요."

이런 이야기를 주고 받은 지 얼마 지나지 않아 그 부인은 또 아들을 낳았다. '몰인정한 아저씨'는 조카가 생겼다는 말을 듣고 자기 아내를 보내 아기가 딸인지 아들인지를 확인시켰다. 그녀는 이미 약속했던대로 아기가 딸이라고 말했다. 그 말을 듣고 그가 말했다.

"그 애는 건드리지 않아도 되겠군."

두 여인은 아이를 딸인 것처럼 돌보며 옷까지 여자아이의 옷을 입혔다. 아이가 점점 자라자 여자친구들과 어울리게 하고 또 항상 여자아이들의 몸가짐이나 말씨를 흉내내도록 가르쳤다. 특히 용변을 볼 때는 실수하지 않도록 잘 가르쳤다. '몰인정한 아저씨'는 아이가 자라는 모습을 지켜보면서 남자아이처럼 생긴 것에 조금은 의아함을 느꼈다. 그러던 어느 날 그 소년은 아저씨가 근처에서 지켜보고 있는 것도 모른 채 옷을 갈아입다가 아저씨에게 그만 자신이 사내아이임을 들키고 말았다. 아저씨는 그 길로 집에 와서 부인에게 말했다.

"그런 식으로 나를 속여 보았자 아무 소용없어. 이제는 내가 모든 것을 다 알았으니 말이야. 가서 내 조카녀석을 불러와."

그 불쌍한 여인은 눈물을 가득 머금은 채 조카에게 그 이야기를 전했다. 그리고 그 소년에게 그의 형들의 죽음과 앞으로 그에게 닥쳐올 운명에 대해 이야기를 해주었다. 그 소년의 부모들은 비통한 울음을 터뜨렸다. 아이가 가면 결코 돌아오지 못하리라고 생각했기 때문이었다. 아이는 좀 놀라기는 했지만 오히려 부모보다 의젓했다. 그는 부모에게 걱정하지 말라며 자기는 꼭 건강한 모습으로 돌아올 것이라고 말했다.

"형들에게 장난감은 없었어요?"

그는 떠나기 전에 물어 보았다. 그의 부모는 형들이 쓰던 장난감 상자를 보여주었다. 그 속에는 칼 한 자루, 독수리 깃털 몇 개, 그리고 아주 신 과일이 있었다. 그는 이것들을 주머니 속 깊이 찔러넣고는 아저씨를 만나러 갔다. 그의 아저씨는 그를 반갑게 맞으며 말했다.

"애야, 나무하러 가지 않을래?"

그들은 숲 속으로 들어갔다. 길을 가다가 어떤 큰 나무가 눈에 띄자 그 소년이 말했다.

"아저씨, 여기 좋은 나무가 있어요. 이 나무를 잘라서 돌아가면 되겠어요."

"아니야, 조금 더 가면 좋은 나무가 눈에 띌거야."

아저씨가 말했다.

길을 계속 가다 보니 그들은 숲을 벗어나 평원 같은 곳에 다다르게 되었다.

"아저씨, 돌아가요. 이쪽으로는 더 가봐도 나무가 없겠어요."

소년이 말했다. 하지만 그의 삼촌은 손짓하며 그를 불렀다. 그리고는 조금 더 가면 훌륭한 숲을 만나게 될 것이라고 말했다. 조금 후에 그들은 커다란 통나무를 발견하게 되었다.

"이게 바로 내가 원하던 나무야."

그의 아저씨는 그렇게 소리지르고는 나무를 자르기 시작했다.

"얘야, 저 안에 들어가서 쐐기 좀 집어 주겠니?"

쐐기 하나가 고랑에 떨어지자 그는 조카를 불렀다. 그 소년이 고랑에 뛰어들어가 쐐기를 집는 순간 그는 또 다른 쐐기를 일부러 떨어뜨렸다 그 소년은 다시 쐐기를 찾아야 했고 그러는 사이에 그는 통나무를 밀어 소년이 그 밑에 갇히도록 했다.

"여기 그냥 있어!"

그는 그렇게 말하고는 가버렸다.

그 소년은 당황하여 한동안 어찌할 바를 모르다가 잠시 후 거기서 빠져나갈 방법을 생각해 내었다. 소년은 주머니 안에 있던 신 과일을 생각한 것이었다. 그는 과일을 꺼내 통나무의 갈라진 틈에 문질렀다. 그 과일은 너무나 신 것이어서 곧 통나무는 많이 벌어졌고 그 틈으로 빠져나올 수 있었다.

그는 나무를 한 짐한 뒤 마을로 돌아갔다. 그는 나무를 아저씨의 집 현관 앞에 놓으면 그를 불렀다.

"아저씨, 나무를 해왔어요."

아저씨는 그 목소리를 듣고는 매우 놀랐다. 하지만 자신의 계획이 실패했다는 사실에 화가 나기도 해서 그 소년을 꼭 죽이고 말겠다고 다짐을 했다. 그때 곁에서 지켜보던 부인이 말했다.

"제발 그 애만큼은 좀 해치지 말아요. 벌써 당신은 그 애 형들을 모두 죽여 버렸잖아요. 이 애까지 죽이게 되면 당신은 나중에 불행한 일을 당하고 말 거예요."

"나는 그 애를 꼭 죽이고 말거야."

그는 잔혹한 눈빛으로 말했다.

그 소년이 집에 도착했을 때 그의 부모는 울고 있었다. 그는 집에 들어가 큰 소리로 말했다.

"울지 마세요! 이렇게 제가 돌아왔잖아요. 아저씨는 저를 해치지 못해요. 아저씨가 저를 어디로 데리고 가더라도 저는 꼭 돌아와요."

그 다음날 아침 삼촌은 또 그를 불렀다. 가기 전에 그는 부모에게 자신은 어떤 해도 입지 않고 건강한 모습으로 돌아올 테니 걱정하지 말라고 말했다. 그의 삼촌은 그를 불러 오리와 오리알을 구하러 가자고 했다. 그들은 오리와 오리알이 많은 몇 군데를 지나갔다. 그럴 때마다 소년은 삼촌에게 말했다.

"아저씨, 여기 있는 것들 가지고 그만 돌아가요."

그러면 그의 삼촌은 또 이렇게 대답했다.

"안돼, 조금만 더 가면 좋은 곳이 있어. 기왕이면 좋은 것을 가지고 가야지."

마침내 그들은 어떤 가파른 절벽에 도착했는데 그 밑으로 오리와 오리알이 수없이 많이 보였다.

"애야, 조심해서 내려가 오리와 오리알을 모아 가지고 빨리 올라와. 가능한 빨리 와야 해."

소년은 한눈에 그곳이 함정임을 알 수 있었다. 그는 손가락 사이사이에 독수리 깃털을 끼움으로써 함정에 대비했다. 소년이 한 두 걸음 밑으로 내딛는 순간 그의 삼촌은 뒤에서 그를 밀어 버렸다.

"그 녀석, 이제는 결코 돌아오지 못할거야."

그의 삼촌은 만족스런 미소를 지으며 돌아섰다. 하지만 그의 생각과는 달랐다. 만일 그가 조금만 더 오래 머물러 아랫쪽을 내려다보았다면 그는 아이가 아래 쪽으로 부드럽게 날으는 것을 보았을 것이다. 독수리 깃털 덕분에 소년은 밑으로 떨어지지 않고 안전한

상태로 기분좋게 공중에 떠 있을 수 있었다. 그는 사뿐히 땅 위에
내려 앉아 원하는 대로 오리와 오리알을 모을 수 있었다. 그리고
난 뒤 그는 다시 독수리의 깃털을 손에 끼고 날개짓을 하듯 팔을
저으며 계곡 위로 올라왔다. 수많은 오리알과 오리를 가지고 아저
씨의 집으로 향했다. 그가 아저씨의 집에 도착했을 때는 이미 해가
져 있었다. 그는 현관에 오리와 오리알을 둔 뒤 소리쳤다.
　"아저씨, 여기 오리하고 오리알 두고 갈께요."
　"뭐라고? 다시 돌아왔단 말이야?"
　그의 삼촌은 깜짝 놀라 소리를 질렀다. 그는 너무 놀란 나머지
몸이 돌처럼 굳어져 버린 것 같았다. 그의 부인은 소년을 이제 그
만 놓아주라고 다시 한번 빌었다.
　"그러지 않으면 당신은 무슨 벌을 받고야 말 거예요."
　그러자 화를 내며 그가 말했다.
　"무슨 재수없는 말이야. 아무도 나를 해치지 못해."
　그는 밤새 잠도 자지 않고 계획을 짰다.
　소년이 반드시 돌아오겠다고 다짐하며 떠나긴 했지만 그의 부모
는 그 말을 별로 믿지 않았다. 그래서 이번에 그가 돌아올 때에도
그들은 울고 있었다. 그것이 소년을 슬프게 했다.
　"왜 그렇게 우세요? 제가 꼭 돌아오겠다고 말했잖아요. 아저씨
가 저를 어디에 데리고 가더라도 저는 돌아올 수가 있다구요. 세상
에 제가 돌아올 수 없는 곳은 아무데도 없어요."
　셋쨋날 밤에 숙모가 와서 자기 남편이 소년을 보고 싶어한다는
말을 전했다. 그는 부모에게 걱정하지 말라고, 곧 돌아오겠다고 말
하고 떠났다. 그의 삼촌은 이번에는 대합을 잡으러 가자고 했다.
그가 말하는 대합은 그 안에 사람도 들어갈 수 있을 정도로 아주
큰 것이다. 그들이 바다에 도착했을 때에는 마침 썰물이어서 그들
은 해변에서 멀지 않은 곳에서 많은 대합을 볼 수 있었다. 소년은

그 대합들을 가지고 돌아가자고 말했다. 그러나 그의 삼촌이 그 말을 들을 리 없었다.

"조금 더 가면 훨씬 좋은 대합이 있어."

그들은 계속 안쪽으로 들어가다가 아주 큰 대합을 발견했다. 그것은 정말 이상하리만큼 큰 것이었다. 그의 삼촌이 말했다.

"애야 이리와서 이걸 들어봐!"

소년이 허리를 구부리는 순간 대합은 입을 벌려 그를 삼켜 버리고 말았다. 그의 삼촌은 이번에는 정말 성공한 것이라고 믿었다. 그는 아무말도 하지 않았다. 하지만 입가에는 만족한 미소를 지으며 여유있게 밖으로 걸어나왔다. 한편 대합 속에 갖힌 소년은 대합의 입을 열어 보려고 있는 힘을 다해 보았지만 대합은 꼼짝도 하지 않았다. 그는 주머니에 있던 칼을 꺼내 들었다. 그 칼로 그는 대합의 힘줄을 조금씩 자르기 시작했다. 얼마후 마침내 대합은 입을 벌렸고 소년은 무사히 빠져 나올 수 있었다. 그는 대합을 몇 개 모아다가 마치 아무일도 없었다는 듯이 그의 삼촌 집 현관 앞에 두고 갔다. 마침 집 안에 있던 그의 삼촌은 조카가 온 것을 보고 흥분해서 거의 정신이 나갈 지경이었다. 그의 부인은 이제는 그를 달래려고도 하지 않고 다만 이렇게 말할 뿐이었다.

"이제는 더 이상 아무 말도 하지 않을 거예요. 제가 이미 말했죠? 당신이 이런 식으로 계속한다면 당신 자신만 고통스러울 뿐이에요."

그 다음날 '몰인정한 아저씨'는 애써 상자를 하나 만들었다.

"그 상자는 뭐하려고요?"

부인이 물었다.

"조카에게 줄 장난감이야."

그가 대답했다. 그날 밤 그는 조가를 불렀다. 집을 나서면서 소년은 부모님께 말했다.

"걱정하지 마세요. 이번에는 좀 오랫동안 가 있을지 몰라요. 그래도 걱정하실 필요는 없어요. 꼭 돌아오고 말테니까요."

조카가 도착하자 그의 삼촌이 말했다.

"애야, 내가 너에게 주려고 장난감 하나를 만들었다. 상자 안에 한번 들어가봐. 상자가 네게 맞는지 보게."

소년은 상자 안으로 들어갔고 크기가 정확하게 맞았다. 그것을 보고 그의 삼촌은 소년이 들어 있는 채로 상자의 뚜껑을 닫아 버렸다. 잠시 후 소년은 자신이 갇혀 있는 상자가 어딘가로 옮겨지는 것을 느낄 수 있었다. 좀 더 시간이 흐른 뒤 파도 소리가 들려오기 시작했다. 소년은 바닷가에 왔다는 것을 알 수 있었다. 상자가 내려지는 느낌이 들더니 누군가 상자를 떠밀어 상자는 물위를 표류하게 되었다. 바닷가는 마침 날씨가 아주 궂었다. 폭풍이 불어올 모양이었다. 파도가 상자 위로 마구 몰아쳤다. 소년은 이제 완전히 길을 잃은 것이라 생각했다. 어디로 가는지도 모르고 얼마나 오래 물위를 떠다녔는지도 몰랐다. 그러다가 마침내 파도가 육지에 부딪히는 소리가 들리자 그는 무척 기뻤다. 파도가 땅에 부딪히는 소리가 점점 커졌다. 그는 땅에 내려설 것에 대비해 정신을 가다듬었다. 그가 타고 있던 상자는 결국 모래사장 위로 올라오게 되었다. 하지만 땅에 내려설 수 있다는 그의 희망도 잠깐, 상자는 다시 물위를 떠가는 것이었다. 이런 경험을 수차례 반복한 끝에 그가 탄 상자는 마침내 어딘가 바닷가에 멈추어섰다. 그는 이번 만큼은 제대로 땅에 닿았다는 것을 느낄 수 있었다.

땅에 닿았지만 자기 힘으로는 도저히 상자 밖으로 나갈 수가 없었다. 상자 안에 누운 채 그는 온갖 생각을 했다. 여기가 어딘가? 여기는 살아 있는 생명이 있기는 한 곳인가? 누가 나를 구해줄 것인가? 다시 파도가 몰아쳐서 바다 위를 표류하게 되면 어떻게 될까? 고향에 있는 사람들은 지금 무엇을 하고 있을까? 이런저런 많은 생각들이 그의 뇌리를 스쳐가고 있을 때, 어디선가 사람 소리가 들렸다. 그것은 여자 목소리였다. 그는 다시 정신을 가다듬었다. 정신을 차린 그가 들은 이야기는 두 여자의 대화였다.

한 여자가 말했다.

"내가 먼저 이 상자를 보았어."

그러자 다른 여자가 말했다.

"아니야, 내가 먼저 보았어."

"틀림없이 내가 언니보다 먼저 보았다구. 그러니까 저 상자는 내 거라구"

처음 여자가 다시 말했다.

"글쎄, 그러면 상자는 네가 가져. 하지만 그 안에 든 것은 내가 가질거야."

다른 여자가 대꾸했다. 그들은 상자를 들어 운반하기 시작했다. 하지만 상자는 생각했던 것보다 훨씬 무거웠다. 그들은 상자 안에 무엇이 들어 있는지 궁금해져서 상자를 내려놓고 뚜껑을 열어보기로 했다.

"이 안에 물건이 여러 개 들어 있으면 그 중 몇 개는 나를 줘야 해."

처음 여자가 아쉬운 듯이 말했다. 또 다른 여자는 그 말에 아무 대꾸도 하지 않았다. 뚜껑을 열어본 그들은 상자 안에 사람이 들어 있는 것을 보고 깜짝 놀랐다. 그 또한 깜짝 놀랐다. 그를 구해준 것은 두 명의 아리따운 소녀였던 것이다. 그들이 사는 곳은 상당히 큰 마을이었는데 사람들도 많았고 모두들 특이한 모습을 하고 있었다. 알고보니 그가 도착한 곳은 '독수리 사람'들이 살고 있는 '독수리 땅'이었다. 그곳에 사는 성인들은 마치 다 자란 독수리처럼 하얀 얼굴을 가지고 있었다. 그리고 마을 곳곳에는 독수리 박제가 여기저기 널려 있었다. 신기하게도 그곳 사람들은 독수리 가죽을 뒤집어쓰고는 독수리로 변하곤 했다. 독수리로 변해서 하늘을 날고 땅에 내려와 독수리 가죽을 벗으면 다시 사람의 모습을 되찾는 것이었다.

족장의 딸이었던 그 소녀들은 그를 데리고 아버지에게로 갔다. 그들은 서로 그를 차지하겠다고 우겼다. 족장은 두 딸의 이야기를 모두 듣고 나더니 언니에게 그 소년을 주었다. 그 날 이후로 그는 그녀와 함께 행복하게 살았다. 하지만 가끔씩 고향 생각이 났다. 고향의 산천, 고향 사람들과 부모님이 그리워지곤 했다. 그리고 그의 삼촌이 부모님을 못살게 굴지도 모른다는 생각을 하면 마음이 아팠다. 그의 부인은 가끔씩 우울해 하는 남편의 모습을 보고 왜 그런지 물어 보았다. 처음에는 아무 말도 않던 그도 결국 그의 부모와 삼촌에 대해 이야기를 하게 되었다. 그의 부인은 좋은 여자였다. 그녀는 남편의 말을 들은 후, 그에게 힘을 내라고 용기를 북돋워 주었다. 그리고는 아버지에게 가서 사정 이야기를 했다. 딸의 이야기를 들은 족장은 사위를 불렀다. 그는 사위에게 자기의 독수리가죽을 입고 하늘 높이 올라가 고향 마을을 찾아보라고 했다. 그리고 고향 마을이 보이거든 부모님을 찾아가 이리로 모시고 오라고 했다. 그는 장인의 말대로 했다. 그는 금방 자신의 고향을 찾을 수 있었다. 그런데 이상하게도 마을 사람들은 모두 보이는데 유독 자신의 부모만이 눈에 띄지 않았다.

이미 해는 뉘엇뉘엇 지고 있었다. 그는 밤 사이에 한가지 방법을 생각해 보기로 했다. 잠시 생각한 뒤 고래 한 마리를 잡아다가 마을 근처 바닷가에 갖다 놓기로 했다. 커다란 고래를 한 마리 갖다 놓으면 마을 사람들이 모두들 나와서 고기를 잘라 가리라고 생각했던 것이다. 이튿날 아침 그가 밤새 갖다 놓은 고래를 처음으로 발견한 사람은 '몰인정한 아저씨'였다. 그는 바닷가에 커다란 고래가 있는 것을 보고는 마을 사람들을 모두 깨웠다. 잠시 후 마을 사람들이 모두 나와서 고기를 잘라 집으로 가지고 갔다. 하지만 그의 부모님들은 나타나지 않았다. 그의 부모님은 고래고기를 가지러 나오는 것이 금지된 모양이었다. 이웃사람들이 그의 부모님께 고기를 갖다주자 그것을 본 삼촌은 그 사람을 꾸짖고 다시는 그런 일을 못하게 하는 것이 그의 눈에 보였다.

'어떻게 저럴 수가 있지? 나는 그가 내 형들을 죽인 것은 용서할 수 있어. 그리고 내 목숨을 노린 것도 용서할 수 있어. 하지만 내 부모님들을 저렇게 대하는 것만큼은 용서 못해.'

그는 이런 생각을 가슴에 품고 사람들이 모여 있는 곳으로 날아갔다. 그는 잠시 동안 사람들 위를 빙빙 돌다가 그의 삼촌을 향해 급강하했다.

"아니, 저 녀석이 내가 족장이고 저 고래가 내 것이라는 사실을 아는 모양이지? 내게 고기를 좀 달라는 것 같아."

이렇게 말을 하며 그는 독수리에게 고기 한 조각을 주었다. 독수리는 또다시 그의 머리 위로 내려왔다. 하지만 그는 웃어넘기며 오히려 그것을 자신의 영광으로 돌리려 했다. 그렇지만 사람들은 오히려 독수리는 재앙을 상징하는 것이기 때문에 독수리 발톱을 조심해야 한다고 경고했다. 독수리가 세번째로 내려올 때는 아예 그의 얼굴 앞까지 내려왔다 그리고 네번째에는 결국 그를 낚아채어 날아가 버렸다.

바닷가에서 멀지 않은 곳에 높다랗고 가파른 바위가 하나 있었다. 독수리는 그 바위의 꼭대기에 그 사람을 내려 놓고 마주 앉았다. 그는 독수리 가죽을 벗고 스스로를 밝히면서 떨고 있는 삼촌에게 말했다.

"나는 내 형들의 죽음에 대해 아저씨를 용서할 수 있어요. 그리고 내 목숨을 빼앗으려는 네 차례의 시도도 용서할 수 있어요. 하지만 내 부모님들을 그렇게 대한다는 것은 도저히 용서할 수 없어요. 이제 그 죄의 대가를 치뤄야 해요. 내가 잡은 고래는 내 부모님과 마을 사람들을 위한 것이지 아저씨 혼자 차지하라는 것은 전혀 아니었어요. 하지만 아저씨는 그것을 혼자 차지하고는 우리 부모님은 아예 근처에도 오지 못하게 했어요. 하지만 그 죄의 대가로는 아저씨를 그냥 죽이지는 않을 거예요. 아저씨 스스로 목숨을 구할 수 있는 기회를 주겠어요. 아저씨가 헤엄쳐서 바닷가에 닿을 수 있으면 살아날 수 있을 거예요.”

하지만 그의 삼촌은 수영을 할 줄 몰랐다. 그는 조카에게 다시 집으로 데려다 달라고 빌었다. 하지만 조카는 들은 척도 하지 않았다. 그는 독수리 가죽을 쓰고 그를 움켜쥐고는 하늘 높은 곳에서 바다로 떨어뜨렸다.

바닷가에 있던 사람들은 이 모든 광경을 다 지켜보았다. 그들은 이런 일이 일어난 까닭을 이해한 듯이 이야기를 나누고 있었다. 그리고는 해가 질 때까지 멀리서나마 그 독수리를 쳐다보았다. 해가 지고 마을 사람들이 모두 돌아가고 나자 그는 독수리 가죽을 벗고 부모님이 살고 있는 집으로 향했다. 그는 부모님을 만나 그동안의 사정 이야기를 해주고 부모님께 ‘독수리 땅’에 가서 함께 살자고 했다. 그러자 그의 부모님들은 흔쾌히 승낙했다. 그 이튿날 아침 일찍 그는 독수리 가죽을 입고 부모님을 모시고 ‘독수리 땅’으로 갔다. 그들은 지금까지도 거기서 행복하게 살고 있다.

코디악(Kodiak)족, 북부 해안지역

태양을 대신한 사나이

옛날 어떤 강 근처에 한 여자가 살았다. 그 여자는 태양과 결혼하고 싶었기 때문에 마을의 젊은 사람들이 청혼을 해도 모두 거절했다. 그녀는 어느 날 태양을 찾아 마을을 떠났다. 한참을 찾아 헤맨 끝에 그녀는 태양을 만나 결혼할 수 있었다. 그녀는 태양의 집에 머문 지 하루만에 아기를 낳았다. 아이는 보통의 아기와 달리 무척이나 빨리 자랐다. 태어난 다음날 말을 하고 걸을 수 있을 정도였다. 며칠이 지나자 아기는 어머니에게 말했다.

"외할아버지하고 외할머니를 뵙고 싶어요."

그러면서 아기는 울음을 터뜨렸다. 그러자 그 여인도 갑자기 고향이 그리워졌다. 태양은 자기 부인이 고향을 그리워하고 아들이 외할아버지와 외할머니를 보고 싶어하는 것을 보고 말했다.

"지구에 내려가서 친정에 다녀오시오. 내 속눈썹을 타고 내려갈 수 있을거요."

그의 속눈썹은 사실 그의 빛이었다. 그는 장인이 살고 있는 그녀의 고향에도 자기의 빛이 닿을 수 있도록 빛을 뿜었다.

지상의 마을에 도착한 아이는 마을의 아이들과 함께 놀았다. 그런데 마을 아이들은 그가 아버지 없는 아이라며 놀려댔다. 그는 울면서 집으로 가 어머니에게 활과 화살을 만들어달라고 졸라댔다.

그의 어머니는 그가 해 달라는 대로 해주었다. 그는 화살이 생기자 그것을 들고 밖에 나가 하늘에 대고 쏘기 시작했다. 그가 처음 쏜 화살은 하늘로 올라가 꽂혔다. 그리고 두번째 화살은 처음 화살의 꽁무니에 맞았다. 그는 그런 식으로 계속 쏘아서 화살의 사슬을 만들었다. 그 사슬은 하늘로부터 그가 서 있는 곳에까지 이어졌다. 그는 그 사슬을 타고 하늘로 올라갔다. 하늘로 올라간 그는 태양의 집을 발견하고 안으로 들어갔다. 그는 아버지에게 아이들이 놀린다며 함께 세상으로 내려가자고 졸랐다. 하지만 그의 아버지는 아이를 달래듯이 말했다.

"안돼. 네가 알다시피 나는 하루종일 수많은 횃불을 관리해야 하잖니? 아침 이른 시간과 저녁 늦은 시간에는 작은 횃불을 태우고, 낮에는 큰 횃불을 태우는 식으로 말이야."

아이는 그래도 우겼다. 아버지는 어쩔 수 없이 세상에 다녀오기로 하고 그동안 아들에게 횃불을 맡기기로 했다. 그는 아들에게 시간에 맞게 횃불을 잘 태우도록 설명해 주고, 잘 하라고 신신당부를 했다.

그 다음날 아침, 아이는 횃불을 태우기 시작했다. 시간에 맞추어 횃불을 계속 바꾸는 일은 상당히 성가신 일이었다. 그는 곧 그 일에 싫증을 느끼고 자기가 가지고 있는 횃불 전부에 한꺼번에 불을 붙여버렸다. 그러자 세상은 매우 뜨거워졌다. 나무들은 불타는 듯했고, 뜨거움을 참지 못한 동물들은 물 속으로 뛰어들었다. 하지만 곧 물도 끓어오르기 시작했다. 세상이 뜨거워지자 그의 어머니는 자신의 담요로 사람들을 덮어주어 그들을 구할 수 있었다. 동물들은 커다란 바위 밑으로 숨었다. 흰 담비는 구멍 속으로 기어들어갔지만 그 구멍은 너무 작아서 그의 꼬리 끝부분은 구멍 밖으로 나와 있었다. 구멍 밖에 있던 꼬리는 그을릴 수 밖에 없었다. 그래서 그 때부터 흰 담비의 꼬리는 까맣게 되었다. 양은 굴 속에 숨을 수 있어서 그의 가죽은 흰 색을 유지할 수 있었다. 제대로 숨지 못했던 동물들은 다 햇빛에 그을려서 까만 피부를 갖게 되었다. 하지만 그 중에도 햇빛에 노출되지 않은 부분은 밝은 색을 유지할 수 있었다. 태양은 세상에서 일어나는 일을 보고는 아들에게 말했다.

"왜 그렇게 했니? 너는 세상에 아무 것도 없으면 좋겠니?"

화가 난 태양은 그를 데리고 하늘에서 내려오면서 말했다.

"너는 밍크가 될거야. 그리고 앞으로 세상 사람들은 항상 너를 잡으려고 쫓아다닐거야."

벨라쿨라(Bellacoola)족, 북서부 해안지역

오르페우스

　태양은 하늘의 한쪽 구석에 살고 있었다. 그러나 그녀의 딸은 지구 바로 위 하늘 한가운데에 살고 있었다. 태양은 매일 하늘에 올라 서쪽을 향해 가면서 중간에 딸의 집에 들러 저녁을 먹곤 했다.
　그런데 태양은 지구에 사는 사람들을 싫어했다. 이상하게도 사람들은 태양을 볼 때면 항상 얼굴을 잔뜩 찌푸리는 것이었다. 그녀는 동생인 달에게 말했다.
　"나는 사람들이 싫어. 사람들은 나를 똑바로 쳐다보지도 않고 항상 얼굴을 찡그린 채 곁눈질로만 나를 쳐다봐."
　하지만 달은 이렇게 말했다.
　"나는 사람들이 좋아. 내가 보기에 사람들은 참 멋있어."
　달빛은 항상 은은하고 부드러웠기 때문에 사람들은 달을 볼 때면 항상 얼굴에 미소를 머금고 있었으니 그가 그런 생각을 하는 것도 당연했다.
　태양은 갈수록 사람들이 싫어져서 결국 사람들을 모두 죽여버려야겠다고 생각하기에 이르렀다. 그래서 그녀는 매일 자기 딸의 집에 들르면서, 그 집 근처에만 다다르면 자기가 내뿜을 수 있는 가장 뜨거운 빛을 내뿜었다.

그러자 곧 세상은 뜨거운 열기로 가득 찼고 사람들은 수백명씩 죽어갔다. 그러다가 사람들이 아예 모두 죽어버리지나 않을까 하는 염려가 생길 지경이었다. 사람들은 '작은 거인들'에게 도움을 청하러 갔다. 그들은, 사람들이 살아남으려면 태양을 죽여야만 한다고 말했다.

'작은 거인들'은 독약을 만들고 두 사람을 뽑아 독사로 만들었다. 그리고 그 두 사람을 태양의 딸이 사는 집 근처에 보내 태양이 오면 그녀를 물어버리라고 했다. 그 둘은 함께 가서 태양이 오기를 기다리며 딸의 집 근처에 숨어 있었다. 그 다음날 태양이 오는 것을 보고 독사로 변한 사람 중 한 명이 그녀를 물어버리려고 다가서는 순간, 그는 태양이 내뿜는 빛에 순간적으로 눈이 멀어 물지는 못하고 그저 독이 섞인 침만을 내뱉을 뿐이었다.

이 뱀은 오늘날까지도 적을 만나면 독이 섞인 침을 내뱉고는 한다. 태양은 뱀이 침을 뱉는 것을 보고는 지저분한 놈이라고 욕하며 딸의 집에 들어가 버렸다. 곁에 있던 또 다른 한명은 어떻게 해보지도 못하고 그저 멀거니 쳐다보다가 돌아왔다.

그래서 사람들은 계속 뜨거운 햇빛 때문에 고생을 하게 되었고, 참다못한 사람들은 다시 '작은 거인들'을 찾아가 도움을 청하였다. '작은 거인들'은 다시 독약을 만들어 주며 사람 두 명을 독사로 만들어 태양의 딸이 사는 집으로 보냈다. 이번에도 태양이 저녁 먹으러 딸의 집에 들릴 때 물어버리게 하려는 것이었다. 하지만 이번에는 지난번보다 뱀도 더 크고 그들이 만든 독약도 성분이 더 강한 것이었다.

그 중 한 뱀은 덩치도 매우 큰 데다가 머리에 커다란 뿔이 달려 있어 사람들은 모두 그가 일을 해 내리라고 생각했다. 하지만 방울뱀으로 변한 다른 사람이 욕심을 내었다. 그는 재빨리 날려가서 그 집 현관 위에 또아리를 틀고 앉았다. 그랬다가 태양의 딸이 어머니가 오는지 보려고 문을 열고 내다보는 순간 그는 벌떡 일어나 그녀를 물어 죽게 했다. 그는 너무 성급했던 나머지 자신이 태양을 기다려야 한다는 사실을 잊어버리고 그만 딸을 물어버렸던 것이었다.

그는 어쩔줄 몰라 하다가 그냥 사람들에게로 돌아왔다. 그의 행동을 지켜보던 다른 뱀도 화가 나서 마을로 돌아와 버렸다. 방울뱀은 그 날 이후로 온순해져서 상대방이 자신을 괴롭히지 않는 한 물지 않게 되었다. 그래서 사람들도 방울뱀을 보면 죽이려고 하지 않고 오히려 기도의 대상으로 삼게 되었다.

하지만 또 다른 뱀은 그 날 이후로 항상 화가 나 있어 사람들에게는 뭔가 불안하고 위험한 존재가 되었다. 그가 사람을 노려보기라도 하면 아예 그 사람의 가족 전부가 죽어버릴 정도였다. 시간이 좀 흐른 후 사람들은 회의를 열어 그를 어떻게 해야할지 의논했다. 사람들은 그가 너무 위험한 존재이기 때문에 비록 그가 본래는 사람이지만 함께 살 수 없다며 그를 마을에서 쫓아내기로 했다.

한편 딸의 집에 온 태양은 딸이 죽어 있는 것을 발견하고는 딸의 집에서 그녀의 죽음을 슬퍼하며 전혀 밖에 나오지 않았다. 태양이 집 안에서 꼼짝하지 않으니 더 이상 사람들은 죽어가지 않았다. 하지만 또 다시 문제가 생겼다. 세상은 온통 어둠이 지배하게 된 것이었다.

사람들은 다시 '작은 거인들'에게 가서 도움을 청했다. 그들은 사람들에게 태양이 집 밖으로 나오게 하려면 저승에 가서 그녀의 딸을 다시 데리고 와야 한다고 말해 주었다. 그들을 그 일을 맡을 일곱 명을 골랐다. 그리고 각각의 사람들에게 한 뼘 길이의 작은 가지와 상자를 하나 가지고 가도록 했다. 그리고 저승에 가서 해야 할 행동에 대해 일러주었다.

그들이 저승에 가면 아마 영혼들이 둥그렇게 원을 그리며 춤을 추고 있을 것이라고 했다. 태양의 딸도 그 틈에 끼어서 춤을 추고 있을텐데 그렇다고 그녀를 그냥 데려오는 것이 아니었다. 영혼들이 춤을 추며 그리는 원의 바깥쪽에 서 있다가 그녀가 춤을 추며 지나갈 때 나뭇가지로 그녀를 치면 땅에 쓰러질 것이고 그러면 그녀를 상자에 넣어 와야 하는 것이었다. 또 하나 조심해야 하는 것은 그들이 돌아와서 딸을 태양에게 줄 때까지 절대로 상자를 열어서는 안된다는 것이었다.

그들은 나뭇가지와 상자를 들고 서쪽으로 칠일간 여행한 끝에 저승에 도착했다. 거기에는 아주 많은 사람들이 있었다. 그리고 이승에서와 똑같이 무도회를 열고 있었다. 그들은 '작은 거인들'의 말대로 원을 그리며 춤을 추고 있었는데 태양의 딸은 다행히도 바깥쪽 원에 있었다.

그녀가 춤을 추며 원을 따라 돌고 있을 때 그들 중 한 명이 이승에서 가져온 나뭇가지로 그녀의 머리를 때렸다. 나뭇가지에 맞은 그녀는 그 사람을 힐끗 쳐다보고는 아무렇지도 않은듯이 계속 춤을 추었다. 그녀가 다시 한바퀴 돌고 오자 다른 사람이 또 나뭇가지로 그녀를 때렸다.

그런 식으로 계속해서 그들은 그녀를 나뭇가지로 내려쳤고, 마침내 일곱번째가 되자 그녀는 원으로부터 떨어져 나와 땅에 쓰러졌다. 사람들은 서둘러 그녀를 상자에 담고는 뚜껑을 꼭 닫았다. 이런 일이 일어나는 동안 다른 영혼들은 아무 것도 눈치채지 못하는 것 같았다.

그들은 상자를 들고 집을 향해 동쪽으로 출발했다. 시간이 좀 지나자 정신을 차린 그녀가 상자 안에서 좀 나가게 해 달라고 빌었다. 하지만 사람들은 들은 척도 하지 않고 묵묵히 길을 갔다. 곧 그녀는 다시 사람들을 부르며 배가 고프다고 하소연을 했다. 그래도 사람들은 아무 내답도 하지 않고 묵묵히 길을 갔다.

잠시 후 그녀는 다시 갈증이 난다며 마실 것을 달라고 했다. 그녀는 무언가 계속 이야기를 했기에 사람들은 그녀의 이야기를 다 알아들을 수는 없었다. 어쨌거나 사람들은 계속 아무 말도 하지 않은 채 길을 갔다. 집에 거의 다 도착했을 때였다. 그녀는 다시 말을 걸며 상자 뚜껑을 조금만 열어달라고 했다. 숨이 막혀 죽을 것만 같다고 정말로 죽어가는 듯한 목소리로 말했다. 사람들은 망설였다. 그들은 그녀가 정말로 죽어버리면 큰일이라는 생각에 결국 공기가 통할 수 있도록 상자 뚜껑을 조금 열어주었다.

그런데 그들이 문을 여는 순간 상자 안에서는 무언가가 날개짓 하는 소리가 나더니 상자 밖으로 나와서 근처의 덤불숲 안으로 들어갔다. 잠시 후 숲속에서 "쿡! 쿡! 쿡!" 하고 홍관조(피리새 ; 멧샛과의 작은 새. 몸길이 19Cm, 울음소리가 아름다워 관상조로 사육)의 소리가 났다. 그들은 이상하다고 생각하며 다시 상자의 뚜껑을 닫고는 마을로 향했다. 그들은 곧 마을에 도착했고 거기서 상자를 열어 본 뒤에야 상자 안이 비어 있음을 알았다.

이 이야기를 통해서 우리는 홍관조가 태양의 딸임을 알 수 있다. 만일 그 사람들이, '작은 거인들'의 말대로 끝까지 상자를 꼭 닫은 채 마을로 돌아왔다면 그녀는 다시 생명을 되찾아 사람들과 함께 살 수 있었을 것이다. 그리고 우리의 다른 친구들도 저승으로부터 다시 데려올 수 있게 되었을 것이다. 하지만 사람들이 그 일을 실패함으로 인해서 그 때 이후로 우리는 죽은 사람을 저승에서 결코 도로 데려올 수가 없게 된 것이다.

태양은 마을 사람들이 그녀의 딸을 데리러 저승으로 떠나는 것을 보고 상당히 기뻐했었다. 그랬던 만큼 그들이 빈 손으로 돌아오자 실망도 컸다. 그녀는 '내 딸, 내 딸' 하며 울기만 했다. 무척이나 슬펐던 그녀는 너무나 많은 눈물을 흘려 세상에는 홍수가 날 지경이었다.

사람들은 그러다가 세상이 아예 모두 물에 잠겨버리는 것은 아닌가 걱정을 했다. 마을 회의를 열어 대책을 상의했다. 오랜 토론 끝에 사람들은 마을에서 가장 매력적인 젊은이를 몇 명 뽑아 태양에게 보내 그녀를 즐겁게 해 주기로 했다. 그녀를 즐겁게 해서 울음을 멈추게 하자는 생각이었다.

선발된 젊은이들은 태양이 있는 곳에 가서 춤도 추고 노래도 열심히 불렀다. 하지만 그래도 그녀는 전혀 거들떠보지도 않고 울기만 했다. 그렇게 오랜 시간을 보낸 후 계속 고개를 숙이고 있던 그녀가 잠시 고개를 든 순간 사람들은 갑자기 노래를 바꾸어 불렀다. 그러자 그녀는 그 때부터 조금씩 즐거움을 느끼기 시작하더니 마침내 슬픔을 잊고 웃기 시작했다.

체로키(Cherokee)족, 남동부 지역

유령의 춤

옛날, 어느 마을에 한 젊은이가 살았다. 그는 마을에서 예쁘기로 소문난 여자와 깊은 사랑에 빠져 결혼까지 하게 되었다. 그는 사랑하는 부인을 위해서라면 그 어떤 일도 거절하지 않고 기꺼이 했다.

그러던 어느 날 그의 부인이 병에 걸렸다. 그는 용하다는 의사는 다 불러다가 온갖 노력을 다 해보았지만 별 효과가 없었다. 그는 큰 영험이 있다는 주술사까지 불렀지만 그 또한 아무것도 하지 못하고 부인은 결국 죽고 말았다.

사람들은 장례를 치르고 영혼에 불을 밝혀주는 의식을 했다.[1] 마을 사람들에게 있어서 그 젊은이는 아주 착하고 친절하였기 때문에 많은 사람들이 와서 부인의 명복을 빌어주었다. 첫날밤은 물론 마지막 날까지 거의 모든 마을 사람들이 와서 함께 밤을 새워주었다. 넷째날 밤에는 죽은 자의 영혼을 위한 또 하나의 의식이 치러졌다. 그 의식이 끝난 뒤에야 마을 사람들은 집으로 돌아갔다.

마을 사람들이 다 돌아가고 나자 그 남자는 죽은 부인을 쫓아서 길을 떠날 준비를 했다. 그 당시 사람들은 죽은 사람의 영혼은 서쪽으로 간다고 믿었기 때문에 그도 서쪽으로 여행할 작정이었다.

---

1) 4일간 잠을 자지 않고 깨어있는 의식(Four Nights' Wake : 죽은 자의 영혼이 저승으로 가는 길을 잘 찾아가도록 도와주는 의식)

그는 그냥 서쪽으로 가면 되리라고 생각하고 무작정 서쪽으로 여행을 떠났다. 지칠 때까지 한참을 간 뒤부터는 지팡이를 사용하게 되었다. 하지만 그것도 잠깐, 지팡이를 짚고도 걸을 수가 없어 간신히 기어갈 수 있을 정도까지 되었다. 기어가다 보니 그의 무릎은 엉망이 되었다. 그러자 그는 피나무 껍질을 벗겨 무릎을 감쌌다. 그러다가 그는 결국 완전히 지친 채 어떤 작은 언덕에 도착하게 되었다.

지친 가운데서도 언덕 위에서 내려다보이는 풍경은 너무나 아름다웠다. '죽어도 저런 아름다운 곳에서 죽으면 한이 없겠어'라고 그는 생각했다. 그리하여 마지막 힘을 내어 구르고 기어서 마침내 언덕에서 내려다보이는 그 아름다운 곳에 기어이 도착했다. 거기에 도착한 그는 그 자리에 그냥 누운 채 죽음이 찾아오기만을 기다리고 있었다.

그는 한참동안 눈을 감고 누워 있었다. 그런데 놀랍게도 누군가의 목소리가 들려왔다.

"집으로 가자. 여기는 내가 사는 곳이야."

그 말에 그가 눈을 떠보니 정말로 어떤 남자가 거기에 서 있는 것이었다. 그는 아주 무섭게 생겼고 온몸에 털이 가득했다. 하지만 어쨌거나 너무나 지친 그는 도저히 움직일 수가 없었다. 일어나는 것도 힘들 정도였다.

"자, 가자!"

이 말을 듣는 순간 이상하게도 그는 벌떡 일어나 걸을 수 있게 되었다. 그는 그 사람을 쫓아갔다. 조금 길을 가다 보니 집 한 채가 눈에 띄였고 그들은 함께 그 집에 들어갔다. 그 남자는 그에게 말을 꺼냈다.

"이봐, 자네의 입장은 내가 알아. 참 안됐네. 하지만 내가 도울 수 있는 것은 거의 없는 것 같아. 혹시나 내가 도울 수 있는 일이 있다면 기꺼이 내 도와줌세."

그는 그렇게 말하면서 식사준비를 했고 이 젊은이에게도 먹을 것을 주었다. 식사를 마치자 그는 또 말했다.

"자, 이제 식사도 했으니 자네가 가던 길을 계속 가보게. 조금만 더 가면 자네는 내 친구 하나를 만나게 될거야. 그리고 그가 서 있는 옆으로 폭이 꽤 넓은 시냇물을 볼 수 있을거야. 그 시내를 건너가야 해. 하지만 명심해야 될 것은 그 시내를 건널 때는 반드시 건너뛰어야 하네. 만일 뛰어서 건너지 못하면 자네는 지금 하는 일을 결코 성공하지 못할거야. 내가 한 말을 명심하고 이제 그만 가보게."

그는 다시 길을 떠났다. 한참 후에 정말 시내가 나타났다. 하지만 건너뛰기에는 너무 넓었다. 시내라기 보다는 작은 강이라고 해야 어울릴 법한 것이었다. 더군다나 건너뛰기에는 너무 넓었고 물살은 상당히 거세었다. 세상에 있는 시냇물 중에 가장 물살이 거센 것 같았다. 중간에 몇 곳은 소용돌이마저 일고 있었다. 그는 건너뛸 엄두가 나지 않았다.

그에게는 시내 건너편에 있는 땅이 마치 작은 반점처럼 보였다. 작은 잔디밭처럼 보이기도 했고 한 남자의 눈썹처럼 보이기도 했다. 그 시내를 건너뛸 수 있는 사람은 세상에 단 한 명도 없을 것 같았다. 그렇지만 그는 마음을 가다듬고 시내를 건너뛰어야 한다고 말해준 그 사람의 얼굴을 떠올렸다. 그리고 무슨 일이 있더라도 뛰어봐야겠다고 마음먹었다.

'나는 사실 이미 죽었을 목숨 아닌가.'

그는 이렇게 생각하고 굳게 마음을 다졌다. 그리고는 눈을 질끈 감은 채 몇 걸음 물러선 뒤 힘차게 뛰어서 시내를 건넜다. 그는 물에 빠지지 않은 것으로 보아 시내를 건넌 것 같았다. 그는 자신이 제대로 건넜는지 확인해보려고 눈을 뜨고 뒤를 돌아보았다. 그랬더니 놀랍게도 그의 뒷쪽에 시내라고 하기에는 아주 작은 도랑같은 것이 눈에 띄였다. 그가 서 있던 곳에서 건너뛴 것은 바로 이 작은 개울이었던 것이었다. 그가 본 소용돌이 하며 빠른 물살도 바로 이 개울이 틀림없었다. 그는 환상을 본 것 같았다.

'세상 만물이 다 이런 식일거야. 보기에는 무척 어려워 보여도 부딪혀보면 대부분 쉽게 해결되거든.'

그는 이렇게 생각하며 용기를 내었다. 자기가 지금 하려는 일도 어렵지 않게 이루어질 수 있으리라고 생각한 것이다.

그는 계속 길을 갔다. 잠시 후 그는 둥글게 생긴 집을 발견했다. 입구에 안으로 들어오라는 말이 써 있어서 그는 안으로 들어가 보았다. 그랬더니 놀랍게도 그 안에는 그가 처음 만났던 사람이 있었다. 그는 다른 한사람과 함께 있었다. 그러니까 두 사람이 집 안에 있었던 것이다.

그들은 그를 위해 음식을 마련해 주었다. 그리고는 그에게 말을 했다.

"우리는 자네가 하는 일에 우리의 온정신을 집중할거야. 이제부터의 일은 쉽지 않을테니까. 정신 바짝 차리고 최선을 다해야 해. 길을 가다보면 우리 친구를 하나 만나게 될거야. 그 사람의 말을 잘 들으라구. 그 사람은 자네에게 도움을 줄만한 사람이니까. 이제 가보게."

그들의 말을 듣고 젊은이는 다시 길을 떠났다. 한동안 걷다가 그는 둥그런 집과 또 마주쳤는데 그 집에는 앞서 본 집과 마찬가지로 안으로 들어오라는 말이 써 있었다. 그 집에 들어간 그는 그만 깜짝 놀라고 말았다. 집 안에는 세 명의 사람이 있었는데 그 중 두 명은 이미 그가 앞서 본 사람들이었기 때문이었다. 처음보는 세번째 사람이 그에게 먹을 것을 주고는 말했다.

"자네가 지금 하고 있는 일은 무척 어려운 일이야. 그래서 우리가 도와주려고 하는거야. 최선을 다해야 해. 우리가 해주고 싶은 말은 그거야. 만일 목적을 달성하고 싶으면 스스로 채찍질을 해가며 모든 힘을 다 기울여야 한다네. 이 일이 실패하면 자네는 정말 비참해질거라구."

그 사람은 그렇게 말했다. 식사를 다 마치자 그는 다시 길을 떠났다. 얼마 후 길을 가고 있는 그의 눈에 작은 산이 보였다. 놀랍게도 거기에는 집이 여러 채 있었다. 그것은 마을이었는데 무척이나 컸다. 너무 커서 끝이 보이지도 않을 정도였다. 그는 곧 마을에 도착했다. 하지만 마을에는 아무도 없었다. 단 한 명도 살고 있지 않는 것 같았다. 집들은 모두 나무 껍질로 만든 것이었다. 그는 몇몇 집을 살짝 들여다보았지만 모두 비어 있기는 마찬가지였다.

그러다가 어느 집에선가 그는 네 명의 사람이 안에 있는 것을 보게 되었다. 그 중 세 명은 이미 전에 본 적이 있는 사람들이었지만 그는 더 이상 놀라지 않았다. 처음 본 네번째 사람이 말했다.

"여기가 바로 자네가 찾던 곳이야. 하지만 자네는 부인을 볼 수가 없어. 이제부터 내가 말하는 것을 잘 새겨듣게. 그렇지 않으면 자네도 부인처럼 죽고 말테니까. 오늘밤 무도회가 열릴거야. 절대로 거기가서 주변을 기웃거리지 말게. 나와 내 친구가 자네를 계속 지켜볼거야. 자네는 똑바로 앞만 쳐다보라구. 혹시 다른 곳을 쳐다보기라도 한다면 자네나 자네 부인이나 모두 편치 않을거야."

밤이 되자 갑자기 어디선가 북소리가 나더니 곧 마을 전체에 울려퍼졌다. 잠시 후 곳곳에서 고함소리가 다시 들려오기 시작했다. 그러더니 북소리가 다시 울려퍼지고 고함 소리는 점점 더 자주 들려오게 되었다. 북소리가 네번째로 울려퍼지자 누군가가 말했다.

"자, 이제 시작할 시간이오. 다들 모이시오."

그 말에 사람들이 모여들기 시작했다. 마을 한가운데에는 커다란 집이 한 채 있었다. 그와 그를 돕는 네 명의 사람은 그 집에 들어갔다. 그 집은 사실 무도회를 여는 집이었다. 그 집에 들어가자 곧 집 한가운데로 안내되었다. 그리고 그는 자신이 앉아 있는 뒷쪽에서 소근거리는 소리가 들려오는 것을 느낄 수 있었다.

"얼마 전에 온 그 여자 남편이 여기에 왔어. 부인을 쫓아온 모양이야. 아무 쓸모 없는 짓을 뭣하러 할려는 걸까? 다 부질없는 짓이라고. 그가 하려고 하는 일은 전혀 가망이 없는 일이야."

그런 실망스런 말소리가 들려왔고 그는 한마디도 빼놓지 않고 그 대화를 다 들었다. 다시 그를 놀리는 듯한 소리가 들려오기 시작했다.

"그의 부인은 결혼을 했대."

그는 가만히 있었다. 그러자 이번에는 누군가가 이렇게 말했다.

"이봐, 바로 내가 그녀의 새 남편이라고."

그러더니 갑자기 노랫소리가 들려오기 시작했다. 그것은 정말 대단했다. 그의 죽은 친척들은 모두 다 모여서 그에 대해서만 특별히 노래를 불렀다.

"이 녀석 부인이 왔네. 앞으로 부인이 여럿 더 올거야."

그런 식으로 그들은 노래를 불렀다. 그들은 밤새 그를 괴롭혔다. 그러다가 새벽이 되어 해가 뜨자 그들은 모두 사라져 버렸다. 하지만 밤새 그런 소동이 있었는데도 정작 그의 부인은 아무것도 몰랐다.

하루가 가고 저녁이 되자 다시 북소리가 들렸다가 끊어졌다. 잠시 후 북소리가 다시 한번 들리자 사람들이 대답하는 듯한 고함소리가 들렸다. 세번째 북소리가 울리자 누군가가 말했다.

"이제 가볼 때가 된 것 같아. 사람들이 몰려들고 있어."

그들은 다시 그 전날 밤에 있었던 그 집으로 갔다. 그 집에 도착하자마자 그는 다시 조롱감이 되었다. 그들은 어떻게든 말을 걸어서 그가 대꾸를 하게 만들려고 했다. 그리고 곧 노래가 시작되었다.

전날밤에도 그는 노래를 들으면 무시무시한 느낌이 들 정도였지만 그날의 노래는 그것과는 비교도 되지 않았다. 그것은 사람의 혼을 다 빼놓을 정도로 훨씬 무서운 것이었다. 그날 밤에는 귀신들이 노래를 부르며 손으로 그의 머리를 만져보기도 하고 그를 밀어보기도 하는 등 그를 더 못살게 굴었다. 그러다가 마침내 아침이 찾아왔다.

그들은 숙소로 다시 돌아갔다. 집에 도착하자 그는 칭찬을 받았다.

"자네, 아주 잘했어. 하지만 오늘밤에는 훨씬 더 많은 힘과 인내심이 필요할거야. 온힘을 다 기울이라구."

해가 지고 밤이 되자마자 북소리가 다시 울렸다. 대답의 외침도 들렸다. 처음에는 그 외침소리가 상당히 작았지만 곧 무척 큰 소리로 변했다. 두번째 북소리가 들리자 그들은 다시 집을 나섰다.

"이제 갈 때가 되었어. 사람들이 몰려들고 있잖아."

그들은 곧 마을 한가운데 있는 큰 집에 도착했다. 그 집에 도착하자마자 귀신들이 덤벼들어 그를 놀려대기 시작했다. 이번에는 그를 도와주는 사람이 여섯으로 늘어나 있었지만 그 집 안에서 그들은 그를 위해 아무것도 할 수 없었다.

다시 노래가 시작되었다. 그는 이번에는 정말 참기 힘들었다. 북소리 때문에 마치 땅이 흔들리는 것 같았다. 귀신들은 그의 옷을 쥐고는 마구 잡아당겼다. 그리고 그를 가운데에 놓고 서로 밀고 당기고 집어 던지기까지 해서 그가 정신을 못차리게 했다. 상당히 애를 써서 힘든 시간을 참아낸 뒤에 결국 천천히 태양이 머리를 내밀기 시작했다. 아침이 다가오자 귀신들은 모두 사라져 버렸다. 그들은 또 숙소로 돌아갔다.

"이봐, 오늘밤이 마지막이야. 혼신의 힘을 쏟으라구! 그 집에서는 우리도 자네를 도와줄 수 없어. 이번에는 우리도 여덟 명으로 늘어나지만 자네가 혼신의 힘을 다 기울이지 않는 한 아무 쓸모도 없는 존재야."

그들은 그렇게 말했다.

금방 저녁이 찾아왔고 북소리가 울려퍼지기 시작했다. 그 소리는 무시무시할 정도로 컸고 대답의 외침소리도 하늘을 찌를 듯했다.

"이제 갈 때가 되었어. 사람들이 몰려오고 있어."

그 집에 가면서 그들은 마을이 급속도로 커져가고 있다는 것을 느낄 수 있었다. 매일 매일 귀신들의 숫자가 늘어갔다. 세상에서 매일같이 죽어가는 사람들이 생겨나니 귀신의 숫자가 늘어날 수밖에 없었다.

그들이 그 집에 도착할 무렵 그 집은 이미 귀신들로 가득 차 있었다. 귀신들은 서로를 밟을 정도로 층을 이루고 있었다. 그의 정신을 빼놓을 셈인지 그가 도착하자마자 그의 부인 목소리가 들려왔다. 하지만 그는 들은 척도 하지 않았다. 부인의 목소리는 계속 들렸다.

"저한테 이렇게 무심하게 대하려면 뭣하러 여기 왔어요? 정말 당신 그렇게 무심하게 대할 거예요? 그러려면 뭣하러 여기에 왔냐구요?"

그는 하마트면 고개를 돌려 그녀를 쳐다볼 뻔했다. 곧 노래가 시작되었는데 정말 굉장했다. 그 소리는 너무 커서 땅이 울리는 듯했다. 이번에는 귀신들이 그를 잡아당길 뿐만 아니라 밀어서 넘어뜨리기도 했다. 그 중에서도 그의 부인이 가장 심하게 했다. 그리고 밤새도록 부인의 목소리가 들렸다. 그는 담요를 뒤집어쓰고 앉아 있었는데 귀신들이 잡아당겨서 담요가 찢어질 지경이었다. 그들은 또 마치 벽돌을 쌓듯이 그의 몸 위에 차곡차곡 올라서기도 했다. 그와 함께 온 여덟 명의 사람들은 귀신들에게는 완전히 무시를 당했다. 전혀 아무도 없는 것과 마찬가지로 취급받았던 것이다.

밤새도록 그는 괴롭힘을 당하는 통에 완전히 지쳤다. 귀신들은 그의 무릎을 붙잡고는 제멋대로 잡아끌기도 했다. 마침내 참고 참은 끝에 힘겹게 새벽이 다가왔다. 그리고 날이 밝았다.

"잘했어! 아주 잘했어!" 그를 돕던 사람들이 신이 나서 외쳤다.

"자네는 이제 목적을 달성한거야. 이제 편안한 마음으로 집에 돌아가도 돼."

그들이 집에 도착하자 그 중 한 명이 말했다.

"자네, 운이 좋았어. 지금부터는 절대로 이런 일이 다시 생기지 않을거야. 사실은 이렇게 하는 것이 조물주의 생각과는 어긋나거든, 하지만 나나 내 친구들이 자네를 불쌍히 여겨 자네에게 축복을 내려 주었고 그래서 자네는 성공할 수 있었던 거라구. 이제 부인을 데리고 고향으로 돌아가면 돼."

그리고 그 사람은 다른 누군가에게 말했다.

"가서 이 사람 부인을 데리고 와"

그러자 그들은 그녀를 데리러 갔고 잠시 후 그는 부인을 만날 수 있었다. 좀 전의 그 사람은 계속 말을 이었다.

"내 자네에게 축복을 내렸으니 고향으로 돌아가는 데에 별 문제가 없을거야. 내 또 자네를 위해 이것을 줌세. 여기서 나는 소리는 온 세상에 다 울려퍼질거야."

그러면서 그에게 북을 하나 주었다. 그것은 푸른 흙으로 파랗게 칠해져 있었다. 그는 이어서 말했다.

"누군가 죽을 때가 되면 그 사람의 영혼은 자네를 찾아갈거야. 정말로 임종을 눈앞에 두고 떨고 있는 영혼은 자네를 찾아갈 거라구. 그러면 나를 위해 담배를 뿌려. 내 그것을 보고 자네를 알아볼 수 있을 테니까. 이제 고향을 향해 떠나도 좋아. 귀신들은 악한 것들이라 아마 자네를 또 쫓아올거야. 하지만 별로 걱정하지 말라구. 우리 여덟이서 자네 가는 길에 함께 갈테니까."

그리고는 그와 그의 부인에게 뭔가를 태운 재를 주었다.

"귀신들이 자네를 따라잡으려고 하면 뒷쪽을 향해 재를 던지라구. 그리고 고향에 도착하자마자 집부터 지어야 해. 자네가 살 집 말이야."

이야기를 끝내고 그들이 길을 떠나자 정말 귀신들이 쫓아왔다.

"저것 봐라. 저 녀석이 우리 부인을 훔쳐 달아나네. 그녀를 되찾아 오자!"

귀신은 그렇게 소리를 질렀다. 귀신들이 그들 부부에게 가까이 접근하자 남편은 등 뒷쪽으로 재를 뿌렸다.

"이런, 이런, 옷이 엉망이 되었잖아."

그들은 소리를 지르며 물러섰다. 그 부부는 길을 계속 갔다. 시간이 좀 흐르자 귀신들은 다시 그들 부부를 쫓아왔고 그는 또 귀신들을 향해 재를 뿌렸다. 귀신들은 이제 그들을 쫓는 일을 포기했다. 그러자 그들과 함께 가던 여덟 명의 사람들도 돌아갔다.

두 사람은 고향에 도착했다. 고향에 도착하자 그들은 누군가가 나무를 하는 소리를 들을 수 있었다. 나무가 갈라지면서 나는 소리는 메아리가 되어 멀리서도 또렷이 들을 수 있었다. 그들은 소리가 나는 곳을 향해 길을 갔다. 놀랍게도 나무를 하는 사람은 남편의 어머니였다. 죽은 줄만 알았던 아들이 돌아온 것을 보고 그녀도 깜짝 놀랐다. 하지만 그 아들이 죽은 며느리와 함께 온 것을 보고는 불안한 기색을 감추지 못했다. 아들이 사정 이야기를 하자 어머니는 어느 정도 이해를 했다. 다시 아들이 어머니에게 말했다.

"집에 총각 열 명과 처녀 열 명을 불러 모아줘요. 그리고 각자 향을 조금씩 가지고 오게 하세요."

그녀는 마을로 돌아가 사람들에게 이 이야기를 해 주었다. 얼마 후 초청받은 사람들 뿐 아니라 다른 마을 사람들도 소문을 듣고는 부부가 와 있는 곳으로 몰려왔고 그는 그들의 도움을 받아 금방 집을 지었다. 그는 집에 열 개의 화로를 만들어 향을 뿌렸다. 바로 그 날밤 무도회가 열렸다. 북은 이미 집 안에 자리잡았다. 그는 저승 에서 배운 노래를 불렀다.

사람들은 곧 그가 부르는 노래를 따라할 수 있게 되었다. 사람들 은 북을 치고 춤을 추면서 커다란 즐거움을 느꼈고 사실은 오늘날 까지 이 의식이 계속 되어 온 것이다. 이 춤과 의식은 유래에 따라 '유령의 춤'이라고 불렸다. 오늘날까지 행해지는 이 의식은 그 유래 에서 알 수 있듯이 매우 소란스럽고 사람을 흥분시키는 의식이다. 그것은 제사의식인 동시에 축제이기도 하다.

윈네바고(Winnebago)족, 서부 해안지역, 캘리포니아

저승을 방문한 코요테와 독수리

　　동물과 사람이 구분되기 전에 코요테는 사람들이 죽어야만 한다
는 사실이 너무 슬퍼서 저승을 찾아갔다. 저승에 도착한 그에게 들
리는 것이라고는 슬피 우는 울음소리 뿐이었다. 그는 그곳에서 죽
은 사람을 다시 이승으로 데려올 방법을 한참동안 궁리했다.
　　그때는 코요테의 누이와 그의 몇몇 친구도 이미 죽은 상태였다.
　　그 무렵 독수리는 부인을 잃어 슬피 울고 있었다. 그를 위로하기
위해 코요테는 이렇게 말했다.
　　"죽은 사람은 언제까지나 저승에 있지 않아. 그들은 마치 가을
에 지는 낙엽과 같아서 저승에서의 시간이 다하면 다시 돌아온단
말이야. 잔디가 돋고 새가 지저귀고 그리고 나뭇잎이 돋아나고 꽃
이 필 무렵이면 죽은 사람들은 다시 돌아올거야."
　　그러나 독수리는 봄까지 참고 기다리기도 힘들었다. 그는 당장
죽은 사람들이 세상에 돌아와야 한다고 생각했다. 그래서 코요테
와 독수리는 저승을 향해 함께 출발했다. 독수리는 코요테의 머리
위를 날았다. 며칠 동안 여행한 끝에 그들은 어떤 강에 도착했다.
강 건너에는 무척 큰 마을이 보였다.
　　"강을 건너갈 수 있도록 배를 보내 주시오."
　　코요테가 소리를 질렀지만 아무런 대답도 없었다. 대답은 커녕

인기척조차 없었다.

"저기는 아무도 살지 않는 곳인가봐. 지금까지 헛고생한 것 같아."

독수리가 말했다. 하지만 코요테의 생각은 달랐다. 그는 이렇게 말했다.

"그들은 지금 잠이 든거야. 죽은 사람들은 낮에 잠을 자고 밤에 행동한단 말이야. 해질 때까지 여기서 기다리는 것이 좋을 것 같아."

해가 지자 코요테는 노래를 부르기 시작했다. 그러자 잠시 후 네 사람의 영혼이 집에서 나와 배를 타고 노를 저어 오기 시작했다. 그것을 보고 코요테는 계속 노래를 불렀다. 네 사람의 영혼은 곧 그와 함께 노래를 불렀다. 그들은 노를 가지고 코요테의 노래에 박자를 맞추었을 뿐 노를 젓지 않아도 배는 잘 움직였다. 사실 배는 저절로 물 위를 움직이고 있었다.

배가 물가에 닿자 독수리와 코요테는 배 위에 올라탔고 배는 다시 출발했다. 그들이 저승에 다가가자 북소리와 춤추는 소리가 그들을 맞이했다. 그들이 도착하자 영혼이 경고했다.

"어느 집이건 안에는 들어가지 말고 주변을 함부로 둘러보지 마시오. 여기는 신성한 곳이니 항상 정면만을 쳐다보도록 하시오."

"하지만 우리는 무척 춥고 배도 고파요. 집에 좀 들어갈 수 있게 해주시오."

코요테와 독수리가 부탁했다.

그래서 그들은 명주로 둘러싼 어떤 커다란 집에 들어갈 수 있게 되었다. 그 집에서는 영혼들이 한창 북소리에 맞추어 춤을 추고 노래도 하고 있었다. 그들이 집에 들어가자 잠시 후 한 늙은 여인이 병에 물개 기름을 담아서 가지고 왔다. 그들이 그것을 받아 먹자 허기가 가시는 것이었다.

독수리와 코요테는 집 안을 둘러보았다. 그 집 안에 있는 것들은 모두가 다 아름다웠다. 집 안에는 무척 많은 영혼들이 있었다. 그들은 모두 조개껍질과 사슴이빨로 장식된 아름다운 제사용 옷을 입고 얼굴에 물감을 칠하고 머리는 깃털로 장식을 해 놓았다. 천장에 걸려있는 달은 집 안을 환하게 비추어 주고 있었다. 달 근처에는 개구리가 달을 감시하고 있었다. 개구리는 사실 오래 전부터 그 자리에서 달을 지키고 있었다. 그의 임무는 춤추고 노래하는 사람들 위로 항상 달이 밝은 빛을 비추도록 지켜보는 것이었다.

독수리와 코요테는 이승에서 친구였던 몇몇 영혼을 보았다. 하지만 거꾸로 그들은 이들 두 사람에게 전혀 아는 척을 하지 않았다. 그리고 아무도 코요테가 가지고 온 가방을 쳐다보지 않았다. 그 가방은 영혼을 이승으로 데려가려고 가져온 것이었다.

아침이 밝아오자 영혼들은 잠을 자기 위해 각자 흩어졌다. 그러자 코요테는 개구리를 죽인 뒤에 옷을 벗겨 자기가 입었다. 해가 지자 영혼들은 다시 그 집에 돌아와 춤추고 노래하기 시작했다. 그들은 개구리의 옷을 입은 코요테가 달 옆에 있다는 사실을 전혀 눈치채지 못했다.

춤과 노래가 절정에 이를 무렵 코요테는 달을 삼켜 버렸다. 어둠 속에서 독수리는 몇몇 영혼을 가방 안에 집어넣고 뚜껑을 닫았다. 그리고 둘은 가방을 들고 이승을 향해 길을 떠났다.

한참을 여행한 뒤에 그들은 가방 안에서 무슨 소리가 나는 것을 들었고 걸음을 멈추어 그 소리를 들어보았다.

"이 사람들은 다시 생명을 되찾고 있는 모양이야."

코요테가 말했다. 다시 길을 가는데 가방 안에서 영혼들이 불평을 하는 소리가 들렸다.

"누가 우리를 이렇게 막 다루는거야?"

누군가가 투덜거렸다.

"나는 팔과 다리가 모두 부러진 것 같아."

다른 영혼도 불평을 했다.

"뚜껑을 열어 우리를 나가게 좀 해주시오."

몇몇 영혼이 한꺼번에 소리쳤다. 코요테는 가방이 점점 무거워지는 것 같아 피로를 느꼈다. 영혼이 생명을 되찾으면서 무거워지기 시작한 것이었다.

"이들을 풀어주자."

"안돼. 절대로 안돼."

코요테의 말에 독수리가 재빨리 대답했다. 잠시 후 코요테는 가방을 땅에 내려 놓았다. 너무 무거워서 계속 들고갈 수가 없었던 것이다. 코요테가 다시 말했다.

"이들을 풀어주자. 이제는 저승에서 상당히 멀리 왔으니까 이들도 돌아갈 수 없을거야."

그러면서 그는 가방을 열었다. 그 순간 사람들은 다시 영혼의 모습으로 변하여 마치 바람처럼 순식간에 저승으로 가버렸다. 독수리는 코요테에게 마구 욕설을 퍼부었다. 하지만 잠시 후 저승으로 오기 전 코요테의 말이 생각나서 희망을 가지며 말했다.

"지금은 가을이야. 사람이 죽는 것처럼 잎이 지고 있어. 봄까지 기다리지 뭐. 싹이 트고 꽃이 피어날 때가 되면 저승에서 다시 사람들을 데리고 오는거야."

"싫어."

코요테가 잘라 말했다.

"나는 지쳤어. 죽은 사람은 그냥 영원히 저승에 있으라고 그래."

그러더니 코요테는 사람이 한번 죽으면 다시는 소생할 수 없도록 규칙을 정했다. 만일 그가 가방을 열어 영혼을 풀어주지 않았다면 아마 죽은 사람들도 꽃이나 나무처럼 봄마다 살아날 수 있었을 것이다.

위시램(Wishram)족, 고원지대

하늘로 통하는 화살계단

단짝인 두 소년이 있었다. 둘은 모두 훌륭한 집에서 자랐다. 한 아이의 아버지는 그 마을의 추장이었고 또 한 아이의 아버지는 부추장이었다. 그런데 추장의 집은 마을 한가운데에 있었고 부추장의 집은 마을의 맨 끝에 있어서 거리가 상당히 멀었다. 하지만 두 소년은 서로의 집을 번갈아 가며 놀았다. 주로 화살을 잔뜩 만들어 놓고는 그것이 다 없어질 때까지 쏘며 노는 경우가 많았다.

어느 날엔가 두 소년은 각자 누구의 화살이 더 많은지 내기를 하기로 했다. 마침 마을의 뒷산에 각자 화살을 가져오기에 적당한 곳이 있었다. 그곳은 산꼭대기까지 잔디가 깔려 있는 곳으로 아이들이 놀이터로 쓰는 곳이었다. 달이 환하게 비치고 있는 밤에 두 소년은 그곳을 향해 출발했다. 산꼭대기를 향해 올라가다가 앞서가던 부추장의 아들이 말했다.

"야, 저기 달 좀 봐. 꼭 우리 엄마 입술에 달려 있는 장식하고 똑같이 생기지 않았어? 크기도 꼭같고."

다른 아이가 대답했다.

"그런 소리 하지마. 달을 보고 그런 말을 하면 안돼."

그 순간 갑자기 세상이 어두워졌다. 추장의 아들은 어둠 속에서 눈앞에 무지개처럼 생긴 반원 모양이 만들어지는 것을 보았다. 잠시 후 그 원은 사라져 버렸는데 그와 함께 친구의 모습도 보이지 않았다. 그는 몇 번이고 친구를 불러보았지만 아무런 대답도 없었다.

'얘가 무지개를 보더니 놀라서 산 위로 먼저 뛰어올라 간 것 같아.'

그는 산 위를 바라보았지만 아무것도 보이지 않았고 그저 하늘에서 빛나고 있는 별만 눈에 띄였다. 그는 산 위로 뛰어올라 가 주변을 둘러보았다. 하지만 그의 친구는 보이지 않았다. 그는 다시 생각했다.

'그러면 달이 데려간 걸까? 맞아, 그 무지개처럼 생긴 게 바로 달이었나봐.'

산꼭대기에서 친구를 찾다가 지친 소년은 자리에 앉아서 혼자 활을 만들기 시작했다. 그는 자기가 가져온 나무를 휘어서 줄을 묶었다. 하지만 번번이 나무가 부러지고 말았다. 그는 아주 단단한 나무로 만든 것 하나만 빼놓고는 자기 것과 친구의 것 모두 부러뜨리고 말았다. 그는 생각했다.

"달 옆에 있는 저 별을 쏘아보고 싶어."

그런 생각을 하며 만든 활은 부러지지 않고 제대로 만들어졌다. 그는 달 옆에 있는 상당히 크고 밝은 별을 향해 화살을 하나 쏘고는 그것이 어디로 가는지 보기 위해 자리에 앉았다. 잠시 후 그 별이 화살에 맞았는지 순간적으로 빛을 잃었다. 그러나 별을 맞춘 화살은 돌아오지 않았다. 그것을 보고 이상히 여겨 계속 쏘았지만 그 화살들 또한 돌아오지 않았다. 얼마 후 그는 하늘에서 무언가가 자기를 향해 내려오는 것을 보았다. 그것은 그가 별을 향해 쏜 화살이었는데 이상하게도 모두 줄줄이 이어져 있었다. 그가 새로 쏘는 화살도 모두 그 끝에 가서 달라붙었다. 마침내 화살로 된 사슬이 그의 손에 잡힐 정도까지 내려왔다. 그는 마지막 남은 화살까지 다 쏘아 그 사슬이 땅에 닿도록 했다.

화살을 다 쏘고 나자 그는 갑자기 없어진 친구가 그리워졌다. 화살로 된 사슬 밑에 누워서 친구 생각을 하다가 깜빡 잠이 들고 말았다. 잠시 후 잠이 깬 소년은 자신이 산꼭대기에 누워 있는 것을 알고는 얼마 전 쏜 화살 생각이 나서 하늘을 올려다보았다. 신기하게도 화살은 어느 틈에 기다란 사다리로 바뀌어 있었다. 그는 자기 눈을 의심하며 제대로 된 사다리인지 확인을 했다. 그러다가 문득 그 사다리를 올라가 보고픈 욕심이 생겼다. 그는 먼저 여러 종류의 나뭇가지를 꺾어 그의 땋아내린 머리 곳곳의 매듭에 꽂았다. 그리고 사다리를 올라가기 시작했는데 사다리는 정말 길었다. 하루 종일 올라가고도 모자라 사다리 위에서 잠을 자고는 그 다음날 아침부터 또 올라가기 시작했다. 그런데 그는 사다리를 오르기 시작하면서부터 웬지 머리가 무겁다는 느낌이 들었다. 그는 머리에 꽂혀 있던 나뭇가지 중 딸기 나무의 가지를 끄집어 내었다. 그 가지에는 딸기 송이가 가득 열려 있었다. 그는 가지에 있던 딸기를 모두 따 먹고는 다시 머리에 꽂았다. 지쳐 있던 몸에 다시 힘이 샘솟는 기분이었다. 그날 점심 때가 되자 그는 다시 허기를 느꼈고 그와 동시에 그의 머리가 또 무거워지는 느낌이 들었다. 그는 또 다른 나뭇가지를 뽑아 들었다. 거기에는 귤이 가득 열려 있었다. 하늘은 이미 여름이 되어 있었기에 그의 머리에 꽂힌 가지에서 열매가 열린 것이다. 그 다음날 다시 여행을 시작한 그는 점심 때가 되어서야 머리가 무거워진 것을 느낄 수가 있었다. 이번에는 그의 뒤통수에 꽂힌 가지를 집어 들었고 거기에 열린 포도를 따먹었다.

소년은 사다리를 계속 올라가 마침내 꼭대기에 다다를 수 있었다. 피로를 느끼면서 주변을 둘러보니 근처에 커다란 호수가 눈에 띄었다. 그는 우선 쉬어야겠다는 생각에 부드러운 가지와 풀을 모아놓고 그 위에 누워 잠을 청했다. 한참 자고 있는데 누군가가 그를 흔들어 깨웠다.

"이봐요. 일어나요. 당신을 찾아서 여기까지 왔어요."

그는 눈을 비비며 주변을 둘러보았지만 아무도 없었다. 그는 다시 돌아누우며 잠을 자는 척했다. 하지만 실제로는 실눈을 뜬 채 주위를 살피고 있었다. 잠시 후 그는 무척 작지만 예쁘게 생긴 한 소녀가 다가오는 것을 볼 수 있었다. 그녀의 가죽옷은 매우 깨끗하고 단정해 보였고 신발은 고슴도치의 가시로 장식되어 있었다. 그녀가 다가와 그를 흔들어 깨우려는 순간 그가 말했다.

"이미 당신을 보고 있었어요."

그러자 소녀가 가만히 서서 말했다.

"저는 당신을 데리러 왔어요. 저희 할머니께서 당신을 데려오라고 말했거든요."

그는 그녀와 할머니 댁으로 갔다. 그녀의 할머니는 아주 작은 집에서 살고 있었다. 할머니가 말했다.

"뭐하러 여기까지 왔니? 애야."

소년이 대답했다.

"이 근처에 온 친구를 찾아왔어요."

"오! 그래?"

할머니는 고개를 끄덕이며 다시 말했다.

"그 애는 여기서 조금 떨어진 달이 사는 집에 갇혀 있어. 나는 매일같이 그 애 울음소리를 듣는단다."

그 할머니는 그에게 먹을 것을 주기 시작했다. 그녀가 손을 입에 가져다 대기만 하면 어떤 음식이건 식탁에 차려지는 것이었다. 그녀는 우선 연어를 주고 다음에 딸기를 주었는데 오랜 여행 때문에 배가 많이 고프리라 생각하고 다시 고기를 주었다. 그런 뒤에는 친구를 데리러 갈 때 쓰라고 솔방울, 장미 덩쿨, 도깨비 방망이, 숫돌 등을 주었다.

소년은 이것을 들고 친구를 찾아 길을 떠났다. 그가 달의 집에 가까워지자 친구의 비명소리가 들려왔다. 가까이 가보니 그의 친구는 언덕의 맨 꼭대기 높은 울타리 안에 갇혀 있었다. 그는 그 꼭대기로 올라가 친구를 구해내기로 했다. 그는 울타리에 올라서서 친구를 향해 작은 소리로 말했다.

"야, 내가 왔어. 너를 구하려고 여기까지 온거야."

그는 친구가 있는 곳을 향해 솔방울을 던지며 친구의 비명과 비슷한 소리를 내었다. 그리고는 친구를 구해서 같이 도망쳤다. 하지만 잠시 후 솔방울은 밑으로 굴러 떨어졌고 그것을 보고 그곳 사람들은 소년이 도망쳤음을 알게 되었다. 달은 소년을 쫓기 시작했다. 추장의 아들은 달이 쫓아오는 것을 보고 그를 향해 할머니에게서 받은 도깨비 방망이를 던졌다. 그러자 도깨비 방망이는 산산조각 나서 바닥에 깔려 달이 쫓아오기 힘들게 만들었다. 그 덕분에 그들은 상당히 멀리 도망칠 수 있었다. 그러나 달은 또다시 그들을 따라붙었다. 추장의 아들은 장미 덩쿨을 집어 던졌다. 장미는 순식간에 숲을 이루어 다시 한번 달의 걸음을 멈추게 만들었다. 또 다시 달이 그들을 따라오자 이번에는 숫돌을 집어 던졌다. 숫돌은 땅에 닿는 순간 커다란 계곡으로 변했다. 달은 도저히 그 계곡을 건널 수가 없어 어쩔 수 없이 돌아갔다. 오늘날 사람들이 전혀 두려움 없이 달에 관한 이야기를 할 수 있게 된 것은 이 계곡이 생긴 이후의 일이라고 한다. 두 소년은 할머니의 집에 다다라서야 서로 얘기를 주고받을 수 있는 여유가 생겨 서로를 쳐다보며 반가워했다.

할머니는 그들에게 먹을 것을 주고 난 뒤 그동안의 이야기를 다 주고받자 추장의 아들에게 말했다.

"이제는 네가 처음 여기에 왔을 때 누워 있던 곳으로 가서 그때처럼 함께 누워 보아라. 그리고 거기에 누워서 다른 것은 생각하지 말고 오직 너희들이 뛰어놀던 언덕만을 생각해."

그들은 그곳으로 가서 누웠다. 거기 누워서 눈을 감자 부추장의 아들은 그 할머니의 집이 떠올랐다. 그러자 그들은 다시 그 할머니의 집에 와 있음을 느낄 수 있었다. 할머니가 말했다.

"다시 돌아가. 절대로 더 이상 내 생각은 하지 마라. 거기 누워서 오직 너희들이 뛰어놀던 곳만을 생각해."

그들은 할머니의 말대로 했다. 그러다가 깜빡 잠이 들고 말았는데 얼마 후 깨어보니 언덕 꼭대기에 하늘로 통하는 사다리 밑의 잔디에 누워 있는 것이었다.

두 소년은 한동안 멍하니 그곳에 그냥 누워 있었다. 그런데 멀리 족장의 집에서 북소리가 울려퍼지는 것을 들을 수 있었다. 마을 사람들은 그들이 며칠째 집에 돌아오지 않자 죽은 것으로 알고 장례식을 치루고 있었던 것이다. 추장의 아들이 말했다.

"가보자."

그러나 부추장의 아들은 반대했다.

"아니야, 장례식이 다 끝날 때까지 기다려보자."

잠시 후 그들은 산을 내려와 사람들이 모여 있는 곳으로 갔다. 사람들은 얼굴에다 검은 색칠을 한 채 앉아 있었다. 두 소년은 구석에 가만히 서 있었다. 하지만 여느 때와 마찬가지로 장례식은 깜깜한 밤에 열렸기 때문에 두 소년은 다른 사람의 눈에 띄지 않았다.

그때 추장의 아들은 생각했다.

'지금쯤 동생이 나오면 얼마나 좋을까?'

그런데 마치 그 소리를 들을 것처럼 모든 사람들이 광장으로 몰려간 뒤에 동생이 나타났다. 그는 동생을 불렀다.

"야, 이리와봐. 나야, 나."

하지만 그의 동생은 형을 발견하고는 놀라서 겁을 집어먹고 집 안으로 들어가 버렸다. 그리고는 어머니에게 말했다.

"엄마, 형하고 형 친구가 저 바깥에 있어요."

그러자 그의 어머니는 슬픈 표정으로 말했다.

"무슨 말을 하는 거니? 네 형은 얼마 전에 죽었어?"

하지만 그 아이는 아랑곳하지 않고 자신의 말이 옳다고 계속 우겼다.

"목소리도 같고 생긴 것도 틀림없이 형이었어요."

그의 어머니는 작은 아들에게 철없이 우긴다고 신경질을 냈다. 그러자 그가 말했다.

"제가 나가서 형의 옷자락을 잘라오면 제 말을 믿으시겠어요?"

"어디 한번 그래 봐라. 그러면 네 말을 믿지."

그의 어머니가 말을 마치자 작은 아들은 정말로 형의 옷자락을 잘라왔다. 어머니는 작은 아들의 말을 믿게 되었고 집집마다 그 사실을 알려 주었다. 가장 먼저 알린 것은 물론 부추장의 집이었다. 부추장의 가족은 추장의 집으로 와서 아들이 정말로 살아 있는 것을 보고 무척 기뻐했다. 그리고 다른 모든 마을 사람들도 함께 기뻐했다.

트린지트(Tlingit)족, 북서부 해안지역

별과 결혼하고 싶었던 두 소녀

옛날에는 사람들이 천막을 치고 야영을 하며 살았다. 이것은 그 시절의 이야기이다. 그 시절에는 겨울이 다가와 날씨가 추워지면 사람들은 자작나무 껍질로 오두막을 지어 겨울을 보내곤 했다. 그 당시에는 모든 살아 있는 것들은 서로 말이 통했다. 그 중 어떤 마을에 아주 바보같은 소녀가 둘 있었다. 그들은 생각도 바보같았고 말과 행동하는 것 모두 어리석었다. 어느 것을 봐도 그들처럼 바보 같은 소녀는 마을에 아무도 없었다. 그들은 이상하게도 침대를 집 밖에 내어 놓고는 별을 쳐다보며 잠을 자곤 했다. 그들은 한 겨울에도 그렇게 밖에서 잠을 잤으니 그들이 얼마나 바보같았는지는 충분히 짐작할 수 있을 것이다.

하루는 두 소녀 중에 한 명이 다른 소녀에게 물어 보았다.

"저 하늘에 있는 흰 별과 붉은 별 중에서 어느 별과 함께 자면 더 좋을 것 같니?"

다른 소녀가 대답했다.

"나는 붉은 별과 잘 수 있으면 좋겠어."

"그러니? 다행이다. 나는 흰 별과 자고 싶거든. 내가 보기에는 흰 별이 더 젊을 것 같아. 붉은 별은 너무 늙어 보여."

그런 얘기를 나누다가 두 소녀는 잠이 들었다. 그런데 그들이 잠을 깨니 다른 세계에 와 있는 느낌이었다. 그곳은 별의 세계였고 두 사람이 있었다. 그 두 별이 사람으로 변해 있었는데 흰 별이 변한 사람은 아주 늙었고 머리도 백발이었다. 반면에 젊은 쪽은 머리색깔이 붉은 색으로서 그는 붉은 별이었다. 두 소녀는 별의 세계에서 오랫동안 머물렀다. 그런데 흰 별을 선택한 소녀는 그가 너무 늙었기 때문에 거기 머무르는 동안 내내 기분이 좋지 않았다.

하늘 위의 세상에는 할머니 한 분이 살고 있었다. 그 할머니는 하늘에 뚫린 구멍 위에 앉아 있곤 했는데 가끔씩 그 소녀들에게 구멍을 보여주곤 했다.

"저기 구멍 아래 보이는 곳이 너희들이 살던 마을이야."

그들은 구멍을 통해서 고향 사람들을 볼 수 있었다. 날이 갈수록 그들은 고향이 그리워졌다. 그러던 어느 날 해질 무렵 구멍을 지키던 할머니가 잠시 자리를 비웠다. 그때 두 소녀는 구멍을 통해 고향 마을에서 나는 온갖 소리를 들을 수 있었다. 할머니는 해가 뜰 무렵에 다시 돌아왔는데 구멍을 막고 앉자 고향에서 들려오던 소리는 더이상 들리지 않게 되었다. 사실 그 소리를 내던 것은 할머니의 영혼이었다. 그녀는 그 마을의 수호신이었다.

어느 날 아침 그 할머니는 소녀들에게 말했다.

"너희들이 정말 고향에 돌아가고 싶다면 보내줄 수도 있어. 하지만 세상에 내려가는데 쓸 새끼줄이 있어야 하는데 너희 둘이서 함께 새끼줄을 만들어 봐. 너희들의 앉은 키 만한 것 두 개면 돼."

그들은 열심히 새끼줄을 꼬아서 며칠 뒤에는 완성할 수 있었다. 그들은 새끼줄을 커다란 바구니에 묶었다. 그런 뒤 바구니 안에 들어갔고 별세계의 사람들이 그들을 내려주었다. 그런데 그들은 땅위에 내려서지 못하고 독수리 둥지 위에 내려 앉았다. 하지만 하늘에 있던 사람들은 그들이 땅에 닿았는 줄 알고 더 이상 줄을 내리지 않았다. 독수리 둥지는 꽤 높은 나무 위에 있었기 때문에 그들은 무서워서 움직일 엄두도 내지 못하고 둥지 안에 꼼짝않고 앉아 있었다. 그러다가 둘 중 하나가 말했다.

"누군가가 우리를 구해줄 때까지 여기 그냥 있어야 할 것 같아."

그때 마침 곰이 지나갔다. 소녀들은 그를 향해 소리를 질렀다.

"이봐요. 우리 좀 구해줘요. 당신은 이제 결혼할 때가 되지 않았어요? 지금이 바로 결혼할 수 있는 기회에요.!"

그 말을 듣고 곰은 생각했다.

'저 아이들은 별로 착하게 생기지 않았는 걸.'

그는 올라가는 척하다 말고 말했다.

"나는 아무래도 못 올라가겠어."

그는 힐끗 나무 위를 한번 쳐다보고 자기 길을 가버렸다. 그리고 난 뒤 시간이 좀 흐르자 스라소니(살쾡이 비슷한데 몸 길이는 1m, 앞발보다 뒷발이 길고 나무에 잘 오르고 헤엄을 침)가 지나갔다. 두 소녀는 또 다시 소리쳤다.

"스라소니, 우리 좀 구해줘요. 당신도 이제 여자를 만날 때가 되지 않았어요?"

"나는 발톱이 없어서 그런 나무는 못 올라가요."

스라소니는 이렇게 말하고는 가버렸다. 그 뒤 못생긴 한 남자가 지나갔는데 물론 그에게도 두 소녀는 똑같이 소리를 질렀다.

"이봐요, 우리 좀 구해줘요."

그 남자는 한꺼번에 여자 둘을 가질 수 있는 절호의 기회라고 생각하고는 기꺼이 나무를 올라갔다. 그런데 그가 그 둥지에 거의 닿을 무렵 한 소녀가 자신의 머리띠를 둥지에 떨어뜨렸다. 하지만 머리띠를 찾는 것보다 내려가는 일이 더 급했으므로 그녀는 뒤도 돌아보지 않았다. 그 남자는 한꺼번에 두 사람을 모두 데리고 내려갈 수 없어 한번에 한 명씩 데려가기로 했다. 그는 그 높은 나무에 두 번씩이나 오르며 두 소녀를 모두 내려주었다. 그 사람은 이제 자기 아내가 된 두 소녀와 함께 길을 떠나며 무척이나 즐거워했다. 그는 얼굴이 너무 못생겼기 때문에 결혼할 엄두도 못내고 있었는데 한 꺼번에 두 여자와 결혼한 것을 생각하면 그 기쁨은 정말로 큰 것이었다. 그들은 숲속을 지나가다가 잠시 큰 나무 밑에 앉아 쉬고 있었다. 그때 갑자기 한 소녀가 소리를 질렀다.

"아! 머리띠를 둥지에 두고 왔어요."

그 말에 남자가 말했다.

"내가 빨리 가서 가지고 오겠소."

그는 머리띠를 가지러 길을 되돌아갔다. 그러자 두 소녀는 재빨리 수풀 속에 숨어서 나무들에게 부탁했다. 그 남자가 돌아와서 그들을 찾는 휘파람을 불면 모두 한꺼번에 휘파람을 불어 대답해 달라는 것이었다. 그 남자는 잠시 후 머리띠를 들고 와서는 그의 아내들을 찾았다. 하지만 두 소녀는 눈에 띄지 않고 휘파람을 불어보아도 주변에 있는 모든 나무들이 한꺼번에 휘파람으로 대답하는 것이었다. 그 남자는 자기가 속았다는 사실을 알고는 그들을 찾는 것을 포기하고 화를 내면서 길을 떠났다.

오지브와(Ojibwa)족, 북태평양 연안지역

나무를 오르다가 하늘까지 올라간 여자

어떤 넓은 벌판에 한 마을이 있었다. 어느 날 그 마을 여자들이 땔감을 구하러 근처에 있는 작은 숲으로 갔다. 그들 중 한 명이 사시나무(산 중턱 밑의 화전터에 많이 나고 월형이나 달걀꼴 잎이 어긋남) 근처에 있는 고슴도치를 발견하고는 동료들에게 그것을 알렸다. 사람들이 몰려들자 놀란 고슴도치는 나무를 빙빙 돌다가 마침내 나무 위로 올라갔다. 그것을 보고 고슴도치를 처음 발견한 여자는 돌을 던져서 잡으려 했지만 고슴도치는 아예 가지 속으로 숨어 버렸다. 그녀는 나무를 올라가 고슴도치를 잡기로 마음먹었다. 하지만 고슴도치가 손에 닿는가 싶으면 조금씩 위로 올라가 그녀를 감질나게 만들었다. 그래서 막대기로 잡을 생각을 했지만 막대기를 후려칠 때마다 고슴도치는 막대기를 피해 조금씩 위로 올라갔다. 여자는 혼자 중얼거렸다.

"그래도 저놈이 언제가는 잡힐 걸. 저놈을 잡아서 가시로 장식을 만들고 말거야. 필요하면 나무 꼭대기라도 올라가지 뭐."

고슴도치가 나무 꼭대기로 조금씩 올라갈 때까지 그녀도 그 뒤따라 계속 나무를 올라갔다. 높이 올라갈수록 가지가 앞뒤로 흔들려서 몹시 위험해 보였지만 그녀는 아랑곳하지 않았다. 거의 꼭대기에 다다른 그녀가 손을 내뻗어 더 이상 올라갈 데가 없는 고슴도치를 잡으려는 순간 이번에는 나무가 갑자기 커지는 것이었다. 그래서 고슴도치는 다시 그녀의 손을 피해 조금 더 높이 올라갈 수 있었다. 여자가 어찌할 바를 몰라 아래를 내려다보니 동료들은 내려오라고 소리를 지르고 있었다. 하지만 이왕 내친 걸음이라 오기가 생기기도 하고 땅까지는 너무 멀어 내려갈 엄두도 나지 않아 그녀는 계속 오르기로 결심했다. 그녀가 다시 오르기 시작한 지 얼마 뒤에는 나무 밑에서 올려다보던 그녀의 동료들에게도 잘 보이지 않을만큼 작은 점처럼 멀어져 시야에서 사라져 버렸다. 그녀는 고슴도치를 쫓아 하늘에까지 이른 것이었다.

하늘에 도착한 고슴도치는 그녀를 데리고 자기 부모가 사는 마을로 갔다. 마을 사람들은 그녀를 환영하며 그녀에게 온갖 선물을 주었다. 그녀는 고슴도치와 결혼을 했고 집도 새로 한 채 마련했다. 고슴도치는 매우 부지런했고 거기 사는 사람들도 물론 모두 좋은 가죽옷을 입고 좋은 음식을 먹었다.

어느 날 그녀는 버펄로의 힘줄을 모으기로 결심했다. 그리고 그녀가 힘줄을 모으는 것을 남편이나 마을 사람들이 눈치채지 못하도록 버펄로의 가죽으로 옷을 만든다거나 그 밖에 힘줄을 사용해야 하는 일들을 매우 열심히 하기로 했다. 그녀는 남편이 소를 잡아올 때마다 힘줄을 조금씩 모아 마침내 자기가 원하는 만큼 충분히 모을 수 있게 되었다. 그러던 어느 날 남편이 그녀에게 주의를 주었다. 야채나 과일 같은 것들을 구하러 다니더라도 땅은 파지 말고 혹시나 호미를 써야만 하는 경우에도 너무 깊이 파지 말라는 것이었다. 그리고 외출을 하더라도 금방 집으로 돌아오라는 말도 잊지 않았다. 남편은 끊임없이 그녀에게 고기와 가죽을 가져다 주었다. 아내가 외출하지 않고 하루종일 집에서 일만하게 하려는 의도였다. 하지만 그녀는 그럴 때마다 일을 쉽게 끝마쳐 버리는 것이었다.

어느 날이었다. 그날 할 일을 일찌감치 끝낸 그녀가 호미를 들고 감자를 캐러 집을 나섰다. 길을 가던 그녀는 우연히 감자 덩쿨이 우거진 곳을 발견하고는 감자를 캐내기 시작했다. 그러다가 땅에 구멍이 뚫려 있는 것을 보고는 깜짝 놀랐다. 그녀는 몸을 숙여 구멍을 통해 아래를 내려다보았다. 그랬더니 푸른 하늘 밑으로 세상이 보이고 그 속에 마을도 보이는 것이었다.

잘 살펴보니 그곳은 바로 자신의 고향이었다. 그녀는 일단 구멍을 조심스럽게 덮고 표시를 해 두었다. 그녀는 바구니에 감자를 가득 담아 집으로 돌아왔다. 그녀는 감자를 자기 남편에게도 주고 이웃사람들에게도 주었는데 모두들 맛있게 먹으며 그녀를 즐겁게 해 주었다. 그날도 역시 그의 남편은 고기와 가죽을 가지고 왔다.

그러던 어느 날. 그날따라 아침 일찍 사냥을 나가던 남편이 새삼스레 몸조심하라는 말을 했다. 그가 나가자 그녀는 호미와 그동안 모아놓은 힘줄을 들고 예전에 표시해 두었던 곳으로 갔다. 그녀는 구멍이 있는 곳을 찾아내고는 힘줄을 이어서 밧줄을 만들었다. 그것을 길게 늘어뜨려서 자신이 살던 마을까지 닿게 하려는 것이었다.

다 묶고 나자 그녀는 감자 덩쿨을 치우고 호미로 구멍을 가로질러 놓았다. 그리고 힘줄의 양 끝을 호미와 자기 몸에 묶고 구멍을 통해 밑으로 내려가기 시작했다. 그녀는 힘줄을 점점 내려뜨려가며 밑으로 내려갔다. 하지만 힘줄의 길이가 너무 짧아서 끝까지 다 늘여도 발이 땅에 닿지 못하고 허공에 매달려 있게 되었다. 그녀의 발 밑에는 고슴도치를 쫓아 하늘로 올 때 타고 올라왔던 나무가 보였다. 하지만 그녀의 발이 닿거나 뛰어내릴 수 있을만큼 가까운 거리는 아니었다.

한편 그녀의 남편은 아내가 없어진 것을 알고는 마을 사람들에게 마구 화를 내었다. 그리고는 그녀가 갈만한 곳을 다 찾아가며 사방을 돌아다녔지만 아무런 흔적도 찾을 수가 없었다. 그러다가 감자 덩쿨이 우거진 곳까지 가게 되었는데 거기서 그는 조그만 구멍 위에 가로걸쳐진 호미를 보게 되었다. 그는 이제 무슨 일이 일어났는지 짐작하고 몸을 숙여 아래를 내려다보았다. 그의 눈에는 힘줄에 매달려 있는 아내의 모습이 보였다.

"그녀를 안전하게 내려보내는 것이 도리겠지?"

그는 혼잣말로 자신에게 물어 보았다. 그리고는 주변을 둘러보고 지름이 세 치 정도 되는 둥근 돌을 집어들고 구멍으로 돌아왔다. 그는 다시 중얼거렸다.

"이 돌이 그녀의 머리 위에 정확히 떨어져야 할텐데."

그는 힘줄을 따라 조심스럽게 돌을 떨어뜨렸다. 그 돌은 정확히 그녀의 머리 위에 떨어져 그녀는 기절하고 말았다. 그녀가 눈을 떴을 때 자신이 처음에 올라갔던 나무 아래에 누워 있는 것을 알았다. 그리고 머리 맡에는 둥근 돌이 하나 있었다. 그녀는 그 돌을 들고 고향마을로 돌아왔다.

아라파호(Arapaho)족, 대평원

갑자기 커진 나무

　　옛날에 한 늙은이와 젊은이, 그리고 두 여인이 함께 살았다. 두 여인은 젊은이의 아내였다. 어느 날 젊은이는 화살 깃으로 쓸 깃털을 구하기 위해 근처에 있는 커다란 나무 위의 매 둥지를 향해 오르기 시작했다. 젊은이에 대해 질투심을 느끼고 있던 늙은이는 그가 무슨 일을 하는지 지켜보고 있었다. 늙은이는 그가 나무에 오르는 것을 보고는 꼭대기에 다다를 무렵 마술을 부려서 나무가 갑자기 커지게 했다. 그리고는 나무의 껍질을 벗겨 미끌미끌해지게 했다. 그러는 통에 그 젊은이는 옷까지 벗겨져 오도 가도 못하고 나무 꼭대기에 그냥 있을 수밖에 없었다. 밤이 되도록 젊은이가 집에 돌아오지 않자 늙은이는 두 여인에게 집을 옮기고 싶다며 함께 가자고 했다. 그는 두 여인을 밤새도록 설득해서 이튿날 아침 함께 길을 떠났다. 그런데 두 여인 중 한 명은 그를 무척이나 싫어했지만 다른 여인은 호감을 갖고 있었다. 그를 싫어하는 여인은 그와는 도저히 살 수 없다는 생각에 밤이 되자 아기를 안고 집을 나와서는 집에 불을 지르고 도망쳤다. 그녀는 아기를 업은 채 며칠간 정처없이 길을 갔다.
　　밤새도록 그 젊은이는 나무 꼭대기에 꼼짝없이 앉아 있었다. 그렇지 않아도 추위를 잘타던 체질인데다가 옷마저 없었기에 너무 추워서 얼어 죽을 것만 같았다. 그는 궁리 끝에 그의 긴 머리에 매의 깃털을 섞어 담요처럼 쓰게 되었다. 그를 보고 있던 큰 새들이 불쌍하게 생각해서 그를 땅 위로 들어내리려고 했지만 그들의 힘으로는 도저히 그를 들 수가 없었다. 그는 어쩔 수 없이 나무 위에 계속 앉아 있을 수밖에 없었다.

그러던 어느 날 멀리서 한 사람이 오는 것을 보았다. 자세히 보았더니 허리가 꼬부라진 늙은 할머니가 양손에 막대기를 들고 오는 것이었다. 그녀는 그를 구해주려고 나무 위로 올라갔다. 꼭대기까지 올라간 그녀는 거미로 변해서 거미줄을 토해내었다. 그는 그 거미줄을 땅 위로 내려뜨려 그것을 타고 내려올 수 있었다.

그는 곧장 집으로 가보았지만 그 집은 이미 폐허로 변해 있었다. 그는 사람들이 떠난 흔적을 발견하고는 그 자국을 따라 쫓아가기로 했다. 한참을 쫓아가다가 마침내 멀리서나마 그들을 볼 수 있게 되었다. 그가 본 것은 그를 정말 사랑했던, 그를 진정으로 사랑했던 아내와 아들이었다. 그의 아이들은 우연히 뒤를 돌아보다가 그를 알아보고는 소리쳤다.

"엄마! 저기 아빠가 있어요. 아빠가 말이에요."

하지만 그의 어머니는 슬픈 목소리로 대답했다.

"애, 무슨 말을 하는거니? 아빠는 이미 오래 전에 돌아가셨잖아."

하지만 그렇게 대답하면서도 뒤를 돌아보았고 정말 남편이 있음을 알았다. 그들은 서로 한동안 걸음을 멈춘 채 아무 말도 할 수 없었다.

그녀는 남편에게 그동안의 일을 다 이야기했다. 늙은이가 부인 둘을 탐내었다는 것과 자기는 그 사람이 정말 싫었지만 다른 아내는 그를 받아들였다는 사실을 말했다. 그것은 그가 흥분하기에 충분한 것이었다. 그들은 잠시 의논한 끝에 그녀가 가지고 다니던 커다란 바구니 속에 그가 숨기로 했다. 그녀는 그가 바구니 안에 들어가자 잘 덮어 눈에 뜨이지 않게 하고 늙은이의 집으로 향했다. 늙은이의 집에 도착하자 그녀는 그 큰 바구니를 화롯가에 놓았다. 하지만 늙은 사람은 다시 그 바구니를 불에서 멀리 떨어진 곳에 갖다 두었다. 그녀는 바구니를 다시 화롯가로 들고 왔고 그 순간 젊은이가 튀어나와 늙은이를 죽여 버렸다. 그리고 지조없는 아내도 함께 죽였다. 그는 지조를 지킨 다른 부인과 아들을 데리고 옛날 집으로 다시 돌아갔다.

칠코틴(Chilcotin)족, 북태평양 연안지역

소를 아내로 맞이하다

　옛날에 한 남자가 길을 가다가 수렁에 빠진 암소를 보았다. 그는 암소의 그 상황을 이용해 유혹했다. 얼마 후 암소는 아들을 낳게 되었다. 뛰어놀 나이가 된 아이는 인디언 마을로 가서 그 아이들과 함께 놀곤 했다.
　하지만 아이들과 어울리다가도 저녁만 되면 항상 흔적도 없이 사라져 버리는 것이었다. 어느 날 이 소년은 마을에서 아버지를 찾아보겠다고 어머니에게 말했다. 다시 마을로 간 소년은 얼마 지나지 않아 평소와 다름없이 친구들과 어울려 놀았다. 그러다가 그는 추장의 아들과 함께 그의 집에 가게 되었다. 추장은 그의 이야기를 듣고 불쌍하다는 생각이 들었다. 그래서 사람을 시켜 마을에 있는 노인들을 모두 불러모으게 했다.
　추장의 집 앞에 사람들이 모두 모이자 그는 소년에게 아버지를 찾아보라고 했다. 소년은 사람들을 둘러보지만 그의 아버지는 없었다. 그러자 추장은 노인들보다 조금 젊은 사람들을 불러 모았다. 하지만 그 사람들 중에서도 소년의 아버지는 없었다. 또 다시 추장은 그 다음 연령층의 사람들을 불러 모아 소년으로 하여금 아버지를 찾아보게 했다. 그러나 그 소년은 이번에도 고개를 설레설레 흔들었다. 그 다음 추장이 불러 모은 사람들은 마을의 독신 젊은이였다. 이 독신 젊은이들이 모여들고 있을 때 소년은 그 중의 한 명을 향해 뛰어가며 '아버지!'하고 소리를 지르는 것이었다.

"이분이 우리 아버지예요."

아버지와 인사를 나눈 아들은 어머니를 만나러 가자고 그의 아버지에게 말했다.

"어머니가 있는 곳에 가면 한 암소가 아버지를 보고 달려 나와 아버지를 잡아끌고 갈 거예요. 네 번이나 그런 행동을 반복하는 동안 아버지는 꼼짝말고 가만히 있어야 해요."

그 다음날 소년과 그의 아버지는 길을 나섰다. 한참을 걷고 난 후 그들은 암소 한 마리를 만났다. 그 소는 그들을 보자마자 소년이 말한 대로 아버지에게 달려들어 마구 잡아끄는 것이었다. 하지만 그는 꼼짝도 않고 가만히 서 있었다. 그 소는 네 번이나 잡아 끌더니 그가 전혀 움직이지 않자 그의 아내로 변했다. 그리고는 남편과 아이와 함께 집으로 갔다. 그들은 그녀의 집에서 행복하게 잘 살았다.

그러던 어느 날 그녀가 남편에게 부탁을 했다. 그가 어떤 일을 하든 상관없지만 단지 불로 자기를 때리지는 말아달라는 것이었다. 그 뒤로도 그들은 얼마 동안 행복하게 잘 살았다. 그런데 어느 날 그가 손님을 데려온 것이 화근이었다. 평소 착하고 상냥하던 그녀가 그 손님들에게는 노골적으로 적대감을 표시하며 식사준비를 단호히 거절하였다. 그는 너무 화가 난 나머지 화로에 있는 장작을 꺼내어 그녀를 마구 때렸다. 그러자 부인과 아들이 갑자기 사라지고 동시에 암소와 송아지 한마리가 마을을 벗어나 뛰어가는 것이 보였다.

남편은 그 순간 자기의 잘못을 깨닫고 매우 슬퍼했다. 그는 다시 아내와 아들을 찾아보기로 했다. 그는 소의 눈에 띄지 않고 접근할 수 있도록 온몸에 쇠똥을 바르고 길을 떠났다. 잠시 후 그는 소 몇 마리가 춤을 추고 있는 곳에 도착했다. 다가가니 소의 모습을 하고 있는 그의 아들도 보였다. 그는 아들에게 지난번의 잘못에 대해 용서를 빌며 그와 그녀를 다시 데려가고 싶다고 말했다. 그의 아들은 그것이 그리 쉬운 일은 아니며 어려운 시험을 통과해야 가능하다고 말했다.

그가 소의 마을에 와서 아내와 아들을 찾아갈 뜻을 전하면 마을의 족장이 모든 송아지를 모아놓고는 그 중에서 아들을 고르게 하는 시험이라고 말했다. 많은 송아지 중에 자기 아들을 골라내는 것은 거의 불가능한 일이었다. 하지만 아들은 아버지를 돕고 싶은 마음에 미리 신호를 정해놓았다. 족장이 송아지를 불러모으면 자기는 항상 꼬리를 치켜들고 있을테니 그것을 보고 고르라는 것이었다. 그 말에 힘을 얻은 아버지는 곧장 소의 마을로 당당히 걸어갔다.

그는 족장 앞으로 불려가 예상대로 마을의 모든 송아지 중 아들을 가려내어 그와 아들과의 관계를 증명해야 한다는 족장의 말을 들었다. 그는 흔쾌히 그 일을 해낼 수 있다고 대답했다. 그러자 마을의 모든 송아지가 불려왔고 미리 정한 약속 덕분에 그는 쉽게 아들을 골라낼 수 있었다. 하지만 족장은 그것으로 만족하지 않았다.

그가 네 번에 걸쳐 똑같이 자기 아들을 골라내야 한다는 것이었다. 그래서 시험은 다시 치뤄지기로 했고 송아지들을 다시 불러모으는 사이에 그의 아들이 아버지를 찾아와 이번에는 한쪽 눈을 감고 있을테니 자신을 알아보라는 말을 했다. 얼마 후 족장은 그에게 다시 아들을 고르라고 말했다. 그는 아들의 신호를 보고는 쉽게 골라낼 수 있었다.

그 다음 시험이 준비되고 있는 사이 아들이 또 찾아와 이번에는 한쪽 귀를 내리고 있는 것이 신호라고 말했다. 세번째 시험에서도 그는 많은 송아지 중에서 쉽게 아들을 골라낼 수 있었다. 이제는 마지막 한번의 시험이 남아 있었다. 물론 아들이 또 찾아왔고 마지막 신호는 한쪽 다리를 들고 춤을 추는 것으로 정해졌다. 송아지들이 마지막으로 불러모아졌을 때 그의 아들은 단짝 친구와 함께 있었다. 그 친구와 함께 있는 것이 문제가 될 줄은 아무도 몰랐다. 그 단짝 송아지는 아들이 한쪽 다리를 들고 춤을 추기 시작하자 혼자 생각했다.

"얘가 아주 재미있는 춤을 추는데?"

그리고는 자기도 따라서 춤을 추기 시작했다. 그 아버지는 약속한 신호를 보내는 송아지가 두 마리인 것을 보고 당황했다. 하지만 어쩔 수 없이 둘 중에 아무나 골라야 할 상황이었다. 그는 짐작으로 하나를 골라내었지만 그 짐작은 틀리고 말았다. 그러자 즉시 송아지들이 그에게 달려들어 마구 짓밟아 버렸다. 그리고는 송아지 소년, 그의 어머니, 그리고 한 늙은 황소만을 남긴 채 모두 가버렸다.

그 셋은 불쌍한 아버지의 운명을 슬퍼했다. 얼마 후 늙은 황소는 그의 뼈라도 남아 있는지 땅을 잘 살피기로 했다. 오랫동안 세심하게 살핀 끝에 그들은 아주 작은 뼈 한조각을 찾을 수 있었다. 늙은 황소는 집을 한 채 지어 그 안에서 주은 뼈로 그를 살릴 수 있었다. 그가 살아나자 늙은 황소는 그와 그의 가족에게는 앞으로 어떤 초능력과 함께 머리장식, 그들을 위한 노래, 그리고 지팡이가 생긴다고 말했다. 특히 지팡이는 소들이 춤출 때 사용하던 것과 같은 꼬불꼬불한 모양의 특별한 것이라는 설명도 덧붙여졌다.

그의 아들과 부인은 그 후 사람으로 변하여 남편과 함께 인간세상으로 돌아왔다. 그들은 그 뒤로 '황소'족과 '뿔'족을 번성시켰다.

블랙풋(Blackfoot)족, 대평원

개와 결혼한 여자 (I)

오랜 옛날, 어떤 마을에 개를 사랑하는 젊은 처녀가 살았다. 그녀는 어디를 가든지 항상 자신의 개를 데리고 다녔다. 그리고 밤이 되면 개는 침대 위 그녀의 발치에서 잠을 잤다. 그녀가 깊이 잠들었을 때 개는 사람의 모습으로 변하곤 하였다. 그리고 아침이 되어 주위가 밝아지기 전에 다시 개의 모습으로 돌아왔다.

그 사실은 아무도 모른 채 시간이 흘러 그녀는 임신을 하게 되었다. 뒤에 그녀의 부모들은 자신들의 딸이 개 때문에 임신했다는 사실을 알아내고 말았다. 부모들은 그 사실이 너무나 부끄러워 마을 사람들이 보는 앞에서 집에 불을 질렀다. 그리고 그 처녀가 굶어 죽도록 혼자만 남겨 두고 모두들 강을 건너 그 마을을 떠나 버렸다.

그러나 까마귀는 그녀가 불쌍한 생각이 들어서 석탄과 부싯돌을 주었고 불을 지피는 방법도 가르쳐 주었다. 그리하여 그녀는 그 마을에서 홀로 살게 되었다.

얼마 후에 그녀는 다섯 마리의 강아지를 낳았다. 하지만 이미 아버지는 그녀의 남편이었던 개를 죽여 버리고 난 뒤였다. 결국 그녀는 바닷가에 있는 조개를 주워 먹으며 혼자서 강아지들을 돌볼 수밖에 없었다. 이것이 그녀가 살아갈 수 있는 유일한 방법이었다.

강아지들은 한 마리가 암놈이고 나머지 네 마리는 모두 수놈이었다. 그들은 엄마의 자상한 보살핌으로 무척 빨리 성장했다. 그런데 하루는 집 밖에서 노래와 춤추는 소리가 들려왔다. 그녀는 네 번이나 그 소리를 들었고 다섯번째로 그 소리를 들었을 때는 불안한 느낌이 들어서 집 밖으로 나와 조개를 줍는 시늉을 하면서 모래사장에 구멍을 팠다. 그곳에서 그녀는 자신의 강아지들이 사람으로 변하는 모습을 지켜볼 수 있었다.

강아지들은 네 소년과 한 소녀로 변하였다. 그리고 네 명의 소년들은 노래를 부르면서 춤추고 있었고 나머지 한 명의 소녀는 그들의 엄마가 모래에 구멍을 파 조개를 찾는 척하며 자신을 지켜보고 있었음을 알아챘다.

그녀는 잠시 동안 기다리다가 아이들이 완전히 사람의 모습으로 변하자 그들을 꾸짖었다. 그것은 이전에 마을 사람들 앞에서 부끄러움을 당했던 일을 기억했기 때문이었다. 그녀는 아이들에게 다시는 개의 모습으로 돌아가지 말라고 했다. 아이들은 모래바닥에 앉아서 부끄러워했다. 그리고 강아지일 때 사용하던 담요를 모두 찢어서 불 속에 던져 버렸다.

그리하여 그들은 그날부터 사람의 모습으로 남게 되었다. 어머니가 네 명의 소년들에게 활과 화살을 만들어 주어도 될만큼 그들은 충분히 성장했다. 그녀는 그들에게 새를 잡는 방법을 가르쳐 주었다.

새를 잡을 수 있게 되자 그 다음에는 더 큰 활과 화살로 큰 동물들을 사냥하는 방법도 가르쳐 주어 마침내는 엘크사슴(말코손바닥사슴이라고 불리며 포유류 사슴과의 한 종, 현존하는 사슴 중 제일 크고 회갈색)을 사냥하는 방법까지 알게 되었다. 그녀는 아이들을 매일 목욕시켰다. 그것은 초능력을 얻어서 고래를 잡기 위한 것이었다. 또한 엘크사슴의 뼈로 작살을 만들었고 삼나무에서 뽑은 실을 꼬아 밧줄도 만들었다. 그리고 작은 배도 하나 만들었다.

　모든 준비가 끝나자 소년들은 고래를 잡으러 바다로 나갔다. 고래 사냥은 성공적으로 끝났다. 그들은 바닷가에 지어진 창고 속에 고래고기를 가득 저장하고도 남을 만큼 많이 잡았다.

　그러던 어느 날 까마귀는 강 건너에 있던 옛날 마을에서 커다란 연기가 올라오는 것을 보았다. 그곳은 자신이 불쌍하게 여기던 처녀가 혼자 살고 있던 곳이었다. 그날밤 까마귀는 그 연기가 오르는 까닭을 알아보려고 그곳으로 갔다.

　까마귀가 바닷가에 가까이 이르자 고래고기가 타는 냄새를 맡을 수 있었다. 죽은 고래는 여기저기에 널려 있었고 또 한쪽에서는 고래고기가 통채로 불에 타고 있었다. 까마귀는 처녀의 집을 찾아가 아이들이 이미 다 자란 것을 보았다.

　아이들은 까마귀를 환영했고 맛있는 고래고기를 실컷 먹을 수 있도록 대접했다. 하지만 까마귀가 돌아가 자신의 자식들에게 줄 음식을 조금 달라고 했지만 그들은 아무것도 주지 않았다. 그들은 다만 까마귀가 원한다면 언제라도 다시 오라고 부탁했다.

　까마귀가 떠나려고 하자 그 처녀는 한가지 부탁했다. 마을 사람들을 만나면 자신과 아이들이 모두 죽었다고 믿도록 울면서 말해 달라는 것이었다. 그러나 까마귀는 마을로 돌아가 그녀가 부탁한 말 대신에 자신이 본 그대로를 말했다. 소년들이 잡은 고래를 뜯어 먹으려고 바닷가에 갈매기들이 떼를 지어 모여 있었다고 했다.

　하지만 사람들은 까마귀의 말을 믿으려고 하지 않았다. 그러나 까마귀는 자신의 아이들에게 먹일 고기를 몰래 갖고 와서 아이들에게 먹였다. 그 아이들은 너무나 맛있어서 급히 먹다가 그만 사레가 걸려 기침을 했고 입에 있던 고기를 뱉어 내었다.

　그 광경을 본 몇몇 마을 사람들은 그 이야기를 모두에게 알렸고 결국은 까마귀가 한 말을 믿게 되었다. 그들은 의논을 한 끝에 배를 타고 강을 건너 그 처녀와 아이들이 사는 곳으로 갔다. 그리고는 거기에 다시 마을을 건설하고 그 소년들을 마을의 추장으로 삼았다. 추장이 된 소년들은 마을 사람들에게 항상 고래를 잡아다 주었다.

퀴나울트(Quinault)족, 북태평양 해안지역

개와 결혼한 여자 (II)

어떤 마을의 한 추장에게 예쁜 딸이 있었다. 그녀는 너무나 매력적이어서 그녀를 흠모하는 청년이 많았다. 어느 날 밤 어떤 젊은이가 그녀의 방에 몰래 들어왔다. 하지만 그녀는 그가 누군지 알 수 없었다. 그녀는 그가 누군지 꼭 알아내야겠다고 마음먹고는 날이 밝자 침대 머리맡에 빨간 물감을 갖다 두었다. 밤에 그가 또다시 그녀의 침대로 다가오자 그녀는 손에 물감을 묻혔다. 그리고는 그가 그녀를 껴안는 순간 그녀는 그의 등에 빨간 물감을 묻혀 두었다.

그 다음날 그녀는 아버지에게 부탁해서 마을의 젊은이들을 불러 모아 무도회를 열었다. 그녀의 집 앞에서 열린 무도회에는 마을의 모든 젊은이들이 참석했고, 그로 인해 마을은 한바탕 야단법석이 일어났다. 그녀는 물감이 묻은 사람을 찾아내기 위해 무도회에 참석한 젊은이들을 유심히 살펴보았다.

하지만 아무리 살펴보아도 등에 물감이 묻은 사람은 눈에 뜨이지 않았다. 의아하게 생각한 그녀가 뒤를 돌아보는 순간 그녀는 아버지의 개 중 한마리의 등에 빨간 물감이 묻어 있는 것을 발견할 수 있었다. 그녀는 너무 실망한 나머지 곧 자기 방으로 들어가 버렸다. 주인공이 사라시사 무도회는 맥없이 저질로 끝나버렸다.

그 다음날 그녀는 마을 근처의 숲속으로 개를 데리고 가 마구 때렸다. 그러자 개는 어디론가 도망가 버렸다. 그녀는 우울하게 몇 달을 보낸 후 그녀의 기분과는 관계없이 강아지 일곱 마리를 낳게 되었다. 그녀는 태어난 강아지를 보자마자 어머니에게 그것들을 죽여달라고 부탁했다. 그러나 그녀의 어머니는 그것들을 무척 귀여워했고 집을 만들어주기도 했다.

강아지들은 무럭무럭 커갔고 가끔씩 밤에 늙은 개가 자기 자식들을 보러 오기도 했다. 시간이 좀 흐르자 그 여인도 강아지들에게 관심을 가지기 시작했고 가끔 강아지들과 함께 놀기도 했다. 강아지들이 뛰어다닐 수 있을 정도로 커진 어느 날 그 늙은 개가 찾아오더니 강아지들을 데리고 어디론가 가버렸다.

그 여인은 강아지들이 가버린 다음날에야 그들이 없어진 사실을 알게 되었다. 주위를 살펴보니 집 앞쪽으로 큰 개와 작은 강아지들의 흔적이 남아 있었다. 그녀는 한동안 그 흔적을 쫓아가다가 포기하고 집으로 돌아왔다. 그녀는 너무나 슬펐다. 자신도 모르는 사이 강아지들과 정이 들었음을 깨달은 그녀는 결국 어머니를 찾아가서 말했다.

"엄마, 신발 일곱 켤레만 만들어 주세요. 아무래도 그들을 쫓아가서 만나지 않으면 못견딜 것 같아요."

어머니는 그녀에게 신발을 만들어 주었고, 그녀는 그들의 자취를 쫓아 길을 떠났다. 한참을 걸어간 후에 그녀는 마침내 그들이 임시로 지은 천막을 발견할 수 있었다. 그녀가 다가가자 막내아이가 나와서 말했다.

"엄마, 아빠는 엄마가 여기 오는 걸 원치 않아요. 우리는 우리의 고향으로 갈 거예요. 엄마는 거기에 가실 수 없어요."

그녀가 말했다.

"아니야, 안돼. 너희들이 어디에 가건 나도 함께 갈거야."

그녀는 막내아이를 안고 천막으로 들어갔다. 천막 안에는 한 젊은이가 있었다. 그는 그녀에게 약간의 고기와 마실 것을 주었는데, 그것들은 아무리 먹어도 살이 찌지 않는 희한한 것이었다. 그녀는 막내를 자기 허리띠에 묶은 채로 잠이 들었다.

그 다음날 아침 깨어보니 그녀는 완전히 혼자였다. 아이들도 없고 천막도 사라지고 없었다. 그녀는 다시 그들의 자취를 쫓아가 그들을 만날 수 있었다. 이렇게 네 번을 반복했다. 그런데 네번째는 그들의 흔적을 찾을 수 없었다.

그들을 한참 찾아 헤맨 그녀는 우연히 하늘을 올려다보았다. 그런데 어떻게 된 일인지 아이들은 하늘에 있었다. 그 아이들은 북두칠성(Pleiades)이 되어 있었다.

체이엔느(Cheyenne)족, 남동부 지역

두 자매

옛날에는 사람의 이름을 동물이나 다른 사물의 이름을 빌려 쓴 경우가 많았다. 예를 들면

거미, 물새, 들고양이, 도토리, 벌레, 누에, 코요테, 담비, 독수리……,

어떤 곳에 누에라는 이름의 한 늙은이가 살았다. 그에게는 여러 명의 아들과 두 딸이 있었다. 그는 큰 집에 살았지만 아이들로 가득 차 있어서 항상 비좁은 듯한 느낌이 들었다.

두 딸의 이름은 독수리와 물새였다. 물새는 오빠인 들고양이와 사랑에 빠졌다. 그녀는 그와 결혼하는 꿈을 꾸기도 할 정도로 푹 빠져 있었다. 코요테도 그 집에서 함께 살았지만 친척은 아니었다. 그저 손님으로서 그 집에 살았을 뿐이었다.

어느 날 남자들은 모두 사냥을 나가고 집 안에는 두 자매만 있었다. 그때 물새는 잠을 자다가 꿈에서 오빠인 들고양이를 보았다. 그녀는 그에 대한 노래를 부르기 시작했다.

나는 꿈에 들고양이를 보았네
그가 내 남편이 되는 꿈을 말이네
나는 꿈에 들고양이를 보았네

꿈에서 그는 내 남편이 되었네.

저녁이 되자 사냥을 나갔던 남자들이 집으로 돌아왔다. 그 다음 날에는 아침 일찍 수영을 하러 갔다. 그 사이에 독수리는 그들을 위한 음식을 준비했다. 하지만 물새는 손에 지팡이를 들고 그들이 수영하고 있는 계곡의 꼭대기로 가서 노래를 불렀다.

내 남편은 어디 있어?
그를 내게 보내줘요
그와 함께 갈 데가 있어요
그를 이리 보내줘요.

그녀에게 남편이 없다는 사실을 모르는 사람은 아무도 없었다. 그들이 웃으며 말했다.
"너는 남편이 없어."
그때 들고양이는 한쪽 귀퉁이 바위 위에 들고양이 가죽을 깔고 누워 있었다. 문득 누에가 입을 열었다.
"애야, 너는 아직 결혼을 안 했잖니? 여기 있는 남자들은 모두 너의 오빠야."
"아니에요. 저는 남편이 있어요. 그가 이리 좀 올라왔으면 하고 부르는 거예요."
물새는 누에를 흘겨보며
"글쎄, 내가 한번 올라가 보는 것이 좋겠어. 얘가 무슨 말을 하는 건지 들어봐야지."
그렇게 말한 사람은 제일 큰오빠였다. 그는 계곡을 올라갔다. 잠시 후 물새는 큰오빠가 계곡 꼭대기로 올라오는 것을 보고 말했다.
"오빠는 내 남편이 아니잖아. 가까이 오지마."

그녀는 소리를 질러 큰오빠를 계곡 밑으로 내려가게 했다. 그리고는 다시 외쳤다.

"내 남편은 어디 있어요? 이리로 좀 보내주세요."

"네가 가봐라."

누에가 둘째 아들에게 말했다.

"오빠가 아니야."

물새가 둘째 오빠를 보고서 말했다. 그녀는 다들 아니라고 말하며 계곡 밑으로 다시 돌려보냈고 마지막으로 들고양이만 남았다. 그래서 누에는 들고양이에게 말했다.

"얘야, 일어나서 그 아이에게 가봐라. 그 애가 원하는 사람은 바로 너인 모양이다."

그때 물새가 말했다.

"그가 맞아요. 그가 제 남편이에요. 나는 그와 함께 여기를 떠나야 해요."

들고양이는 아무 말도 없이 일어나 옷을 입었다. 그리고는 물새에게 갔다.

"해가 벌써 중천에 떠 있으니 빨리 출발해야겠어요."

물새가 말했다.

그녀는 자기가 원하는 사람과 떠날 수 있게 되어 기분이 좋았다. 그들은 함께 길을 떠났다. 길을 가는 동안에 그녀는 내내 그에 대한 노래를 불렀다. 이윽고 밤이 되자 그들은 자리를 마련하고 그 위에 누웠다. 하지만 들고양이는 도저히 잠을 잘 수가 없었다. 그는 놀랍기도 하고 두렵기도 했다. 물새가 잠이 들자 그는 재빨리 자리에서 일어나 부드러운 나무를 골라 그녀에게 안겨주고는 달아났다. 그는 있는 힘을 다해 자기 집으로 달려갔다. 동이 틀 무렵 그는 집에 도착할 수 있었다.

누에의 집에는 그의 누이인 거미가 함께 살고 있었다. 그녀는 실을 자아내고 새끼를 꼬는 등의 일에는 최고의 실력을 갖고 있었다. 그녀는 집채만한 버드나무 바구니를 가지고 있었고 거기에는 또 하늘까지 닿는 기다란 줄이 달려 있었다.

그녀는 들고양이가 돌아온 것을 보곤 말했다.

"애야, 내가 너를 너의 누이로부터 구해주마. 그녀는 금방 여기로 올거야. 지금이라도 들이닥칠지 모르지. 네가 이곳에 있는 걸 보면 그녀는 이 집에 있는 모든 것들을 죽이려 들거야. 우리들도 모두 다 피하는 게 좋아. 다들 내 바구니에 올라타라구. 내가 하늘로 올려줄 테니까. 그녀는 우리가 하늘에 있으리라고는 생각하지 못할거야. 설사 우리를 보더라도 거기까지 쫓아올 수도 없을거고."

그때 코요테가 말했다.

"내가 맨 밑에 있겠어요. 착한 일 좀 해보고 싶어요. 내가 다른 사람보다 먼저 들어가 바구니 맨 밑에 있을께요."

그래서 코요테가 맨 처음 바구니 안으로 들어갔고 그 뒤로 집에 있던 모든 사람들이 차례대로 바구니 안으로 들어갔다. 모두 바구니 안에 들어가자 거미는 줄을 타고 하늘 꼭대기까지 올라가 줄을 잡아당기기 시작했다. 이제 그들이 살던 집은 텅 비어 버렸다. 거미는 계속해서 바구니를 끌어올렸다.

한편 아침이 되어 잠이 깬 물새는 자기 팔에 안겨 있는 것이 들고양이가 아니라 다 썩어가는 나무토막인 것을 알고는 혼잣말을 했다.

"당신은 멀리 가지 못했을거야. 나로부터 멀리 벗어나기는 힘들지. 세상 어디든 나는 끝까지 따라갈테니."

그녀는 자기가 살던 집으로 돌아갔다. 그러나 집에는 아무도 남아 있지 않았다. 그녀는 사방을 돌아다니며 그들의 흔적을 찾아보았다. 하지만 아무리 찾아보아도 흔적은 보이지 않았다. 그러다가 문득 하늘을 올려다본 그녀는 그제서야 그들이 어디로 갔는지 알 수 있었다. 저 멀리 태양 가까이 아주 높은 곳에서 바구니가 끊임없이 위로 올라가는 것이 그녀의 눈에 띄었던 것이다. 그녀는 화가 나서 미친듯이 날뛰었고 홧김에 집에 불을 질렀다. 집은 곧 화염에 휩싸여 버렸다.

그때 바구니는 거의 태양에 닿으려는 순간이었고 코요테는 혼잣말을 했다.

"우리가 얼마나 많이 올라왔는지 어디 한번 봐야겠는 걸."

그리고는 바구니 밑바닥에 작은 구멍을 뚫어 아래를 내려다보려고 했다. 그가 구멍을 뚫는 순간 그 구멍을 중심으로 바구니는 크게 찢어져 버렸다. 그리고 순식간에 모두들 공중에서 추락하기 시작했다. 그들은 공중에서 길다란 행렬을 그리며 화염에 휩싸인 집으로 떨어지고 있었다.

그때 독수리는 바구니 맨 꼭대기 바깥 쪽에 나와 있었다. 그녀는 바구니가 찢어지는 순간 가까이 있던 태양을 꼭 붙잡아 생명을 구할 수 있었다. 하지만 들고양이는 다른 형제들과 마찬가지로 불타는 집 위로 떨어져 타고 말았다.

물새는 그들이 결국 자기 손아귀를 벗어나지 못하고 그렇게 죽는 것을 보고 기분이 좀 풀어졌다. 그녀는 기다란 막대기를 집어다가 거기에 그물을 달아놓고는 불타고 있는 집을 쳐다보았다. 집도 그 집에 살던 사람도 모두 불에 타고 있었다. 그러다가 잠시 후 누군가의 몸통이 퍽하는 소리와 함께 터지면서 심장이 튀어나왔다. 물새는 그 심장을 잡아 자기 그물에 걸어두었다. 조금 후 다시 두 번째 몸통이 터져 심장이 튀어나왔다. 그것도 그물에 걸어두었다. 그렇게 해서 거의 모든 사람의 심장을 다 모을 수 있었다. 하지만 그녀는 단 두 사람의 심장은 찾지 못했다. 그것은 누에의 것과 큰 오빠의 것이었다.

누에도 그 집에 있었다. 하지만 그의 심장은 너무 높이 날아가서 집 근처에 떨어지지 않고 멀리 강 한가운데에 있는 섬에 떨어졌다. 거기서 그의 심장은 다시 살아나 자신의 본래 모습을 되찾았다. 그런데 그는 턱 부근까지 땅속에 묻혀 있고 머리만이 땅 밖으로 간신히 내밀어져 있을 뿐이었다.

큰오빠의 심장도 먼 곳으로 날아가 본래의 모습을 되찾았다. 그도 역시 땅속으로 너무 깊이 박혀 버린 나머지 얼굴 부분만 간신히 땅 밖에 내밀 수 있었다.

물새는 자기가 주운 심장을 모두 줄에 매달아 목걸이를 했다. 그녀는 물속 깊이 들어가 호수 밑바닥에서 살고 싶었기 때문에 근처에 있는 호수를 찾아갔다. 그 호숫가에는 두 형제가 할머니를 모시고 살고 있었다. 어느 날 아침 일찍 두 형제는 오리를 잡으러 집을 나섰는데 어디선가 사람 소리가 들리는 것이었다.

"누구지?"

형이 주위를 둘러보며 물었다.

"나도 모르겠어."

동생이 대답했다. 그들은 곧 그 소리의 주인공이 물새임을 알게 되었다. 그녀가 물 속에 잠겼다가 나오면서 소리를 낸 것이었다. 그녀는 심장으로 만든 커다란 목걸이를 하고 물 속에 잠겼다가 떠오르는 일을 계속 반복했다.

독수리는 하늘에서 좀 정신을 차린 후 해가 지는 틈을 타서 땅으로 내려와 옛 집을 찾아가 보았다. 하지만 그녀가 볼 수 있는 것은 타버리고 남은 뼈와 재뿐이었다. 그녀는 머리와 팔에 송진을 바르고 또 송진을 묻힌 사슴 가죽을 목에 두른 채 슬피 울면서 주위를 맴돌았다. 그런 뒤에 시간이 좀 흐르자 그녀는 언니를 찾기 시작했다. 그녀는 사방을 다 돌아다녔다.

한편 호숫가에 살던 형제는 멀리서 들려오는 노랫소리를 들었다.

“리-와-예, 리-와-하(Li-wa-éh, li-wa-há), 리-와-예, 리
-와-하(Li-wa-eh, li-wa-há.)”

이것은 누에가 부르는 노랫소리였다. 그는 땅속에 박힌 채 흐느
끼며 노래를 불렀다.

독수리는 만나는 사람마다 언니의 행방을 물어보는 한편 언니가
저지른 일에 대해서도 말하고 다녔다. 그러다가 어느 날 해질 무렵
마침내 호숫가의 두 형제가 사는 집에 도착하였다. 그녀는 할머니
를 만나 그동안의 일을 모두 말했다.

“내 언니가 오빠와 동생들을 모두 죽이고 아버지까지도 죽여 버
렸어요.”

할머니는 이야기를 다 듣고 나자 눈물을 흘리며 무척 슬퍼했다.
형제는 그때 사냥을 나가고 집에 없었지만 곧 오리를 잔뜩 잡아 가
지고 돌아왔다. 할머니는 손자들에게 말했다.

“이 분은 지금 자기 식구를 모두 죽인 언니인 물새를 찾고 있
어.”

두 형제 역시 이야기를 듣고는 울지 않을 수 없었다. 얼마 후 그
들은 울음을 멈추고 할머니께 말했다.

“오리를 요리해서 이분께 많이 드리세요. 지쳐 있을텐데.”

할머니는 손자들의 말대로 오리를 요리해서 그녀에게 주었고 식
사를 모두 마치자 두 형제는 다시 그녀에게 질문을 했다.

“당신 언니는 어떤 종류의 사람이지요? 어느 방향으로 갔는지
아십니까?”

“언니가 어디로 갔는지는 저도 전혀 몰라요.”

그녀가 대답했다. 그러자 두 형제는 말했다.

“3일 전, 이른 아침이었는데 한 여인이 우리가 물고기를 잡고 있
는 호수에 뛰어드는 것을 보았어요. 상당히 큰 목걸이를 하고 있었

는데 그 여자가 당신 언니일지도 모르겠네요.”

“그 여자를 좀 잡아다줘요. 수달의 가죽과 온갖 구슬을 드리겠어요. 곰 가죽도 드릴께요. 그녀를 잡아주기만 하면, 뭐든지 원하시는 대로 하겠어요. 당신들이 원하신다면 제가 여기 계속 머물러 있을 수도 있어요.”

“우리는 구슬이나 수달 가죽, 그리고 곰 가죽 같은 것은 필요 없어요.”

형제가 대답했다.

“그럼 혹시 원하시는 것이 있으세요?”

“우리는 붉은색 푸른색 사슴뼈(사슴의 다리뼈에 붙어 있는 지방이 일부는 빨갛게 일부는 파랗게 변한 것이라고 한다)가 있으면 좋겠어요. 물고기 잡는데 작살로 쓸 수 있게 작고 뾰족한 것이면 더 좋구요.”

“당신들이 원하시는 대로 모두 드리겠어요.”

그 다음날 아침 그녀는 가방을 메고 높은 산에 올라가 붉은색과 푸른색 사슴 다리뼈를 주웠다. 해질 무렵 그녀는 가방 가득 그것들을 채워서 돌아올 수 있었다.

두 형제는 뛸듯이 기뻐했다. 그리고 형은 붉은색 뼈를 갖고 동생은 푸른색 뼈를 가졌다.

“너희들은 이제 반드시 이분을 위해 그 나쁜 여자를 잡아와야겠다.”

할머니가 손자들에게 말했다.

그날밤 밤새도록 형제는 뼈를 날카롭게 갈아서 창끝에 단단히 붙들어 매었다. 그리고 쉬지 않고 모든 준비를 갖추었다.

“이제 일어나자. 해뜰 시간이 되었어.”

그들은 호수를 향해 출발했다. 호수에 도착하자 그들은 만반의 준비를 갖추고 물가에서 기다렸다. 매일 아침 해뜰 무렵이면 물새가 물 밖으로 나와 이상한 소리를 내었기 때문에 이날도 마찬가지로 물새를 만날 수 있으리라는 생각이었다. 형은 물 위를 떠다니던 수초를 붙잡아 줄기를 가르고는 자기 몸을 작게 만들어 그 속에 들어갔다. 동생도 다른 수초를 붙잡아 형이 한 것과 똑같이 했다. 두 형제는 수초의 줄기•속에서 물 위를 떠다녔다. 잠시 후에는 그들이 처음 물새를 보았던 곳에 도착할 수 있었다.

"내가 먼저 쏠거야."

형이 말했다.

"안돼. 형은 그녀를 놓치고 말거야."

동생이 말했다.

"내가 먼저 쏠거야. 내가 더 화살을 잘 쏘잖아. 형의 화살은 그녀의 심장을 꿰뚫지 못할거야."

"내가 먼저 쏜다니까."

결국 그들은 먼저 보는 사람이 쏘기로 했다. 그들은 물 위를 잘 살폈다. 둘다 화살을 꺼내어 언제든 시위를 당길 준비를 하고 있었다. 이윽고 날이 밝아오자 물새가 물 위로 둥실 떠올랐다. 그녀의 손이 먼저 물 밖으로 나왔다.

그것을 보고 먼저 화살을 쏜 것은 동생이었다. 그가 쏜 화살은 그녀의 목에 맞았다. 형도 화살을 쏘았지만 그의 화살은 그녀의 팔을 맞추었다. 물새는 화살을 맞고는 물 속으로 들어가 몸을 감추었다.

형제는 무슨 일이 일어날지 마냥 기다릴 수밖에 없었다. 그런데 잠시 후 화살 두 개가 물 위로 떠오르는 것이 보였다. 그들은 그녀를 놓쳤는지도 모른다는 불안한 생각이 들었다. 하지만 조금 뒤 그녀의 시체도 떠올랐다. 그녀는 물 속에서 죽은 것이었다.

형제가 그녀의 곁으로 다가가 살펴보니 그녀는 여러 개의 심장으로 만든 커다란 목걸이를 하고 있었다. 그들은 그녀의 시체를 물 밖으로 끌어내어 집으로 가져왔다. 그들은 시체를 밖에 두고 집으로 들어갔다.

"그녀를 못 찾았어요."

그들이 시치미를 떼자 독수리는 실망한 표정을 지었지만 물고기를 요리해서 함께 저녁식사를 했다. 식사를 마치고나자 형이 독수리에게 말했다.

"밖에 나가서 오늘 아침에 우리가 잡은 것 좀 봐요."

그녀는 그제서야 환하게 웃으며 형제와 함께 바깥으로 나가 언니의 시체를 보았다. 그녀는 사슴가죽으로 만든 치마를 벗어 언니의 시체를 덮고는 집 안으로 가지고 들어왔다. 그리고는 언니의 목걸이를 벗겨 심장의 숫자를 세어보았다.

"큰오빠의 심장이 없어요. 아버지 것도 없고요."

그녀가 놀라며 큰 소리로 외쳤다.

"요사이에 저 북쪽 어디에선가 울음소리가 항상 들려요. 그게 당신 오빠나 아버지의 목소리인지도 모르겠네요."

형제가 말했다.

독수리는 그게 누구의 울음소리인지 직접 확인하기로 했다. 그녀는 언니의 시체와 오빠들의 심장을 그 집에 그냥 두고 서둘러 북쪽으로 갔다. 마침 울음소리가 들려와 그것이 누구의 목소리인지 당장 알 수가 있었다.

"아버지의 목소리야!"

그녀는 소리가 나는 곳으로 급히 달려갔다. 하지만 아무도 눈에 띄지 않았다. 그래도 그 소리는 아주 가까운 곳에서 계속 들렸다. 마침내 그녀는 얼굴만 땅 밖으로 내밀은 아버지의 모습을 볼 수 있었다.

아버지는 정말 불쌍한 모습이었다. 그에게는 앙상한 뼈만 있을 뿐 살이라고는 전혀 붙어 있지 않았다. 그녀는 자신의 사슴 가죽옷을 벗어 아버지께 입혀드리고는 그 할머니의 집으로 돌아왔다. 그리고는 언니의 시체와 목걸이를 들고 이제는 잿더미만 남은 옛 집으로 돌아왔다.

하지만 아직도 큰오빠의 소식을 알 수 없었기에 그녀는 큰오빠를 생각을 하며 눈물을 흘렸다. 그리고 할머니의 집에서 가져온 것들을 모두 집 한쪽 구석에 숨겨두었다.

한편 큰오빠의 심장이 날아간 곳 근처에는 한 노인이 부인과 두 딸과 함께 살고 있었다.

어느 날 노인은 두 딸에게 말했다.

"애들아 나무 좀 해 오너라."

두 소녀는 바구니를 들고 나무를 가지러 갔다. 그런데 집 밖에서 누군가의 노랫소리가 들리는 것이었다.

이-노 이-노, 이-노 미-나(I-nó i-no, I-no mi-ná), 이-노 이-노, 이-노 미-나.(I-nó i-no, I-no mi-ná.)

동생이 그 소리를 먼저 듣고 언니에게 말했다.

"언니, 저 소리 좀 들어봐. 누가 노래를 하고 있잖아."

그들은 귀를 기울였다. 정말 누군가가 노래를 부르는 소리였다. 멀지 않은 곳에서 들리는 것 같아 그들은 소리가 들리는 곳을 향해 걸음을 옮겼다.

"아주 훌륭한 노래인데?"

동생이 말했다.

"누가 저렇게 노래를 부르는지 꼭 보고 싶어."

그들은 소리가 나는 곳에 가보았지만 도저히 찾을 수가 없었다. 언니가 말했다.

"나무 갖고 어서 집으로 돌아가자. 한참 동안 바깥에 있으면 아버지한테 혼날거야."

그들은 나무를 가지고 집으로 돌아갔다. 그리고 아버지에게는 아무 말도 하지 않았다. 둘은 나중에 그 노랫소리가 나는 곳으로 가서 귀를 기울여 보았다. 마침내 소리가 나는 곳을 알아낸 동생이 언니에게 말했다.

"언니, 내 생각엔 바로 이 사람이 노래를 부르고 있는 것 같아."

그 말을 들은 언니가 자세히 살펴보니 땅 밖으로 머리만 내밀은 사람이 있었다. 그의 얼굴은 온통 눈물 범벅이었다. 너무 많이 울어서인지 그는 얼굴이 지저분하고 추해보였다. 자매는 뾰족한 막대기를 구해다가 그의 머리 둘레를 파내려갔다. 그들이 그의 가슴까지 파내려갔을 무렵 날이 어두워져서 할 수 없이 그를 꺼내지 못한 채 집으로 돌아가야 했다.

"뭣하느라 그렇게 늦었니?"

그들에게 아버지가 물었다.

"누가 노래를 부르길래 그를 찾아다녔어요. 하지만 아무리 찾아다녀도 없어서 내일 다시 찾으러 갈 거예요."

"그래, 잘했다."

아버지는 누에의 아들들이 어떻게 죽었는지 이미 들어서 잘 알고 있었다.

"그들 형제 중에 혹시 살아 있는 사람이 있을지도 몰라. 누가 그 노래를 부르는지 꼭 찾도록 해라."

그가 딸들에게 말했다.

그들은 그 다음날 일찍 그에게 갔다. 그들은 그를 땅에서 파내어 자신들이 입고 있던 사슴가죽 치마로 조심스럽게 감쌌다. 그는 온몸에 살이라고는 한 점도 없고 온통 뼈뿐이었다. 동생이 집으로 달려가 들고양이 가죽을 가지고 와서 그를 다시 감쌌다.

"아버지, 우리가 사람을 하나 발견했어요. 그런데 그는 이상하게 뼈밖에 없어요."

동생이 아버지에게 말했다.

"그 사람을 잘 보살펴줘라. 음식도 주고 잘 간호해. 어쩌면 그가 누에일지도 모르겠어. 참 좋은 사람이었지."

그녀의 아버지가 대답했다.

그들이 들고양이 가죽으로 그를 감싸자 그의 눈에서 한줄기 물방울이 떨어졌다. 그리고 그 물을 마시러 산에서 사슴이 내려왔다. 두 소녀는 그 사람의 양쪽에 앉아 먹을 것을 주고 밤새도록 그를 간호했다. 그 다음날 아침 그들은 음식을 가지러 집으로 갔다.

집에 도착하자 아버지가 말했다.

"잘 먹여. 음식을 충분히 주라고. 어쩌면 다시 힘을 얻어서 건강을 회복할 수 있을지도 모르니까."

두 자매는 그가 있는 곳으로 돌아가 둘쨋날에도 밤새 그를 보살폈다. 그는 시간이 지남에 따라 건강이 조금씩 회복되는 것 같았다. 하지만 그는 내내 울기만 할 뿐이었다. 그의 눈에서 쏟아지는 그 눈물을 맛보기 위해 수많은 사슴들이 산에서 내려오곤 했다. 그 다음날 아침 자매는 집으로 돌아와 아버지께 말했다.

"그 사람, 많이 나아졌어요."

그들의 아버지가 말했다.

"누에의 아들들이 죽임을 당했다는 애기는 너희들도 들었을거야. 그 사람은 그 아들 중의 한 명일 것 같아."

그들은 곧장 그에게 돌아가 그를 더욱 정성스럽게 간호했다. 그는 점차 건강을 회복하고는 말도 하기 시작했다.

"당신 아버지에게 활과 화살이 있어요?"

어느 날 그가 자매에게 물어 보았다.

"그럼요. 여러 개 있지요."

"활과 화살을 좀 갖다 줘요. 이렇게 많은 사슴이 이 근처에 있는데 나도 하나쯤은 잡아야 할 것 같소."

그들은 아버지에게 가서 그의 말을 전했다. 그들의 아버지는 활과 화살을 내주었고 그들은 그것을 들고 그에게 돌아갔다.

"당신들은 이제 집으로 돌아가도 좋아요."

그가 말했다.

"오늘 밤은 혼자 있고 싶소."

두 자매는 그를 두고 집으로 돌아왔다. 그날 해질녘에 커다란 사슴이 와서 그의 눈물을 마시려고 했다. 그는 화살을 쏴 그것을 잡았고 얼마 뒤 또 한 마리가 왔다. 그는 그것도 잡았다. 자정 무렵에 온 사슴도 죽여 그는 세 마리의 사슴을 잡게 되었다. 그리고는 잠이 들었다. 그 이튿날 새벽녘에 또 한 마리의 사슴을 잡았다. 이제 네 마리의 사슴을 갖게 된 그는 '이 정도면 됐다'라고 스스로에게 말했다.

날이 밝은 후 그를 찾아온 소녀들은 그가 커다란 사슴을 네 마리나 잡은 것을 보고 깜짝 놀랐다. 그들은 집으로 달려가 아버지께 그 사실을 알려드렸다. 그 노인은 이야기를 듣고 흐뭇해 하며 칼을 갈아서 허리에 차고 숲속으로 가서 그를 보았다.

"저 사람은 누에의 아들이야. 그를 잘 보살펴줘라."

노인은 딸들에게 그 말을 남기고 돌아갔다.

한편 기운을 회복한 큰오빠는 자기가 잡은 사슴을 부위별로 잘라서 집으로 가져와 천장에 걸어 말리기로 했다. 그날 저녁에 누에의 아들은 두 소녀를 집으로 돌려보내고 밤새 커다란 사슴을 다섯 마리나 잡았다. 그 다음날 아침 그를 보러 온 소녀들은 사슴 다섯 마리를 보고는 또 놀라서 집으로 달려갔다.

그들의 아버지는 무척 기분이 좋았다. 그는 전날과 마찬가지로 그 사슴 다섯 마리도 부위별로 잘라 말리기로 했다.

한편 그 동안 독수리는 큰오빠를 찾아 곳곳을 돌아다니고 있었다. 그녀는 오빠와 동생들의 심장, 언니의 시제, 아버지를 조심스럽게 숨겨둔 채 길을 떠났다. 그들을 살리기 위한 노력은 아직 하지 않은 것이었다.

누에의 아들이 사슴 다섯 마리를 잡은 다음날 저녁 두 소녀는 그를 집에 데려와 아버지께 인사시켰다. 그는 이제 건강이 완전히 회복되어 튼튼하고 강해 보이는 건장한 청년으로 돌아와 있었다. 그는 이제 더 이상 울지도 않았다. 그가 처음 떨어져서 그렇게 많은 눈물을 쏟아냈던 곳에는 '소금샘'이 만들어졌다. 그 샘은 오늘날까지도 남아 있어 사슴들이 무리를 지어 물을 마시러 오곤 한다. 그리고 사람들은 그가 했던 것처럼 샘 근처에서 기다리다가 사슴을 잡곤 한다.

그의 큰오빠가 그러고 있는 사이 독수리는 집집마다 돌아다니며 큰오빠에 대해 물었다. 그러다가 마침내 그녀는 두 소녀의 집에까지 오게 되었고 큰오빠를 만날 수 있었다. 그녀는 무척이나 기뻤다. 오빠의 건강함에 대해 만족을 느낀 그녀는 오빠가 그의 두 부인과 살게 내버려 두고 서둘러 집으로 돌아왔다.

집으로 돌아온 독수리는 하룻밤 사이에 커다란 집을 한 채 지었다. 그리고 커다란 가마솥도 만들어 거기에다 물을 가득 채웠다. 하루가 지난 뒤 밤이 되자 그녀는 물 속에 뜨거운 돌을 집어넣었다. 그리고는 형제들의 심장을 꺼내 그 솥에 넣었다. 그녀는 언니의 가슴을 갈라 심장을 꺼내어 그것도 다른 사람들의 심장과 함께 솥에 넣었다. 그녀는 물이 끓고 있는 솥 위로 뚜껑을 덮어 집 꼭대기에 얹어 놓았다. 그리고는 집 안에 들어가 누웠고 이내 잠이 들었다.

물은 밤새도록 끓어 올랐다. 그러다가 해가 뜰 무렵 솥이 뒤집히고 그 속에서 사람들이 쏟아져 나왔다. 그들은 집 근처를 웅성거리며 돌아다니다가 큰 소리로 외쳤다.

"아이구 추워라. 이렇게 추운데 집 안으로 좀 들어갑시다!"

곧 햇빛이 내려쬐기 시작하자 잠이 깬 독수리가 문을 활짝 열었고 사람들은 집 안으로 쏟아져 들어왔다. 독수리는 아직 아무 말도 하지 않았다. 오빠와 동생들이 모두 들어온 뒤, 맨 마지막에 물새가 들어왔다. 그녀는 이제 더 이상 아무 문제가 없는 듯 표정이 밝아 보였다. 실제로 그녀의 심장은 깨끗했다. 이제는 더 이상 그 속에 아무런 나쁜 것도 없었다.

"큰 형은 어디 있지?"

모두가 물어 보자 독수리가 말했다.

"잘 있어. 내가 만나보았는데 벌써 결혼해서 부인이 둘이야."

누에는 건강을 완전히 회복했다. 오히려 예전보다 더 튼튼해진 것 같았다. 그녀는 아버지를 씻겨드리고 좋은 음식을 내놓았다. 모두들 행복을 느꼈고 얼마 후 함께 사냥을 떠났다.

그러던 어느 날 큰오빠의 장인이 된 노인이 딸들에게 말했다.

"내 생각에는 너희 남편이 고향에 가보고 싶을 것 같다."

그리하여 누에의 장남은 그의 두 아내와 함께 고향을 향해 길을 떠났고 얼마 뒤에 드디어 고향집에 도착했다. 그리고 남편이 먼저 집 안으로 들어갔다. 그런데 누에는 먼저 자기의 장남을 알아보고는 재빨리 커다란 담요로 자루를 만들어 그를 그 안에 집어넣었다. 그리고는 집 한쪽 구석에 숨겨 두었다. 아무 것도 모르는 그의 두 아내도 곧 집 안으로 들어와 앉았다. 그러자 다른 형제들이 두 자매를 각각 부인으로 삼았다. 그들은 그 집의 가족이 되어 오랫동안 살았다. 하지만 그의 첫 남편을 한번도 볼 수 없었다. 누에가 그를 비밀스런 곳에 숨겨놓고는 혼자만 살게 했기 때문이다.

세월이 흐르자 두 여자는 고향에 가서 친정 아버지를 만나고 싶은 생각이 들었다. 그들은 구슬과 담요를 마련하고 온갖 종류의 훌륭한 것들을 모아들고 아버지를 찾아갔다.

그들은 아버지를 만나 말씀드렸다.

"시아버지 댁에 간 뒤로는 남편을 한번도 만나지 못했어요. 이제는 새로운 남편이 생겼어요."
  친정 아버지가 말했다.
  "잘했다. 아마 그의 아버지가 그를 어딘가에 숨겨놓았을 거야.
그의 형제들 모두 너희들에게는 좋은 사람들일테니 걱정하지 말
고 잘 살아라."
  자매들은 아버지의 말에 동의하고 '누에'의 집으로 돌아가 오래
오래 살았다.

윈튼(Wintun)족, 캘리포니아

살아 있는 해골

마사카(Matsaka)라는 곳에 사람들이 살았다. 그곳의 젊은이들은 모두 용감하고 사냥도 잘했다. 그들의 사냥감은 대개 사슴이었는데 하루는 어떤 젊은이가 너무 멀리 사냥을 나갔다가 해가 지도록 집에 돌아오지 못하고 있었다. 어두운 데다가 마침 비까지 내려 길을 제대로 찾을 수가 없었다. 그는 멀리서 불빛이 가물거리는 것을 발견하고는 속으로 생각했다.

'일단 저 집에 가서 비부터 피해야겠어.'

그는 그 집의 지붕으로 올라가 집 안을 들여다보았다. 집 안에는 점잖게 생긴 부인이 화롯가에 앉아 딸의 머리를 매만지고 있었다. 그는 안심하고 집 안으로 들어갔다. 부인은 그에게 자리를 권했다.

"여기 앉아요."

그가 자리에 앉자 소녀가 먹을 것을 갖다주어 식사까지 배불리 할 수 있었다. 식사를 마치고 고맙다는 인사를 하자 부인은 말을 걸어오기 시작했다.

"어디 가는 길이었어요?"

그는 여인의 친절한 태도에 안심하며 대답했다.

"제 집은 마사카인데 마침 사슴사냥을 나왔다가 길을 잃었어요."

그러자 그녀가 말했다.

“지금은 너무 깜깜해서 집을 찾아가기 힘들 거예요. 오늘밤 여기서 자고 가요.”

“그렇게 해주시겠다면 정말 고맙겠습니다.”

그런데 그녀는 의외의 말까지 했다.

“오늘밤 내 딸하고 같이 자겠수?”

“좋지요.”

젊은이는 어떤결에 대답했다.

소녀는 무척 아름다웠다. 집 안방에 자리를 마련한 뒤 그 젊은이와 소녀는 잠자리에 들었다.

다음날 동이 틀 무렵 젊은이는 잠이 깨었다. 밝은 데서 보니 그 집은 낡은 폐가와 다름없는 집이었고 그가 덮고 잤던 훌륭한 이불들은 알고 보니 누더기였다. 하지만 그것은 중요한 것이 아니었다. 그의 곁에 누워 있던 아름다운 소녀는 해골이었던 것이다.

그가 그의 어깨 위에 올려져 있던 그녀의 팔을 밀치며 벌떡 일어나자 뼈가 부딪치는 기분나쁜 소리가 났다. 그는 이 뜻밖의 일에 너무 놀라 멍해 있다가 간신히 사다리를 기어올라가 집 밖으로 뛰쳐나와 정신없이 도망쳤다. 그러나 그는 늙은 여자의 해골이 그를 쫓아오는 소리를 들을 수 있었다.

그는 하위쿠를 향해 뛰어갔다. 거기서는 사람들이 춤을 추고 있었다. 젊은이는 그들 사이로 뛰어들어가며 소리질렀다.

“사람살려요! 누가 나를 쫓아오고 있어요.”

그들이 말했다.

“사람들 틈에 섞여 소녀들과 함께 춤을 추어요.”

그는 그들의 말대로 춤을 추었다. 해골은 그들이 춤을 추고 있는 마을 광장으로 다가와 소리를 질렀다.

“내 사위 어디 있어? 내 딸이 지금 남편을 그리워하며 울고 있어.”

해골은 곧장 춤추고 있는 사람들을 향해 굴러갔다. 해골을 본 사람들은 소리를 지르며 사방으로 흩어졌고 그 젊은이는 다시 정신 없이 도망가기 시작했다.

그는 나바호(Navaho) 마을로 갔다. 그곳 사람들은 전쟁춤을 추고 있었다. 그가 사람들을 향해 소리를 질렀다.

"나 좀 구해줘요! 누군가가 나를 쫓아오고 있어요."

그들이 말했다.

"알았소."

그들은 그의 옷을 벗긴 뒤 나바호의 옷을 입혔다. 그들은 그의 머리모양도 나바호 사람처럼 바꾸고 그의 어깨에는 화살통을 걸어주었다. 잠시 후 해골이 와서 외쳤다.

"내 사위 어디 있어? 당신들 내 사위 못봤소?"

해골은 곧장 그가 있는 곳을 향해 굴러왔다. 그는 놀라서 황급히 달아났다.

그는 다시 그 이웃 마을로 갔다. 그들은 추수를 감사하는 춤을 추고 있었다. 그가 소리질렀다.

"사람 살려요! 누가 나를 쫓아오고 있어요. 나 좀 구해줘요."

"우리와 함께 춤을 춥시다. 손에 이 활을 들어요."

그는 그 사람들 틈에 섞여 춤을 추었다. 곧 해골이 쫓아와서 소리질렀다.

"내 사위 어디 있어? 당신들 내 사위 못봤소? 내 딸이 몹시 그리워하고 있어."

해골은 춤을 추고 있는 사람들 사이로 굴러갔다. 사람들은 놀라 흩어졌고, 그는 또 도망치지 않을 수 없었다.

그는 이번에는 소나무에 둥지를 틀고 있던 개똥지빠귀(흑갈색으로 배는 희고 옆구리에 흑갈색 무늬가 있으며 다리가 길다. 나른 새의 울음소리를 흉내내고 낮은 산이나 풀밭에 산다)새의 마을로 갔다. 그들의 추장이 그에게 물어 보았다.

"이봐, 젊은이. 왜 그렇게 정신없이 뛰어가나?"

그가 대답했다.

"누가 나를 쫓아오고 있어요. 나 좀 구해줘요!"

"이리 올라와 내 날개 밑에 숨어."

그는 나무를 올라가 추장의 날개 밑에 숨었다. 그러자 잠시 후 해골이 와서 소리질렀다.

"내 사위 어디 있나? 당신들 내 사위 못봤소?"

새들은 킥킥대며 웃었다.

"하, 하, 하, 하! 우리는 당신 사위 본 적이 없어요."

해골은 다시 소리질렀다.

"사위가 도대체 어디 간거지? 당신들 내 사위 본 적 없소?"

해골은 곧장 나무를 올라와 개똥지빠귀의 족장을 향해 다가갔다. 젊은이는 놀라서 나무에서 뛰어내려 다시 달아났다.

달아나던 그는 주위에 해바라기가 잔뜩 피어 있는 어느 호숫가에 이르렀다. 그 근처에서 가장 큰 해바라기가 그에게 말했다.

"왜 그렇게 정신없이 달리는거요?"

"누가 나를 쫓아오고 있어요. 나 좀 구해줘요."

"올라와서 내 귓 속에 숨어요."

그는 해바라기를 올라가서 그 커다란 잎 위에 앉았다. 얼마 후 해골이 다가와서 말했다.

"내 사위 어디 있지? 당신 내 사위 못봤소?"

해바라기들이 입을 모아 말했다.

"우리는 당신 사위 본 적이 없어요."

해골이 말했다.

"당신들은 내 사위를 틀림없이 보았을텐데."

"아니요, 우리는 당신 사위를 본 적이 없어요."

　그러자 해골은 가장 큰 해바라기를 쥐고 흔들어대었고, 젊은이는 해바라기에서 떨어져 다시 도망치기 시작했다.
　그는 고슴도치에게로 가서 말했다.
　"나 좀 구해줘요. 누가 나를 쫓아오고 있어요."
　고슴도치가 말했다.
　"내 집으로 들어와요. 그리고 들어오면서 문간에 한 뼘 깊이의 송진을 묻혀 놓도록 하고."
　그는 고슴도치가 시킨 대로 하고는 고슴도치의 곁에 앉았다. 잠시 후 해골이 도착했다.
　"내 사위 어디 있지? 당신 내 사위 못 보았소?"
　고슴도치가 말했다.
　"나는 당신 사위를 본 적이 없소."
　"거짓말 말아요. 그 사람 발자국이 여기 이렇게 있는데. 내 사위 빨리 내놓아요."
　"없다니까. 있으면 당신이 직접 들어와서 찾아보구려."
　"빨리 내 사위 내놓아요."
　"아니, 내 말을 못믿겠으면 직접 들어와서 찾아보시라니까."
　네 차례에 걸쳐 실랑이를 벌인 뒤 해골은 정말 집 안으로 들어섰다. 그러다가 해골은 송진에 딱 달라붙고 말았다.
　그 즉시 고슴도치는 송진에 불을 붙여서 해골을 태워 없애 버렸다. 젊은이는 고슴도치의 집에 머물며 그 딸과 결혼해서 살았다.

주니(Zuni)족, 남서부 지역

물병에서 나온 소년

옛날 어떤 마을에 예쁜 소녀가 살았다. 그녀의 미모에 반해 마을 청년들이 여러 번 청혼을 했지만 그녀는 번번이 거절을 했다. 그녀의 어머니는 물병 만드는 일을 했는데 어느 날 물병을 만드는데 쓰는 진흙을 반죽하다가 물을 뜨러 가면서 딸에게 잠시 동안 일을 맡겼다.

그녀는 진흙을 평평한 돌 위에 놓고 발로 밟아가며 반죽을 했다. 그러다가 잘못해서 진흙 한 조각이 그녀의 얼굴에 튀었고 그 중 일부는 삼켜 버리기까지 했다. 그후 그녀는 아기를 갖게 되었다. 그녀가 아기를 갖자 어머니는 대단히 화냈다. 하지만 그녀는 왜 자신에게 아기가 생겼는지 알 수가 없어 아무 말도 하지 못했다.

그녀는 얼마 후 아기를 낳았는데 그 아기는 보통 아기와는 달랐다. 태어난 것은 아기가 아니 작은 병이었던 것이다. 그녀의 어머니는 깜짝 놀라 도대체 어디서 이런 아기가 생겼냐고 물었다. 하지만 그녀는 아무 말도 못하고 그저 울기만 했다.

그때 그녀의 아버지가 들어왔다. 아기를 낳기 전까지만 해도 그는 자기 딸이 아기를 가져서 기분이 좋았다. 그런데 딸은 아기가 아니라 물병을 낳았던 것이다. 그러나 그는 마음이 넓어서 사람이 아니라 물병인 것을 보고도 전혀 아랑곳하지 않았다.

한편 그 물병은 평범한 물병이 아니었다. 그것은 움직일 줄도 알고 점점 자라기까지 했다. 태어난 후 20일 정도 지나자 상당히 큰 병이 되었다. 이제 그것은 다른 아이들과 돌아다니며 이야기도 주고받을 수 있을 정도가 되었다.

아이들은 그것을 좋아했다. 아이들은 그가 말하는 것을 들을 수 있었고 그의 이름이 '물병 소년'인 것을 알게 되었다. 하지만 그 '물병'의 어머니는 그에게 팔이나 다리, 눈 같은 것이 없음에 항상 슬퍼했다. 단지 그는 주둥이를 통해 음식을 먹을 수는 있었다.

눈이 내리던 어느 날, 그의 할아버지가 토끼를 잡으러 가는 것을 보고 자기도 따라가겠다고 우겼다. 그것을 본 할아버지는 이렇게 말했다.

"불쌍한 것, 너는 안돼. 팔도 없고 다리도 없이 어떻게 사냥을 하겠니?"

하지만 '물병 소년'은 계속 우겼다.

"그래도 같이 가요. 할아버지는 너무 늙으셔서 혼자서는 아무것도 잡지 못할 거예요. 그리고 위험하기만 할 뿐이죠."

할아버지는 그를 데리고 근처의 산등성이로 갔다. 그 물병은 거기서 여기저기 굴러다니다 토끼 발자국을 보게 되었다. 그는 그것을 쫓아가기 시작했다. 그러자 멀리 않은 곳에 토끼가 뛰어가는 것을 보고 급히 쫓아가다 그만 돌에 부딪히고 말았다.

물병은 산산히 부서졌고 거기서 한 소년이 튀어나왔다. 그는 자기의 껍질이 부서지고 자기가 소년으로 변한 것에 무척 기분이 좋았다. 그는 훌륭한 목걸이를 하고 있었고 터키석(보석)으로 만든 귀걸이도 하고 있었다. 그리고 무도회 때 입는 짧은 치마와 사슴가죽으로 만든 조끼를 입고 가죽신까지 신고 있었다. 그는 잘생긴 데다가 옷차림도 훌륭했다.

달리기를 무척 잘해서 해질 무렵에는 토끼를 네 마리나 잡을 수

있었다. 산등성이 밑에서 손자를 기다리던 할아버지는 그를 알아
보지 못하는 것이 당연했다. 할아버지는 잘생긴 소년이 산에서 내
려오는 것을 보고 그에게 물어 보았다.

"너 혹시 내 손자 못 봤니?"

"아뇨, 전혀 모르겠는데요."

"어쩐 일이지? 애가 늦네."

"저는 이 근처에서 아무도 보지 못했어요."

그는 이어서 말했다.

"제가 바로 손자예요."

그는 할아버지의 실망하는 눈빛을 보고는 마음이 약해져서 순간
적으로 그렇게 말했다.

"아니야, 너는 내 손자가 아니야."

"아니에요. 저는 할아버지의 손자가 맞아요."

"너, 할아버지를 놀리면 못써. 내 손자는 물병이야. 팔다리도 없
다구."

그 말을 들은 소년이 대답했다.

"저는 진실을 말씀드리는 거예요. 저는 할아버지의 손자라구요.
오늘 아침 할아버지가 저를 여기에 데리고 오셨잖아요. 저는 토끼
를 보고 쫓아가다가 그만 바위에 부딪히고 말았어요. 그래서 제 껍
질은 부서지고 그 속에서 제가 나온 거란 말이에요. 저는 할아버지
의 손자가 틀림없어요. 정말이라구요."

그 노인은 그의 말을 믿게 되었고 그를 데리고 집으로 돌아왔다.

할아버지가 훌륭한 젊은이를 데리고 집으로 오는 것을 보고는
집에 있던 물병의 어머니는 수줍은 듯이 얼굴을 붉혔다. 젊은이가
자기에게 청혼하러 오는 것이라고 생각했기 때문이었다. 하지만
그녀의 생각과는 달리 그 노인은 전혀 엉뚱한 말을 했다.

"얘가 바로 '물병 소년'이야. 바로 내 손자라구."

할아버지와 손자는 어떻게 그가 물병에서 멋진 소년으로 변하게 되었는지를 설명했고 집에 있던 사람들도 다 이해를 하게 되었다.

소년은 곧 마을 아이들과 친해져 함께 놀았다. 그러다가 어느 날 그가 어머니에게 물어 보았다.

"제 아버지는 누구에요?"

"그건 나도 몰라."

그녀가 대답했다. 그는 그래도 계속 물어 보았고 대답할 말을 찾지 못한 그녀는 결국 울음을 터뜨리고 말았다. 그러자 그가 말했다.

"저는 내일 아침 아버지를 찾아나설 거예요."

"그렇지만 너는 아버지를 찾을 수 없을거야. 나는 결혼을 한 적이 없는데 어디 가서 아버지를 찾겠니?"

그녀가 말했다. 그러자 그가 대꾸했다.

"하지만 저는 아버지가 있다는 것을 아는 걸요. 저는 아버지가 있는 곳을 알아요. 아버지를 만날 수 있을 거예요."

그녀는 아들에게 가지 말라고 사정했지만 그는 들은 척도 하지 않았다.

다음날 아침 어머니가 차려준 식사를 하고서 그는 남서쪽을 향해 길을 나섰다. 그가 찾아간 곳에는 샘이 하나 있었다. 그가 샘을 향해 다가가는데 어떤 사람이 샘 근처에서 걸어오는 것이었다. 그가 소년에게 물었다.

"애야, 어디 가니?"

"저 샘에요."

그가 대답했다.

"샘에는 뭣하러 가니?"

"아버지를 만나러 가는 거예요."

"네 아버지가 누군데?"

"제 아버지는 샘 속에서 살아요."

“글쎄, 네가 아버지를 만날 수 있을지? 내가 보기에는 좀 힘들 것 같은데.”

그가 말했다.

“글쎄요. 샘에 한번 가보고요. 제 아버지는 그 속에 사는 것이 틀림없어요.”

소년이 말했다.

“네 아버지가 누군데?”

그 남자는 또 한번 같은 질문을 던졌다.

“글쎄, 제 생각에는 아저씨가 제 아버지 같아요.”

“왜 그런 생각이 들었지?”

“그냥 느낌이에요. 그게 다에요.”

그 말을 들은 그 사람은 갑자기 소년을 노려보기 시작했다. 소년에게 겁을 주려는 것이었다. 하지만 소년은 아무렇지도 않다는 듯이 똑같은 말을 반복했다.

“아저씨가 제 아버지에요.”

마침내 그가 말했다.

“그래, 내가 바로 네 아버지다. 너를 만나보려고 샘에서 이렇게 나온거야.”

그는 팔을 내밀어 소년의 어깨를 감쌌다. 그는 자기 아들이 찾아온 것이 무척이나 기뻤다. 그는 소년을 데리고 샘 속으로 들어갔다. 샘 안의 세계에는 많은 사람들이 있었다. 거기 사는 사람들은 소년을 무척 반가이 맞아주었다. 그는 그곳에서 아버지는 물론 아버지의 친척들도 다 만나게 되었다. 그는 하룻밤을 묵은 뒤에 다음 날 집으로 돌아와 어머니에게 아버지를 찾았다고 말했다. 그런데 그 일이 있은 지 얼마 되지 않아 그의 어머니는 병이 들어 죽고 말았다. 소년은 혼자 생각했다.

‘이 세상에서 내가 더 이상 살아갈 아무런 이유도 없어.’

그리고는 아버지가 사는 샘으로 갔다. 샘 안의 세계에서 그는 어머니를 만나고는 깜짝 놀랐다. 그는 그의 아버지가 빨간 물뱀이라는 사실을 그제서야 알게 되었다. 아버지는 뭍에서 살 수 없었기에 부인을 아파서 죽게 만든 뒤 자신의 세계로 데려온 것이었다. 그 후로 그들 가족은 거기서 행복하게 살았다.

테와(Tewa)족, 남서부 지역

태고적 이야기를 들려주는 바위

쎄네카(Seneca) 부족의 마을에 생후 몇 주만에 부모를 모두 잃어버린 소년이 살았다. 그런데 부모의 역할을 하겠다고 나선 한 여인이 그 소년을 돌보아 주었는데 그에게 '고아'라는 이름을 붙여 주었다.

소년은 건강하고 씩씩하게 자라났다. 그가 충분히 자랐다고 생각될 무렵 그를 키워준 여인은 그에게 활과 화살을 주며 말했다.

"이제는 너도 사냥을 배울 때가 된 것 같구나. 내일 아침 숲속에 들어가서 눈에 띄는 새를 모조리 다 잡아봐."

그녀는 마른 옥수수의 속을 꺼내어 화로에 구웠다. 그 다음날 아침 그녀는 그의 아침 식사로 그 옥수수를 조금 주고 나머지는 사슴 가죽에 싸서 그에게 주었다. 하루종일 길을 가면 배가 고플테니 중간에 먹으라는 것이었다.

'고아'는 길을 떠났다. 그의 첫출발은 성공적이었다. 점심때가 되자 그는 자리에 앉아 휴식을 취하며 구운 옥수수를 먹었다. 그리고 나서는 오후에도 계속 사냥을 했다. 집으로 돌아올 무렵 그가 가져간 꾸러미에는 새가 가득했다.

그 다음날 아침에도 그는 구운 옥수수로 식사를 했다. 그가 식사를 하고 있는 동안 그를 길러준 여인은 그에게 최선을 다하라는 말을 했다. 그래야 일류 사냥꾼이 될 수 있다는 것이었다.

소년은 활과 화살을 메고는 구운 옥수수가 들어 있는 꾸러미를 들고 숲속으로 갔다. 그날도 물론 그는 많은 수의 새를 잡았다. 중간에 그는 옥수수를 먹으며 그의 어머니가 한 이야기에 관해 생각해 보았다. 그는 마음속으로 이렇게 생각했다.

'어머니 말대로 해야지. 그러면 언젠가는 나도 커다란 사냥감을 사냥할 수 있는 일류 사냥꾼이 될 수 있을거야.'

그는 저녁 무렵까지 사냥을 한 뒤 집으로 돌아갔다. 집으로 가는 그의 꾸러미에는 그 전날보다 많은 수의 새가 들어 있었다.

그의 어머니는 그에게 칭찬을 하며 말했다.

"이제는 너도 음식 마련하는 것을 도울 만큼 자랐구나."

그 다음날 아침 일찍 식사를 마치자마자 소년은 옥수수 꾸러미를 들고 서둘러 길을 떠났다. 그는 숲속으로 더 깊이 들어갔고 밤이 되어 집으로 돌아오는 그의 꾸러미 속에는 둘째날보다 더 많은 새가 들어 있었다. 그의 어머니는 그를 칭찬하고 또 고마워했다.

매일같이 소년이 잡아오는 새의 수는 늘어만 갔다. 9일째가 되는 날에는 너무 많은 새를 잡아서 손으로 들고 오지 못하고 등에 지고올 지경이었다. 그의 어머니는 그 새를 몇 개의 꾸러미에 나누어 담아서 이웃들에게 나누어 주었다.

10일째가 되는 날에도 소년은 평소와 다름없이 길을 떠났다. 그리고 매일같이 숲속으로 조금씩 더 깊이 들어가던 버릇대로 그 어느 날보다도 더 깊이 들어가게 되었다. 그런데 도중에서 그는 자기 화살 끝에 묶인 깃털이 느슨해진 것을 알게 되었다. 깃털의 끈을 다시 조일만한 적당한 장소를 찾다가 그는 근처에 작은 평지가 있는 것을 보게 되었다.

그 평지 한가운데에는 높고 부드러워 보이는, 꼭대기 부분이 평평하게 생긴 둥근 바위가 있었다. 그는 그 바위로 뛰어올라가 앉았다. 그리고는 깃털을 묶는 끈을 풀어서 입에 물어 부드럽게 했다. 그리고는 깃털을 쥐고 화살에 묶으려는 순간 그가 앉아 있는 곳 어딘가에서 말소리가 들렸다.

"내가 재미있는 애기 하나 해줄까?"

소년은 누가 와서 말을 거는지 보기 위해 고개를 들었다. 하지만 아무도 없었다. 고개를 돌려 뒤를 돌아다보아도 아무도 없었다. 그는 다시 깃털을 화살에 묶기 시작했다.

"내가 애기 하나 해줄까"

조금 전과 같은 말소리가 들려왔다. 그는 다시 사방을 둘러보았다. 하지만 아무도 보이지 않았다. 소년은 누가 자기를 가지고 장난을 치는 줄 알고 그가 누군지 꼭 찾아내고야 말겠다고 결심했다. 그는 하던 일을 멈추고 그 소리가 또 들리기를 기다렸다. 잠시 후 똑같은 소리가 다시 들렸다. 그는 그제서야 그 말소리가 자신이 앉아 있는 바위로부터 나온다는 것을 알 수 있었다. 그는 물어 보았다.

"그게 무슨 말이에요? 애기를 해준다니, 그게 무슨 뜻이에요?"

"아주 오랜 옛날에 일어난 일을 네게 애기해 주겠다는 말이야. 네가 잡은 새를 나에게 준다고 약속하면 애기해주지."

"새를 줄께요."

소년이 새를 주겠다고 약속을 하자마자 바위는 옛날 이야기를 하기 시작했다. 한 가지 이야기가 끝나면 또 다른 이야기가 이어졌다. 소년은 고개를 숙이고 앉아서 열심히 이야기를 들었다. 밤이 다가오자 바위가 말했다.

"우리는 이제 쉴 때가 되었어. 내일 또 와. 만약 누군가가 새는 어떻게 했냐고 물어 보거든 지금까지 너무 많이 잡아서 새들이 귀해져 잡기가 힘들다고 말해."

집으로 돌아가는 길에 소년은 대여섯 마리의 새를 잡았다. 왜 그렇게 새가 적냐는 어머니의 질문에 소년은 새가 귀해져서 점점 숲속 깊이 가야만 한다고 대답했다.

그 다음날 아침 소년은 활과 화살을 메고 구운 옥수수가 들어 있는 꾸러미를 가지고 다시 길을 나섰다. 하지만 그는 새를 잡을 생각을 하지 못했다. 바위가 해준 이야기를 생각하느라 정신이 팔려서 다른 일은 다 잊어버렸다.

그는 길을 가다가 근처에 새가 있는 것을 보고는 화살을 쏘아 잡았다. 그러고는 바위가 있는 곳을 향해 계속 길을 갔다. 바위에 도착하자 그는 새를 바위 위에 놓고 외쳤다.

"저 왔어요! 여기 새도 있어요. 이제 얘기를 해주세요."

바위는 또 얘기를 시작했다. 정말이지 얘기는 한이 없었다. 얘기를 계속하다가 밤이 다가오자 바위가 다시 말했다.

"이제 좀 쉬어야겠다."

집으로 돌아가면서 소년은 새를 찾았다. 하지만 이미 해가 진 뒤라 새를 찾는 것은 쉽지가 않았다. 그는 간신히 몇마리를 잡을 수 있을 뿐이었다.

그날 밤 그의 어머니는 이웃과 이야기를 나누었다. 그녀는 소년이 처음 사냥을 시작했을 때는 새를 많이 잡아오더니 이제는 아침부터 밤 늦게까지 하루종일 나갔다 들어와도 네댓 마리밖에 잡아오지 않는다고 말했다. 그녀는 뭔가 이상하다고 생각하면서 소년이 새를 다른 동물이나 다른 누구에게 주든가 아니면 사냥을 하지 않고 놀다가 오는 것이라고 결론을 지었다. 그녀는 이웃의 한 소년을 시켜 아들을 뒤쫓아가 무엇을 하는지 보게 했다.

그 다음날 아침 소년은 활과 화살을 메고 '고아'를 쫓아갔다. 그는 '고아'의 눈에 띄지 않게 조심하며 가끔씩은 자기도 새를 잡았다. '고아'는 상당히 많은 새를 잡았다. 그러다가 어느 순간엔가 갑자기 동쪽으로 달려가기 시작했다. 전력을 다해 뛰어가는 것이었다. 소년은 있는 힘을 다해서 그를 쫓았다.

소년이 그를 간신히 쫓아가서 보니 그는 숲속의 작은 공터에 도착해서 크고 둥근 바위 위에 뛰어올라가 앉는 것이었다. 소년이 몰래 다가가 보니 무슨 말소리가 들렸다. 하지만 '고아'외에는 다른 누구도 눈에 띄지 않았다. 의아하게 생각한 소년이 불쑥 다가가 그에게 물었다.

"너, 여기서 뭐하는 거니?"

"얘기 듣고 있어."

"무슨 얘기?"

"아주 오랜 옛날에 무슨 일이 있었는가 하는 얘기야. 너도 네가 잡은 새를 바위 위에 놓고 이렇게 말해봐. '저도 얘기를 들으러 왔어요'하고 말이야."

그 소년은 '고아'가 시키는 대로 했고 그러자 바위는 다시 이야기를 시작했다. 두 소년은 해가 질 때까지 바위의 이야기를 들었다. 그러다 마침내 바위가 말했다.

"이제 그만 쉬어야지. 내일 또 와."

집으로 돌아가는 길에 '고아'는 서너 마리의 새를 잡았다. 그의 어머니가 그를 쫓아간 소년에게 왜 그리 잡은 새가 적냐고 물어 보자 그 소년은 이렇게 대답했다.

"저는 한동안 몰래 그를 쫓아갔어요. 그러다가 저는 그 애에게 말을 걸었고 그 다음에는 계속 함께 사냥을 했어요. 하지만 워낙 새가 적어서 잡을 수가 없었어요."

그 다음날 아침 그 소년이 와서 말했다.

"저도 '고아'와 함께 사냥을 가겠어요. 재미있어요."

두 소년은 함께 출발을 했다. 점심 때가 가까워질 무렵 두 소년은 각자 상당히 많은 새를 잡을 수 있었다. 그들은 새를 충분히 잡았다는 생각이 들자 바위가 있는 곳을 향해 달려갔다. 그들은 새를 바위 위에 놓고 말했다.

"우리가 왔어요. 새도 가지고 왔으니까 이야기를 해주세요!"

그들은 바위 위에 앉아 오후 늦게까지 이야기를 들었다. 저녁이 되자 바위가 말했다.

"이제 좀 쉬어야지."

집으로 돌아오는 길에 두 소년은 눈에 띄는 새는 모두 잡았다. 하지만 어두워서 새가 별로 눈에 띄지 않아 많이 잡을 수가 없었다.

이런 식으로 며칠이 흘렀다. 아무래도 이상하다고 생각한 어머니가 말했다.

"이 애들은 분명히 뭔가 숨기는 게 있어. 집에 가져오는 것보다 훨씬 많이 잡을거라구."

그녀는 두 명의 사람을 구해 아이들을 쫓아가게 했다.

다음날 아침 '고아'와 그의 친구가 숲으로 출발하자 두 사람은 그들을 쫓아갔다. 두 소년은 상당히 많은 수의 새를 잡자 사냥을 멈추고는 바위를 향해 뛰어갔다. 두 사람은 그들을 쫓아가 나무 뒤에 숨어서 그들이 하는 행동을 지켜보았다.

그들은 크고 둥근 돌 위에 그들이 잡은 새를 놓고는 뛰어올라가 고개를 숙인 채 남자의 말을 듣는 것이었다. 그리고 중간 중간에 그들은 '아!', '응!' 하는 소리를 내곤 했다.

"저쪽에 가서 도대체 누가 아이들에게 얘기를 하는지 봅시다."

그들은 그렇게 말하고 바위가 있는 곳으로 불쑥 다가갔다. 그들은 소년들에게 물어 보았다.

"애들아, 뭐하고 있니?"

소년들은 움찔하며 놀라는 기색이었다. 하지만 곧 '고아'가 말했다.

"아무에게도 말하지 않겠다고 약속하시겠어요? 그러면 말씀드릴게요."

그 사람들은 약속을 했고 그러자 '고아'가 말했다.
"이리로 뛰어올라와서 바위 위에 앉아보세요."
그 사람들이 바위 위에 자리를 잡고 앉자 소년이 말했다.
"이제 계속 말씀하세요. 듣고 있어요."
네 사람은 고개를 숙인 채 앉아 있었고 바위는 다시 이야기를 시작했다. 밤이 되자 바위가 말했다.
"내일은 마을 사람들이 모두 다 와서 내 이야기를 들어야 하오. 추장에게 얘기해서 모든 사람들이 다 여기로 오도록 하시오,. 그리고 각자 올 때 먹을 것을 조금씩 들고 오게 하시오. 당신들은 사람들이 이 근처에 앉을 수 있도록 미리 와서 청소를 해야 하오."
그날 밤 '고아'는 추장에게 옛날 이야기를 들려주는 바위에 대해 얘기해주고 또 바위의 말을 전달했다. 추장은 사람을 시켜 집집마다 그 말을 전하게 했다.
이튿날 아침 마을 사람들은 모두 출발할 준비가 되었다.
'고아'가 앞서갔고 다른 사람들은 그를 따라갔다. 사람들은 숲속의 공터에 도착하자 각자 가져온 것을 내놓았다. 거기에는 빵도 있고 고기도 있었다. 바위 근처는 이미 깨끗하게 치워져 있었고 사람들은 모두 그 주위에 둘러앉았다.
사람들이 조용해지자 바위가 입을 열었다.
"이제 나는 태고 적에 있었던 일을 얘기해주겠소. 지금 세상이 있기 전에 지금 세상과는 다른 또 하나의 세상이 있었소. 내가 이제부터 말하는 이야기는 그 세상에서 있었던 일에 관한 것이오. 아마 당신들 중에 일부는 내가 하는 이야기를 하나도 빼놓지 않고 다 기억할 것이고, 또 일부는 내 이야기의 일부분만을 기억할거요. 하지만 또 어떤 사람들은 내가 한 말을 다 잊어버릴거요.
세상일이란 다 이런 식인 거요. 하지만 누구든 이 이야기를 후손들에게 전해주기 위해 최선을 다해야 하오. 내 이야기를 듣고 나면

서로 모여서 내게 들은 것에 대해 토론을 하도록 하시오. 자 이제 내 애기를 잘 들으시오.”

모든 사람들은 고개를 숙이고 바위가 말해주는 이야기를 새겨들었다. 가끔씩 아이들은 ‘아!’하는 소리를 내고는 했다. 해가 질 무렵 바위가 말했다.

“이제 쉴 때가 되었소. 내일 다시 빵과 고기를 들고 오시오.”

그 다음날 아침 사람들은 바위에게 다시 갔다. 그들은 그 전날 그들이 둔 빵과 고기는 이미 모두 없어져 버린 것을 알게 되었다. 그들은 새로 가져온 음식들을 바위 위에 놓고 둘레에 앉아서 기다렸다. 모든 사람들이 조용해지자 바위가 이야기를 시작했다. 바위는 해가 질 무렵까지 쉴새없이 이야기를 했다. 해가 질 무렵 바위가 다시 말했다.

“내일 오시오. 옛날에 있었던 일에 관한 이야기는 내일 모두 끝이 날거요.”

그 이튿날은 아침 일찍부터 마을 사람들이 모여들었다. 사람들이 다 모이고 자리가 정리되자 바위는 또 이야기를 시작했다. 오후 늦게까지 이야기를 계속한 바위가 말했다.

“내 이야기는 이게 끝이오. 이 세상이 존재하는 한 이야기가 사라지지 않도록 후손들에게 잘 전해주시오. 당신들의 자식들과 손자들 그리고 그 다음 세대에까지 이야기를 전해주시오. 그게 당신들의 임무요. 다른 사람보다 내가 한 이야기를 잘 기억하는 사람이 있을거요. 내가 한 이야기가 잘 생각나지 않을 때에는 빵이나 고기 혹은 무엇이든 가진 것을 들고 그를 찾아가서 이야기를 물어 보시오.

나는 이 세상 이전에 일어난 일을 모두 알고 있고 그걸 당신들에게 모두 말했소. 당신들은 마을로 돌아가서 내게 들은 이야기에 관해 많은 대화를 나누도록 하시오. 그래서 그 이야기가 언제까지나

이어지도록 하시오. 내가 하고 싶은 말은 그게 다요. 내가 할 말은 모두 끝났소.”

그렇게 해서 바위의 이야기는 끝이 났다. 그 바위로부터 이야기를 듣고 쎄네카 사람들은 지금 세상 이전의 세상에 대한 지식을 얻게 되었다.

쎄네카(Seneca)족, 동북부지역

얼룩다람쥐에게 줄이 생긴 이유

어떤 할머니가 손녀와 함께 살고 있었다. 그들에게는 상당히 낡은 가죽담요가 있었는데 그것은 너무나 낡아서 가죽에 붙어 있던 털도 다 떨어져 나가고 없었다.

어느 날 두 여인은 나무를 하러 숲에 갔다가 야영을 하게 되었다. 그들은 마침 담요를 가지고 갔기에 밤에 담요를 덮고 잘 수가 있었다. 나무를 하다가 그들은 숲속에서 며칠을 보내게 되었다.

그런데 며칠 후 그들은 그들의 담요가 살아 있고 또 지금 무척이나 화가 나 있다는 사실을 알게 되었다. 그들은 놀랍고 무서워 담요를 내팽개치고 집을 향해 정신없이 뛰어갔다. 그들은 최대한 빠른 속도로 열심히 뛰었지만 잠시 후 담요가 바짝 뒤쫓아오고 있음을 알 수 있었다.

담요가 가까이 오자 할머니는 노래를 부르기 시작했다.

내 손녀와 나는 목숨을 구하기 위해 달리고 있어.
내 손녀와 나는 목숨을 구하기 위해 달리고 있는거야.

노래가 끝난 후 뒤를 돌아보니 담요는 그들로부터 멀리 떨어져 있었다. 하지만 오래지 않아 담요는 다시 그들 가까이까지 뒤쫓아왔다. 담요는 곰으로 변해 무서운 기세로 그들을 쫓아왔다. 무척 가깝게 쫓아오던 곰은 그들이 집에 도착해 문을 열고 들어가는 순간 그들의 등을 할퀴었다. 하지만 어쨌거나 그들은 집에 들어갈 수는 있었다.

그 늙은 여인과 손녀는 바로 얼룩다람쥐였다. 곰이 할퀸 상처 때문에 그 때 이후로 얼룩다람쥐는 등에 줄이 생기게 되었다.

쎄네카(Seneca)족, 동북부 지역

박쥐

옛날, 짐승과 새 사이에 전쟁이 벌어졌다. 박쥐는 원래 새의 편에 있었는데 첫 전투에서는 새가 크게 패했다. 전투가 새의 편에 불리해지는 것을 본 박쥐는 몰래 도망쳐서 근처의 통나무 밑에 숨어서 전투가 끝나기를 기다렸다.

전투가 끝나고 짐승들이 집으로 돌아갈 때, 박쥐는 그들 틈에 살짝 끼었다.

한참 동안 길을 간 후에야 짐승들은 박쥐가 그들 틈에 끼어 있는 것을 알게 되었다.

"어떻게 된거지? 박쥐는 새들 편 아냐?"

그 말에 박쥐가 말했다.

"아니예요. 나는 당신들 편이예요. 나는 새 편에 속할 수도 없어요. 새 중에 나처럼 위 아래 이빨이 가지런하게 난 것을 본 적이 있어요? 만일 세상에 그런 새가 있다면 나도 새 편이라고 말할 수 있을 지 모르죠. 하지만 그런 새는 없잖아요. 그러니 나는 당신들 편이예요."

그들은 더 이상 아무 말도 하지 않고 박쥐를 받아들였다.

얼마 후 싸움이 다시 시작되었다. 이번에는 새의 승리였다. 박쥐는 짐승이 지는 것을 보고는 미끄러지듯이 도망쳐서 통나무 밑에 숨었다. 싸움이 끝나 집으로 돌아갈 때 박쥐는 다시 새들 사이에 섞였다.

집으로 돌아가는 도중에 새들은 박쥐를 알아보았다.

"당신은 우리의 적 아니오? 우리는 당신이 짐승들 편에 서서 싸우는 것을 보았소."

"그렇지 않아요. 뭘 잘못 보았을 거예요. 나는 당신들 편이예요. 나는 짐승들 편에는 속할래야 속할 수도 없어요. 당신들은 짐승 중에 날개를 가진 놈을 본 적이 있어요? 아마 없을걸요?"

박쥐가 이렇게 대답하자 그들은 더 이상 아무 말도 하지 않았다. 그를 받아들이기로 한 것 같았다.

그런데 전쟁이 계속되는 동안 박쥐는 계속 양쪽 편을 오갔다. 전쟁이 끝날 무렵, 박쥐의 행동을 알게 된 새와 짐승은 회의를 열어 그를 어떻게 처리할 것인지 논의했다. 논의 끝에 그들은 박쥐에게 말했다.

"당신의 행동의 대가로 이제부터 당신은 밤에만 날아다니게 될 거요. 그리고 새 사이에서도, 짐승 사이에서도, 그 어느 쪽에서도 친구를 찾지 못하고 혼자 지내야 하오"

모독(Modoc)족, 캘리포니아

지구를 받치고 있는 사나이

옛날에 침시언(Tsimshian) 부족의 사람들이 마을을 이루고 살고 있었다. 그들에게는 물론 추장이 있었는데 그에게는 아들이 네 명 있었다. 그중 세 명은 모두 활달했지만 가장 어린 막내아들이 문제였다.

그는 무척이나 게으른 데다가 세상 모든 일에 무관심해 보였다. 그의 흥미를 끌 수 있는 일이란 아무것도 없는 것 같았다. 그를 제외한 그의 형제들은 모두 부지런했고 모든 면에서 뛰어났다. 그들은 힘이 좋아 씨름대회에서 항상 우승을 했고 사냥도 누구보다 잘했다. 게으르고 지저분하고 틈만 나면 화롯가에서 잠만 자는 막내는 항상 그들의 놀림감이었다.

그는 목욕 한번 하지 않았다. 그저 누더기를 입고 화롯가에 누워 뒹구는 생활에 만족하는 듯이 보였다. 식구들은 그를 놀리기도 하고 꾸짖어 보기도 했지만 그는 그런 말에 전혀 신경을 쓰지 않았다.

그러다가 드디어 바다표범 사냥을 나갈 철이 돌아왔다. 그 사냥에는 힘도 세고 행동이 빠른 사람만이 참가할 수 있었다. 그들이 사냥을 하러 가는 섬은 나무 한그루 없는 휑뎅그렁한 곳이었다. 그 곳에는 항상 높은 파도가 몰아치기 때문에 사냥꾼이 조금이라도 실수할 때는 바로 자신의 죽음을 의미할 만큼 위험한 곳이었다.

섬에 올라서더라도 재빨리 올라가서 바다표범을 잡아야지 머뭇머뭇 하다가는 꺼꾸로 바다표범에게 희생되기 쉬웠다. 그 사냥은 그만큼 어려운 일이었고 그곳에 갈 사냥꾼은 힘이 센 것은 물론이고 행동이 빠르고 영리한 사람이어야만 했다. 그 게으른 사람의 형들은 모두 사냥나갈 준비를 했고 매일 아침 일찍 일어나 목욕재계를 했다. 그리고 집으로 돌아오면 추장인 그들의 아버지는 나뭇가지로 몸을 톡톡 치고 독초의 뿌리로 그들을 문질러 주면서 영험을 불어넣어 주었다.

형제들은 모두 똑같이 준비를 했다. 단지 항상 화롯가에서 먼지 속에 뒹구는 생활에 만족한 막내만이 예외였다. 그는 용변을 보러 자리에서 일어나는 법도 없었으니 식구들이 예외적인 존재로 생각할만도 했다. 그와 대조적으로 그의 형들은 매일같이 훈련을 쌓아 갔다. 그들은 근처에 있는 나뭇가지들을 잡아당겨가며 그들의 힘을 시험해 보기도 했다. 거의 매일같이 추장의 식구들은 막내동생을 보고 꾸짖었고 가끔씩은 놀리기도 했다.

"그렇게 지저분하게만 있지 말고 나가서 좀 씻어라. 사람이 왜 그 모양이니?"

"혹시, 몰라. 우리가 먹을 것이 없으면 그 때는 쟤가 나가서 먹을 것을 구해와 우리를 먹여살릴지도 말이야."

사람들은 이렇게 욕을 하다가도 조롱을 하며 비웃었다. 하지만 그는 전혀 들은 척도 하지 않았다.

사실 그 게으른 소년은 전혀 게으르지 않았다. 그는 식구들이 모두 잠든 한밤중에 일어나 목욕을 하고 독초 뿌리로 온몸을 문지르면서 형들이 하는 것과 똑같은 준비를 했다. 일을 마치면 그는 다시 누더기를 입고 화롯가의 먼지 구덩이로 돌아가 멍하니 하루를 보내는 것이었다.

한편 날이 갈수록 그의 형들은 힘도 세어지고 더 현명해졌다. 그들은 이제 전나무 가지 정도는 쉽게 꺾어버릴 정도가 되었고 그럴수록 게으른 막내를 더 심하게 몰아부쳤다. 그들은 훈련을 마치고 밤이 되면 씻고 편히 잠자리에 들었다.

모두들 잠이 들고 나면 막내는 그제서야 일어나 몸을 씻고 독초 뿌리로 몸을 문지르고 나서 다시 집에 들어와 누더기를 입고 잠을 잤다. 그의 그런 겉모습은 모든 식구들이 싫어하기도 했거니와 수치심까지 느끼기도 했다. 수치심을 가장 크게 느끼고 그를 심하게 놀린 사람은 그의 큰 삼촌이었다. 반면에 그의 작은 삼촌과 숙모는 그에게 잘 대해줬다. 그들은 가끔씩 몰래 음식을 갖다주기도 했고 때로는 그를 놀리는 사람을 거꾸로 꾸짖었다. 그의 작은 삼촌은 이렇게 말하곤 했다.

"놀리지 말아요. 애는 힘을 닦을 시기가 아직 오지 않은 거예요. 그 시절이 오면 애가 알아서 자신의 참모습을 다 보여줄 거예요."

하지만 이런 말은 또다른 조롱을 불러일으킬 뿐이었다. 그 일은 그의 큰형이 가장 심했다. 그는 아예 이렇게 말했다.

"애는 자기 똥냄새를 좋아하는 것 같아요. 그런 애가 어디 사냥꾼이 되겠어요? 어림도 없는 일이지요."

하지만 그런 말을 듣고도 막내는 화를 내지 않았다. 그저 아무런 신경도 쓰지 않고 못들은 척할 뿐이었다. 아무튼 매일 밤 그는 식구들 몰래 목욕을 하고 몸을 단련시켰다. 그리고 자기의 힘을 항상 시험해 보았다.

어느 날 밤 평소와 다름없이 찬물에 목욕을 하다가 그는 물새 한 마리가 그에게 다가오며 재잘거리는 소리를 들을 수 있었다. 마치 그에게 말을 하려는 것 같았다. 물새가 가까이 다가오자 그는 물새에게 말을 걸었다.

"누구시죠? 보통 물새는 아닌 것 같은데."

그러자 물새가 말을 했다.

"당신의 인정없는 형들이 당신을 괴롭히는 것을 보고 참다못해
왔어요. 내 당신에게 특별한 능력을 줄테니 내 발을 붙잡고 물 밑
세계로 갑시다."

그 말에 젊은이는 물새의 발을 붙잡고 그와 함께 물 속으로 들어
갔다. 그들이 바다밑에 도착하자 거기에 있던 동굴의 문이 열리더
니 물새가 그를 데리고 그 안으로 들어가며 말했다.

"동굴의 맨 끝에 가면 샘이 있을거요. 그 샘에서 목욕을 하고
마을로 돌아가시오. 그리고 도깨비 방망이를 이용해서 몸을 잘 닦
으시고 항상 그렇듯 아무 일도 없었던 것처럼 화롯가에 돌아가 눕
도록 하시오."

젊은이는 목욕을 마친 후 집으로 돌아갔고 곧 아침이 되어 식구
들이 모두 잠에서 깨어 일어났다. 젊은이의 형들은 모두 목욕을 하
러 갔다. 목욕을 마치고 그들은 전나무가 있는 곳으로 가서 가지를
잡아당겨 보았다. 그들은 이제 예전에 비하면 훨씬 힘이 세어졌다.

그들은 시험을 마치고 집에 돌아온 후 막내를 향해 욕을 하며 조
롱을 퍼부었다. 식구들 모두가 그를 놀려대었다. 이제는 욕을 하는
것이 마치 일과처럼 되어 버린 것이다. 작은 삼촌과 숙모가 그를
불쌍하게 여겨 그의 편을 들었지만 그들 부부도 그의 비밀 훈련에
대해서는 전혀 몰랐다. 그저 그를 불쌍하게 생각한 것뿐이었다. 매
일같이 그들 형제는 훈련을 했고 매일 밤 식구들이 모두 잠든 뒤
막내도 훈련을 했다. 그러던 어느 날 밤 물새가 또 그를 찾아와서
말했다.

"이제 커다란 전나무를 찾아가서 그 가지를 부러뜨려 보시오.
아마 그 줄기도 부러뜨릴 수 있을거요."

젊은이는 전나무를 찾아서 커다란 가지를 잡아당기자 쉽게 부러
졌다. 그는 그것을 보고 용기를 얻어 나무 둥치를 붙잡고 밀어 보
았다. 별로 어렵지 않게 나무는 쓰러지고 말았다. 그는 기분이 좋

아졌지만 아무 내색도 하지 않고 평소와 다름없이 집으로 돌아와 화롯가에 누워 있었다. 그는 거기서 뒹굴뒹굴 하루를 또 보냈다.

형제들은 이제 훈련을 거의 끝냈다. 그들은 바다표범 사냥을 나갈 준비를 하고 있었다. 그들은 짐을 꾸리면서도 이따금씩 막내를 놀리곤 했다.

"애, 자기가 싼 똥더미 위에 앉아 있는 애야! 너도 한몫해야지. 우리가 배에 가득 바다표범을 잡아오면 노예들이 하는 일을 너도 좀 거들라구. 가장 작은 바다표범이라도 운발할 수 있을 정도는 되야지."

어느 날 독초 뿌리로 맛사지를 하고 잠자리에 들기 전에 그들은 이렇게 막내를 놀렸다.

어느덧 시간은 흘러 바다표범 사냥을 나갈 날이 왔다. 그들은 삼촌들을 따라 각기 흩어져 가기로 했다. 그런데 문제가 하나 생겼다. 훈련된 형제는 셋 뿐인데 그들의 삼촌은 넷이었다. 더군다나 그들의 삼촌은 모두 각자의 배가 있었다. 막내 삼촌이 양보를 할 수밖에 없었다. 그런데 그들이 떠날 준비를 하고 있는 사이에, 항상 화롯가에만 누워 있던 막내가 작은 숙모에게 가서 말했다.

"숙모, 제게도 옷하고 먹을 것 좀 마련해 주세요. 작은 삼촌과 함께 저도 가겠어요."

다른 형제들이 그 말을 듣자 가소롭다는 표정을 지으며 말했다.

"너, 미쳤니? 네가 뭘 할 수 있다고 그래? 너는 가봤자 방해만 될 뿐이야. 너무 불결해서 아마 바다표범이 너를 보면 멀리 도망가버릴거다. 괜히 다른 사람 사냥하는데 와서 망치지 말고 여기 가만히 있어. 쫓아올 생각은 꿈에도 하지 말라구!"

그들은 그렇게 소리를 질러댔다. 큰 삼촌도 그들을 거들었다.

"그렇게 가고 싶었으면 진작에 함께 훈련을 하지 그랬니? 지금은 네가 가는 것이 짐만 될 뿐이야. 다음번에 훈련을 해서 함께 가도록 하자꾸나."

하지만 막내 삼촌이 그의 편을 들어주었다.

"나와 함께 가자. 여러 가지로 너는 나를 도와줄 수 있을거야. 배 안에 가만히 있어도 좋고."

그래서 형들과 함께 하는 훈련을 모두 거부했던 그 더러운 젊은 이는 막내 삼촌의 배를 타고 사냥에 나갈 수 있었다.

그들이 바다표범이 사는 곳을 향해 길을 나선 것은 이른 아침 해 뜨기 전이었다. 길을 나선 지 얼마 지나지 않아서 멀리 떨어진 거리에서도 바다표범의 울부짖는 듯한 소리가 들려오기 시작했다. 여러 마리가 모여 있는 듯했다. 그들은 약간의 긴장감을 느끼며 섬으로 다가갔다.

바닷가에서 멀리 떨어져 혼자 우뚝 솟아 있는 그 섬은 마치 바다표범과도 같은 모습을 하고 그들을 맞이했다. 예전과 변함없이 그 섬에는 폭풍이 몰아치고 높은 파도가 일어 가까이 가기도 힘들었다. 배를 섬에 대는 것은 도저히 불가능했고 기회를 잘 보다가 물결에 맞추어 배에서 섬으로 뛰어내려야 했다. 누구든 기회에 맞추어 잘 뛰지 못하면 물에 빠져 죽든가 바다표범의 꼬리에 얻어맞을 것이 뻔했다. 물론 정통으로 그 꼬리에 맞으면 살아나기는 힘들었다. 그래서 어떠한 작은 실수도 용납할 수 없는 상황이었다.

섬에 가장 먼저 도착한 것은 큰 삼촌의 배였다. 그 배에는 잘 훈련된 그의 친척이 몇 명 함께 타고 있었다. 큰 삼촌은 뱃머리에 서서 섬으로 뛰어내릴 준비를 했다. 파도가 절정에 이른 순간 그는 섬에 뛰어내렸다. 그런데 그 순간 배가 암초에 부딪혀 산산조각이 나고 타고 있던 사람들은 모두 물에 빠지고 말았다.

큰 삼촌은 섬에 무사히 내리기는 했는데 섬에 내리자마자 바다표범의 꼬리에 얻어맞아 순간적으로 공중에 떴다가 떨어졌다. 그는 허리가 부러지고 말았다. 그리고 난 뒤 둘째 삼촌이 탄 배가 섬에 다가갔다. 뱃머리에 서 있던 둘째 삼촌은 파도가 절정에 이른 순간 섬을 향해 뛰어내렸지만 그는 섬에 제대로 내리지 못하고 말았다. 그와 동시에 그의 배도 암초에 부딪혀 박살이 났고 말았다. 결국 그 배에 있던 사람들도 모두 죽어 버렸다. 막내 삼촌의 배는 그때 막 섬에 도착했다. 막내는 삼촌에게 말했다.

"제가 섬에 뛰어내릴 테니까 배를 잘 조종하세요. 우리는 바다 표범을 잡아갈 수 있을 거예요."

배에 있던 다른 사람들은 그가 말하는 것을 들으려고 하지 않았다. 그들은 이렇게 반박했다.

"네가 무슨 뜻으로 그런 말을 하는지 모르겠구나. 잘 훈련된 사람들도 실패하는 것을 네 두 눈으로 똑똑히 보지 않았니? 네가 그렇게 말하는 것은 우리를 무시하는 것 밖에 안돼. 그들처럼 죽기 전에 그만 돌아가는 것이 좋겠어."

하지만 그는 계속 우겼다.

"이 일은 당연히 사내대장부라면 해야 할 일이에요. 대장부가 할 수 있는 일을 못하겠다면 우리는 꼬부랑 할아버지란 말예요? 아니면 어린 꼬마예요?"

그들은 그 말에 자극을 받았다. 막내 삼촌은 배를 다시 돌려 섬을 향하게 했다. 게으르기만 하고 아무 쓸모 없는 아이라고 놀림만 받던 그 소년은 뱃머리에 서 있다가 파도가 절정에 달한 순간 섬으로 뛰어내렸다. 아무 문제없이 그는 무사히 섬에 내려설 수 있었다. 그가 섬에 내려서자 바다표범 중에 우두머리인 듯한 커다란 바다표범이 그에게 접근해왔다. 그가 그 바다표범을 붙잡아 휙 내던지자 그것은 등뼈가 부러지고 말았다.

그는 다른 바다표범들도 그렇게 붙잡아 쉽게 내던졌다. 덩치 큰 바다표범 몇 마리를 잡고 나사 나머지 바다표범들은 그를 보며 슬슬 피해 물 속에 뛰어들었다.

그는 막내 삼촌을 불러 배를 가까이 대게 했다. 그리고는 파도의 흐름에 맞추어 바다표범을 하나씩 배에 실었다. 배가 가득차자 그는 배에 다시 올랐고 마을로 돌아왔다. 살아서 마을로 돌아오게 된 사람들은 모두 창피하게 생각하며 그에게 조롱과 욕설을 퍼붓었던 것을 뉘우쳤다.

배가 막내 삼촌의 집 근처 바닷가에 닿자 그는 배에서 내려 마을로 갔다. 그는 자기 집으로 가는 대신 작은 삼촌의 집 화롯가에 새로이 잠자리를 만들었다. 거기서 그는 노예들이 바다표범을 모두 옮겨올 동안 잠을 청했다.

그 다음날 날이 밝자 그는 막내 삼촌에게 말했다.

"일어나세요. 바다표범을 더 잡아와야죠."

그들은 매일 같이 사냥을 나갔고 해질 무렵이면 항상 바다표범을 배에 가득 싣고 돌아왔다. 그들은 한동안 계속 사냥을 나갔다. 그래서 막내 삼촌의 집은 바다표범으로 가득 차게 되었다. 사실 그 지역에서 충분한 양의 바다표범을 가지고 있는 것은 그 밖에 없었다. 그는 그것으로 근처의 다른 부족들과 거래를 하기 시작했다. 그리하여 곧 큰 부자가 되었고 그의 큰 형은 어쩔 수 없이 막내 동생에게 와서 음식을 빌어갈 수밖에 없는 입장이 되었다.

그러던 어느 날 힘자랑 대회가 열리게 되었다. 근처의 온갖 부족 사람들 중에서 누가 힘이 가장 센가를 겨루는 대회였다. 이 대회는 상당히 중요한 의미를 지닌 대회였기에 많은 젊은이들은 오랜 시간을 두고 시합을 대비해서 연습을 했다. 하지만 대회가 점점 가까와 오는데도 그 막내는 아무 관심도 없는듯 먼지 속에서 잠만 잤다. 가끔씩은 그가 자리에서 일어나기도 했는데 그때마다 사람들은 그가 자고 일어난 자리에 물이 흥건히 고여 있는 것을 발견하곤 했다. 그걸 보고 사람들은 말했다.

"너, 왜 그래? 소변도 그 자리에서 그냥 보는거야?"

예전과 마찬가지로 그는 이런 말에 전혀 주의를 기울이지 않았다. 그리고는 모두가 잠든 밤이 되면 조용히 바닷가에 가서 몸을 씻고 훈련을 했다. 그는 마을 뒷편의 숲속에 가서 큰 나무의 가지를 잡아당겨 자기의 힘을 시험해보곤 했다.

얼마 후 그는 작은 나무라면 뿌리채 들어올릴 수 있을 정도가 되었다. 그는 점점 큰 나무를 들어올릴 수 있도록 훈련을 했고 자기가 들어올린 나무를 가지고는 바닷가로 가서 바다에 그것을 집어 던지기도 했다. 매일같이 식구들 몰래 훈련을 반복했다. 그리고 그가 훈련을 할 때면 항상 커다란 물새가 그에게 와서 무엇을 어떻게 해야 할지 조언을 해주었다.

하지만 그의 이런 훈련을 전혀 모르는 사람들은 바다표범의 사냥을 잊어버리고 또다시 그의 게으름을 탓하기 시작했다. 누군가가 말했다.

"저 애는 왜 남들 하듯이 훈련을 하지 않는거지? 강해지면 좋잖아?"

또 이렇게 말하는 사람도 있었다.

"훈련을 하는 사람은 저 애처럼 지저분해질 수가 없는거야. 우리집에 저런 애가 있다는 게 정말 창피해."

예전과 마찬가지로 오직 그의 작은 삼촌과 숙모만이 그를 동정하며 감싸주었다. 그를 내쫓자는 의견이 나왔을 때에도 그를 감싸주는 사람은 바로 그들이었다.

"저 애가 했던 훌륭한 행동을 잊어서는 안돼. 그때 우리는 스스로 얼마나 창피했었니?"

대회를 앞두고 한동안은 사람들이 대회 준비에 몰두하느라 막내를 놀릴 생각도 하지 않고 바삐 움직였다. 시합종목은 씨름과 돌던지기로 정해져 있었기 때문에 사람들은 자기들끼리 씨름을 하고 무거운 돌을 들어 던지곤 했다. 그리고 하루의 훈련이 끝나면 특별히 준비된 물에 목욕을 하고 보약까지 먹었다.

또 그들의 숙소는 마을 외딴 곳에 특별히 지어져서 그곳에서 함께 생활하며 순수하지 못한 어떤 것과도 접촉을 피했다. 그들의 숙소에 여자는 얼씬도 할 수 없었다. 단지 그들의 고모는 예외였는데 그녀는 음식을 날라 주거나 다른 잡다한 일을 거들기 위해 출입이 허용된 것이었다. 성적인 접촉은 완전히 금지되었고 무엇보다 완전한 깨끗함과 순수함을 지니는 것이 절대적인 규칙이었다.

대회에 참가할 사람들은 매일같이 상당한 거리를 헤엄쳤는데 그것은 매우 추운날이라고 해도 예외가 될 수는 없었다. 수영을 마치고 그들이 물에서 나오면 추장은 그들의 맨 살에 채찍질을 해가며 그들을 자극하곤 했다. 그리고는 집으로 데려가 음식을 먹이고 필요한 이야기를 해주었다.

훈련은 모두에게 정말 힘든 것이었다. 하지만 막내는 그들이 그렇게 힘든 훈련을 하며 자신을 욕해도 전혀 아랑곳하지 않았다. 그가 몰래 훈련을 하고 있다는 사실과 그래서 지금 아주 좋은 상태에 있다는 사실을 아는 사람은 아무도 없었다. 그는 커다란 나무도 쉽게 뿌리채 들어올릴 수 있었고 커다란 바위도 멀리까지 집어 던질 수 있었다.

드디어 대회가 열리는 날이 되었다. 근처의 모든 부족 사람들이 구경을 하려고 모여들었고 각 부족에서 뽑힌 장사들이 나왔다. 대회는 돌던지기 시합부터 시작되었다. 커다란 돌들이 한 곳에 모여졌는데 각각의 참가자들은 그 돌을 들어 최대한 멀리 집어 던져 가장 멀리 던지는 사람이 승자가 되는 것이었다.

모든 부족원들이 지켜보는 앞에서 대회는 시작되었다 참가자들은 혼신의 힘을 다해 돌을 집어던졌고 만일 그것이 그 이전에 던진 사람들의 것보다 멀리 날아가면 커다란 박수를 받았지만 혹시 그 거리에 못미치면 온갖 야유와 조롱의 대상이 되었다.

참가자 중 지트랄라(Gitrhhla)라는 부족에서 온 사람이 있었다. 그는 다른 참가자들에 비해 월등한 실력을 지니고 있어서 상당히 먼거리까지 돌을 집어 던졌다. 아마 아무도 그보다 멀리 돌을 던지지 못할 것 같았다. 그러자 그 부족 사람들은 매우 즐거워하며 다른 부족 사람들을 놀리기 시작했다.

"제대로 된 남자 좀 내보내라구! 여자를 남자로 꾸며서 내보내지 말고 진짜 남자를 내보내."

이 말을 들은 침시언 부족 사람들은 자극을 받았다. 하지만 별도리가 없었다. 그들이 울분을 삭히고 있을 때 훈련에 전혀 참가하지 않는 추장의 막내 아들이 앞으로 나서서 참가자의 대열에 섰다. 그들 부족 사람들은 그를 보고 소리를 질렀다.

"쟤가 왜 저기 나섰지? 당장 끌어내! 우리는 이미 수치를 맛볼 만큼 맛보았어. 저 애는 우리를 더욱더 초라하게 만들거라구. 생전 연습 한번 해보지 않은 애가 뭘 하겠다는거야. 저렇게 지저분하고 게을러 터진 애가 말이야."

사람들은 그를 참가자 대열에서 데려오려고 했다. 하지만 그는 전혀 아랑곳하지 않고 참가자들이 사용한 돌이 있는 곳에 가더니 말했다.

"이렇게 작은 돌로 뭘 하겠다는거야? 애들 장난할 때나 쓸만한 것들이 여기 왜 있어?"

그는 커다란 바위가 놓여 있는 곳으로 가더니 손으로 쉽게 들어 올렸다. 그는 그것을 힘차게 집어던져 그 이전에 돌을 집어던진 그 누구보다도 멀리 던졌다. 순간 그것을 보고 침시언 부족 사람들뿐만 아니라 모든 사람들의 입에서 탄성이 터져 나왔다. 그리고 그때까지 무척 잘난 척하고 있던 지트랄라족 사람들은 무척 당황스러워했다. 하지만 정작 바위를 집어던진 본인은 아무 일도 없었다는 듯한 표정으로 삼촌 집으로 돌아갔다.

그는 자신이 해낸 일에 대해서도 무관심한 듯했다. 자기 때문에 자신의 부족이 돌던지기 대회에서 우승을 했고 그것을 축하하는 잔치가 벌어졌지만 그는 거기에도 참석하지 않았다. 그 대회는 며칠간 계속되었지만 아무도 그보다 멀리 던진 사람은 없었다.

씨름 대회도 시간이 좀 걸렸다. 한 경기에서 이긴 사람은 다른 참가자들과 계속해서 싸워야 했다. 대회가 어느 정도 진행되자 참가자 중에서도 실력이 월등한 사람이 나타났다. 그는 지타맷(Gitamat)족 사람으로서 정말로 덩치가 컸다. 그는 매번 시합 때마다 상대방을 쉽게 들어올려 휙 내던져서는 등뼈를 부러뜨릴 정도였다. 그렇게 되자 아무도 그와 시합을 하려고 하지 않았다. 결국 그는 아무하고나 시합을 하려 했고 마침내는 침시언 사람들이 있는 곳에 와서 말했다.

"침시언의 그 용감한 대장부들은 다 어디 갔어? 이리 나와 보라구. 누가 나를 좀 넘어뜨려 보시지."

그는 이렇게 외쳐댔지만 침시언 사람들은 아무 말도 못하고 고개만 숙이고 있을 뿐이었다. 모두들 잘못을 저지른 어린아이처럼 말대꾸하기도 힘든 상황이었다. 하지만 잠시 후 추장의 막내 아들이 또 나서게 되었다. 그는 해변의 모래밭에 차려진 씨름장으로 걸어나갔다. 그의 부족 사람들은 매우 놀랐다. 심지어는 이렇게 말하는 사람도 있었다.

"그를 잡아! 도로 데리고 오라구. 우리가 더 창피당하는 꼴을 볼라고 그래?"

하지만 그 젊은이는 들은 척도 하지 않고 씨름장으로 다가갔다. 그는 웃옷을 벗고 상대를 맞아 싸울 준비를 했다. 그러자 상당히 많은 구경꾼들이 몰려들었는데 그들은 대부분 지저분한 소년의 행동을 비웃었다. 그 몸집이 큰 사람은 그에게 달려들듯이 덤벼들었다. 그러자 지저분한 소년은 살짝 비켜서며 쉽게 상대방을 붙잡아

공중으로 던져 버렸다. 그의 몸통은 공중에서 잠깐 머물더니 이내 땅으로 뚝 떨어져 허리가 부러지고 말았다. 지타맷 사람들은 코웃음을 치며 경기를 바라보다가 그가 지는 것을 보고 갑자기 당황하게 되었다. 크지 않고 꾀죄죄해 보이는 젊은이가 나와서는 거인과 같은 사람의 허리를 부러뜨렸다는 사실은 놀라운 일이 아닐 수 없었다.

다시 한번 침시언 사람들은 환호성을 질렀다. 하지만 그 젊은이는 이번에도 무심한 표정으로 있다가 도전자가 아무도 없자 바닷가에서 올라와 여느 때와 마찬가지로 삼촌 집으로 가 잠자리에 들었다. 이제는 더 이상 그를 놀리는 사람이 없었다. 사람들은 그가 평범한 사람이 아니라는 사실을 깨달았다. 사람들은 이제 그를 존경하기 시작했다.

씨름 대회가 끝나자 종합적인 힘을 겨루는 대회가 시작되었다. 그 대회는 참가자들이 숲속에서 나무를 뿌리채 뽑아다가 바닷가로 끌고 와야 하는 것이었다. 가장 큰 나무를 뽑아서 끌고 오는 사람이 승자가 된다. 이것이 대회의 마지막이었고 족장의 막내는 바로 경기를 위해 지금까지 연습을 해온 것이었다.

근처에 있는 나무 한 그루가 정해졌고 참가자 한 명이 그것에 다가갔다. 그 사람은 나무를 붙잡고 한참동안 힘을 쓰다가 포기하고 돌아섰다. 그 다음 사람도 마찬가지였다. 여러 명이 시도해 보았지만 나무는 꼼짝도 하지 않았다. 그러다가 마침내 나무를 뽑아낼 수 있을 것같은 사람이 한 명 나타났다. 그는 우드스태(Wudstae)족 사람이었다. 그 사람의 힘은 다른 참가자에 비해 월등한 것 같았다. 그는 어렵지 않게 나무를 뽑아 바닷가로 나갔다. 그가 성공한 후에도 숱한 장사들이 다가가서 힘을 썼지만 아무도 같은 크기의 나무를 뽑아낼 수가 없었다.

그리고 우드스태족 사람들은 참가자들이 실패할 때마다 야유를

퍼붓고 조롱을 했다. 더 이상 도전할 만한 사람이 없어 보이자 그
는 더욱 더 잘난 척했다. 그들은 소리를 질렀다.

"자기가 싼 똥 위에서 잠만 잔다는 그 녀석 어디 갔어?"

첫번째와 두번째 대회에서 우승한 침시언족 추장의 막내 아들을
가리켜 하는 소리였다. 그런데 그 순간 마치 누가 부르기라도 한
것처럼 막내가 삼촌의 집에서 나와 대회가 열리는 곳으로 걸어왔
다. 모두들 놀랄 수밖에 없었다. 그곳에 도착한 그는 다른 참가자
들이 뽑으려고 애쓰다 포기한 나무를 보고 말했다.

"장사라는 사람들이 왜 이런 어린 나무를 가지고 야단이지? 저
기 있는 저 전나무 저런게 좋지 않아?"

그는 언덕 위에 서 있는 커다란 전나무를 가리켰다. 그리고는 곧
바로 그 나무를 향해 걸어갔다. 그는 자기가 나무를 들어올리는 데
방해가 될 법한 나뭇가지들을 잡아당겼다. 나뭇가지들은 부러지는
것이 아니라 아예 쑥쑥 뽑혀 나왔다. 그는 나무 둥치를 잡고 흔들
기 시작했다. 잠시 후 그는 나무를 뿌리 채 뽑아 들고 바닷가로 향
했다.

그의 그런 모습을 보고 사람들 사이에서는 신음소리와도 같은
탄성이 터져나왔다. 그러나 막내가 나타나기까지 우쭐해 있던 우
드스태 사람들은 아무 말도 못하고 고개를 숙이고 있었다. 그가 뽑
은 나무는 그 이전 사람이 뽑은 것보다 훨씬 더 큰 나무여서 다른
사람은 아예 들지도 못할 만한 것이었다.

그 젊은이의 명성은 대회에 참여하지 않은 부족에까지도 널리
퍼지게 되었다. 그리고 여러 동물들도 그의 명성을 듣고 그를 공격
하러 번갈아 가며 찾아오기도 했다. 가장 먼저 찾아온 것은 산 속
에 사는 퓨마(포유류 고양잇과의 한 종. 등은 적회색이며 배는 적백색으로
볼에 검은 무늬가 있다.)였다. 그 뒤를 이어 회색 곰과 늑대가 찾아왔
다. 이 모두를 그는 쉽게 물리쳤다. 그러자 다음에는 그의 마을에

숲이 몰려오기도 했지만 그는 그렇게 몰려오는 숲의 나무들을 일일이 뽑아 버렸다. 다음에는 산들이 몰려오기 시작했다. 그는 그 산들도 모두 밀어내 한곳에 자리잡고 가만히 있게 했다. 이런 식으로 그는 세상의 만물을 모두 극복해냈다.

그런데 그 당시 소나무 기둥에 지구를 올려놓고 세상을 받치고 있는 사람이 있었다. 그는 꼼짝도 않고 가만히 있어야 했기 때문에 가끔씩 오리가 찾아가서 그의 뼈마디에 약을 발라 주며 지치지 않도록 했다. 그는 아프거나 지겹더라도 꼼짝 못하고 가만히 있어야 했는데 만약 조금이라도 움직이면 지구가 흔들흔들 했고 너무 무거워 손이라도 바꾸면 아예 지진이 일어날 지경이었다.

한편 물새의 도움을 받아 대단한 힘을 얻을 수 있었던 지저분한 젊은이는 대회가 끝난 뒤에도 이전과 다름없이 화롯가에서 뒹굴면 대부분의 시간을 보냈다. 다른 사람과 어울린다거나 남에게 큰소리를 치는 일은 그에게 있어서 상상조차 할 수 없었다. 시간이 좀 흐르자 그는 또 다시 사람들의 놀림감이 되기 시작했다. 그는 자기 부족에게 우승을 안겨준 영웅이었음에도 사람들은 그런 것을 잊어버리는데 선수였던 모양이다.

어느 날 밤 모든 사람들이 잠들어 있을 시간에 그가 사는 집 근처 바닷가에 커다란 배 한 척이 와서 닿았다. 배가 바닷가에 닿자 배 안에 있던 사람들이 이야기를 하기 시작했다.

"여기야, 여기가 바로 그가 사는 곳이야."

그 중 우두머리인 듯한 사람이 땅에 내려서며 말했다.

"내가 올라가서 그를 만나보고 올테니 모두들 여기서 기다리고 있어."

그 사람은 젊은이가 살고 있는 그의 삼촌 집으로 곧장 올라가 잠들어 있는 그를 흔들어 깨우며 말했다.

"이봐, 젊은이. 일어나게. 우리가 자네를 데리러 여기까지 왔어.

자네 할아버지가 이제 너무 쇠약해져서 힘들어 하셔. 자네가 그 대신 일을 맡아주어야겠어.”

젊은이는 잠자리에서 일어나 아무에게도 알리지 않고 낯선 사람을 따라서 배를 탔다. 그 사람은 배의 맨 뒤에 그를 앉혔다. 그리고 말했다.

“자 이제 길을 떠나자. 출발!”

노를 젓지도 않는데 배는 마치 살아 있는 듯이 움직이기 시작했다. 그 배는 무척이나 빨랐다. 사실 이 배는 살아 있는 것이었다. 배는 바로 돌고래였고 사람들은 그의 등 위에 앉아 있는 것이었다. 그들은 바다 한가운데로 멀리 나갔다. 육지가 보이지 않게 된 뒤로도 한참을 간 후에 그들은 커다란 바윗덩어리처럼 생긴 어떤 섬에 도착했다. 모두들 배에서 내렸는데 희한하게도 선원들은 모두 물새로 변했고 단지 그를 데리고 온 선장만이 사람의 모습을 하고 있었다. 그 사람이 지저분한 젊은이에게 말했다.

“자네 할아버지가 많이 아프셔서 자네를 불러온거야. 자네를 이렇게 훈련시키도록 한 것도 바로 그분이라구. 그 덕분에 자네는 세상 모든 것을 다 극복해낼 수 있을만큼 힘이 세어지지 않았나? 이제 자네가 그 일을 대신해야 할거야. 자네는 그 일을 거절해서는 안될거야. 자, 이제 나를 따라오게.”

더 이상 아무 말도 없이 두 사람은 함께 섬 안쪽으로 나 있는 길을 따라갔다. 길가에는 오리와 물새가 끊임없이 늘어서 있었다. 그들은 마침내 길이 끝나는 곳에 이르렀다. 그때까지도 사람의 모습을 하고 있던 물새는 허리를 숙여 땅 속으로 통하는 문을 잡아당겼다.

문을 열자 그 속에 사다리가 놓여 있는 것이 보였다. 그들은 사다리를 타고 밑으로 내려갔다. 그 사다리는 굉장히 길었다. 마침내 맨 밑까지 내려가니 자그마한 단이 눈에 띄였다. 사각으로 된 그

단의 주위는 매우 가파른 절벽이었고 끝이 보이지 않았다. 이 단의 한가운데는 나이가 매우 많아 보이는 사람이 다리 사이에 커다란 소나무 기둥을 끼우고 앉아 있었다. 이 기둥을 이용해서 노인은 평평한 마루처럼 보이는 것을 받쳐들고 있었다. 젊은이를 데리고 온 사람이 말했다.

"자네 할아버지는 세상이 처음 생겨날 때부터 지금까지 저렇게 세상을 받치고 있는거야. 이제는 몸이 약해져서 저 일을 힘들어 해. 자네가 이제 그 일을 맡는거야. 물론 어떻게 해야 하는지 설명을 들은 뒤에 말일세."

그러자 노인은 젊은이를 보고 말했다.

"나는 너를 참으로 오랫동안 기다려왔다. 하지만 네가 이 일을 확실히 해 낼 수 있을만큼 강해질 때까지 기다리기로 했지. 그래서 너를 훈련시켜 세상의 그 무엇보다도 강해지게 한거야. 내가 보기에 이제는 충분히 강해진 것 같아.

이제부터 내가 몇가지 이야기를 할테니 잘 들어. 오리와 물새들은 말하자면 너의 심부름꾼이야. 그들이 네게 음식도 갖다 줄거야. 뼈마디가 뻣뻣해지지 않도록 약과 기름을 발라줄 거고 내가 여기를 떠난 뒤 나를 보고 싶으면 그들에게 물어 보면 돼. 그들은 내가 어디에 있는지 알테니까.

특별히 명심해야 할 것은 절대로 움직이지 말고 언제나 가만히 있어야 한다는거야. 네가 자리를 옮기거나 자세를 바꾸느라고 조금이라도 움직인다면 세상에는 커다란 지진이 일어나거든. 네가 쓰러지면 세상은 멸망하는거야. 전부 다 없어져 버리는 거라구."

그는 말을 마친 후 소나무 기둥을 잡고 아주 천천히 일어났다. 그리고는 그 젊은이가 그의 자리에 가 앉았다. 노인은 젊은이의 손에 기둥을 넘겨주면서 말했다.

"이제 나는 잠도 좀 자고 쉬어야겠어. 네가 이 일을 잘 해내리라

믿어.”

그 젊은이는 아마도 처음부터 그 노인의 계획 속에 있었던 것이 틀림없는 것 같다. 그가 유난히 다른 사람과 어울리지 않고 항상 혼자 있는 생활에 만족한 것만 봐도 그렇다. 그렇게 해서 그는 새로운 일이 주는 외로움에도 이미 익숙해져 있었던 것이었다. 그는 친구를 사귀고 싶어하지도 않았고 여자를 만나고 싶은 욕망도 없었다. 그가 큰 힘을 자랑하며 대회에서 우승한 뒤에 많은 여자들이 찾아와 유혹하려고 했지만 그는 모두 거절하고 항상 혼자 있었다. 그래서 그는 새로이 그 힘든 일을 맡고도 짜증내는 기색 없이 오히려 매우 만족스러워 하는 듯이 보였다.

한편 그 다음날 아침 그의 삼촌 집 식구들은 그가 밤사이에 사라진 것을 보고 누군가가 몰래 그를 끌고 갔다고 생각했다. 하지만 그의 삼촌과 숙모는 그렇게 생각하지 않았다.

“그 애는 우리하고는 다른 초자연적인 사람이라구. 그 아이에게는 어떤 문제도 생길 수가 없어. 그 아이가 우리하고는 다르다는 것을 우리의 두 눈으로 똑똑히 보지 않았어? 우리가 앞으로 그 애를 또 볼 수 있을지 없을지는 모르지만 어쨌든 그 애는 세상 어딘가에서 틀림없이 값진 일을 하고 있을거야. 내 장담해.”

사람들은 그를 찾아보았지만 세상 어디에서도 그를 찾을 수가 없었다. 그는 아무런 흔적도 남기지 않고 감쪽같이 사라진 것이었다.

침시언(Tsimshian)족, 북서부 해안지역

단식하는 소년

외동 아들과 함께 사는 사람이 있었다. 어느 날 그가 아들에게
말했다.

"애야, 이 세상에는 오직 너 혼자뿐이라는 것을 이제 깨달아야
해. 너를 도와줄 사람은 아무도 없어. 오직 영혼만이 너를 도울 수
있을 뿐이야."

얼마 후 아들은 단식을 시작했다. 단식을 시작한 지 며칠 후 그
의 아버지는 걱정을 하며 말했다.

"너는 상당히 오랫동안 단식을 했어. 영혼들이 그걸 보고 네게
선물을 주었을거야. 이제는 단식을 그치는 것이 좋겠어."

그 말에 아들이 대답했다.

"아버지, 아버지 말씀이 옳아요. 하지만 저는 단식을 계속하고
싶어요. 아버지께서 말씀하신, 단식을 통해 얻을 수 있는 것들은
이미 다 얻은 것 같아요. 이제 제게는 여러 가지 능력이 있어요. 저
는 제 마음대로 적을 죽일 수도 있어요. 아주 오랜 옛날 사람들이
나 할 수 있었던 재주를 저도 배운 거예요.

단식하는 동안 정말로 영혼들이 찾아와서 저를 의사의 집으로
데려가 죽은 사람 앞으로 인도하는 거예요. 그러더니 저에게 그 사
람을 살려 보라는 것이었어요. 그들은 제가 이미 그런 능력이 있다

고 말하고 이젠 단식을 그만하라고 하더군요. 그러나 저는 단식을 계속했어요.

그랬더니 하늘나라에서 영혼이 또 내려왔어요. 다시 찾아온 영혼은 제게 온갖 능력을 다 주었어요. 전쟁에서 승리하는 능력, 병을 치료하는 능력, 쉽게 사냥할 수 있는 법, 길고 완벽한 삶을 살 수 있는 능력 등등, 온갖 능력들을 제게 주었어요. 조물주로부터 특별한 능력을 받은 모든 영혼들은 제게로 내려와서 뭔가를 주고 간 것 같아요.

그들은 올 때마다 말했어요. '너는 충분히 단식을 했다'라고 말이에요. 하지만 아버지, 제가 원하는 것은 영원한 생명이에요. 그래서 저는 단식을 멈추지 않는 거예요. 그러니 제가 단식을 계속하게 내버려 두세요. 영원히 살 수 있는 능력이 생기기 전까지는 단식을 멈추지 않을 거예요."

아들은 그렇게 말하고는 단식을 계속했다. 그러자 영혼이 찾아와서 말했다.

"이봐, 젊은이 자네는 이미 충분히 단식을 했어. 조물주는 이미 자네에게 아주 오랫동안 살 수 있는 능력과 자네가 원하는 것은 무엇이든지 얻을 수 있는 능력도 주었어."

그러나 소년은 이에 만족하지 않고 말했다.

"저는 그것에 대해 항상 감사하고 있어요. 하지만 제가 원하는 것은 영원히 사는 것이에요."

영혼은 그를 설득할 수 없었다.

"영원한 생명을 얻지 못하는 한 나는 결코 만족하지 못할거야."

소년은 그렇게 혼잣말을 하고는 단식을 계속했다. 그는 자신이 죽어야 한다는 것은 생각도 하기 싫었다. 그는 죽음 자체에 두려움을 느꼈다.

소년이 단식을 계속하며 고집을 부리자 영혼들은 회의를 열어 그 소년이 죽어야 한다는 쪽으로 의견이 모아졌다. 결정을 내린 뒤 그들은 소년이 단식하는 곳을 쳐다보았다. 그러자 소년은 곧 죽어버렸고 영혼들은 소년의 아버지를 찾아가 말했다.

"당신의 아들에게 주었던 모든 것들을 당신에게 주겠소. 아들의 죽음에 대해서는 더 이상 생각하지 말고 아들을 잘 묻어 주시오."

아버지는 무덤을 파고 아들을 묻었다.

'도대체 어떻게 된 일인지 모르겠어.'

그는 혼자 생각했다.

'그들은 나에게 설득할 수 없다는 말을 여러 번 했어. 그게 바로 죽은 이유이기도 하고. 그런데 그들은 이제 나에게 더 이상 그 문제는 생각하지 말라고 했어.'

얼마 후 아버지가 아들의 무덤을 찾아갔을 때 그는 무덤의 머리 쪽에 어떤 나무가 자라는 것을 볼 수 있었다. 그것은 바로 그의 아들이었다. 영원히 살 수 있는 나무뿐이었으므로 영혼은 그를 나무로 바꾼 것이었다. 아버지는 그것을 보고 행복을 느꼈다. 아들은 만족하며 살았고 그 후로 번성한 가지를 이루었다.

그 후의 사람들은 소년의 운명을 듣고 젊은이들이 너무 오랫동안 단식하는 것은 좋지 않다고 생각하게 되었다.

위네바고(Winnebago)족, 중부 삼림지대

누가 더 센가?

비가 내리는 어느 날 개미 한 마리가 처음 세상 구경을 나왔다. 비가 오긴 했지만 날씨가 아직 풀리지 않아 전에 온 눈이 땅 위에 얼어붙어 있었다. 개미는 발이 얼어붙어 무척 추웠다. 그는 말했다.

"눈 아저씨, 아저씨는 나보다 훨씬 힘이 세신 것 같아요. 아저씨가 세상에서 힘이 가장 센가요?"

눈이 대답했다.

"아니 그렇지 않아. 태양이 나보다 힘이 더 세. 태양이 빛날 때면 나는 녹아 버리거든."

그 작은 개미는 태양에게로 갔다.

"태양 아저씨, 눈 아저씨가 말하는데 아저씨가 자기보다 힘이 더 세대요. 그러면 아저씨가 세상에서 힘이 가장 센 거예요?"

태양이 말했다.

"아니야, 바람은 나보다 힘이 더 세단다. 내가 아무리 밝게 빛나고 있어도 바람이 구름을 몰고와 내 얼굴을 가리면 나는 아무것도 할 수 없거든."

작은 개미는 바람에게로 갔다.

"바람 아저씨, 아저씨는 태양보다도 강하다던데, 그러면 아저씨보다 힘이 센 존재는 없는 거예요?"

"아니야, 내가 가장 힘이 센 것은 아니고 나보다 더 센 집이 있단다. 내가 아무리 힘차게 불다가도 집에 부딪히면 죽고 말거든."

그 개미는 집으로 갔다. 그는 집을 향해 말했다.

"집 아저씨, 아저씨는 바람보다 세지요? 아저씨가 세상에서 힘이 가장 센가요?"

"아니야, 그렇지 않아. 쥐가 나보다 더 세단다. 그는 내 몸통 곳곳에 구멍을 내고는 결국 나를 죽여 버리거든."

개미는 쥐에게로 갔다.

"쥐 아저씨, 아저씨가 집보다도 세다면서요? 아저씨가 세상에서 가장 센가요?"

"아니, 나보다 강한 것이 있지. 고양이 말이야. 고양이는 아예 나를 잡아먹어 버릴 수가 있지"

개미는 고양이에게 갔다.

"고양이 아저씨. 아저씨가 쥐보다 세지요? 그러면 아저씨가 세상에서 가장 센가요?"

"아니, 막대기가 나보다 더 세지. 누군가가 막대기로 나를 때리면 나는 죽어요."

개미는 막대기에게 갔다.

"막대기 아저씨, 아저씨는 고양이보다 세다는 얘기를 들었어요. 아저씨가 세상에서 가장 센가요?"

"아니야, 불이 나보다 더 세지. 내 몸에 불이 붙으면 나는 그냥 죽어 버리거든."

개미는 불에게로 갔다.

"불 아저씨, 아저씨는 막대기보다 세다고들 하데요. 그러면 아저씨가 세상에서 가장 센 거예요?"

"그렇지 않아. 나보다 더 센 물이 있어. 누가 물을 나에게 뿌리면 나는 꼼짝없이 죽고 말아."

개미는 물에게 갔다.

"물아저씨, 아저씨가 불보다도 세다는 말을 들었어요. 아저씨가 세상에서 가장 센 존재예요?"

"아니야, 소가 나보다 더 세단다. 혹시 소가 나를 삼켜버리는 날에는 끝장이야."

개미는 소에게 갔다.

"소 아저씨, 아저씨는 물보다도 강하지요? 그러면 아저씨가 세상에서 가장 센 건가요?"

"아니, 그렇지는 않아. 나보다도 센 것은 칼이야. 칼이 내 심장을 찌르기라도 하면 나는 그냥 죽고 말아."

개미는 칼을 찾아갔다.

"칼 아저씨, 아저씨는 소보다 강하다고들 말하데요. 아저씨가 세상에서 가장 강해요?"

"내가 소보다는 세지만 그렇다고 세상에서 가장 센 건 아니야. 큰 돌은 나보다도 더 강해. 혹시 누가 나를 돌에 던져 버리면 나는 죽고 말거든."

이 날 이후로 우리는 돌을 두려워하게 된 것이라고 한다.

주니(Zuni)족, 남서부 지역

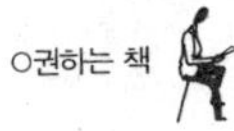

선영헤세전집
헤르만 헤세 지음/김기태 옮김
A5신/320면 내외/각권 값 3300~3800원

1. 싯달타	인간이 신이 되려면 비약과 모순의 비밀이 수반되지 않으면 안된다는 체험에의 고백을 파계 행각과도 같은 일생의 방황을 통하여 깊이 전해주는 작품.
2. 크눌프	〈향수〉〈대리석 공장〉이 함께 실려있는 이 작품은 영원한 유랑자 크눌프의 생애에 얽힌 세가지 이야기를 통해 생의 비애와 고뇌를 다루고 있다.
3. 수레바퀴 아래서	총명하지만 감수성이 예민한 내성적인 한 소년이 주위의 선망과 기대에도 불구하고 점차 퇴보의 나락에 빠져 급기야 죽음에 이른다는 작품.
4. 청춘은 아름다워라	아름다운 헬레네에 대한 사랑때문에 번민하는 주인공의 정신적 고뇌의 과정이 풋풋하고 향기로운 사랑내음을 전해주는 작품
5. 데미안	심약하고 내성적인 성격의 주인공과 신비로운 인물 데미안과의 숙명적인 만남을 그린 소설. 주인공은 그 만남을 통해 심오한 정신의 성숙을 이룬다.
6. 지와 사랑	神에 종사하는 나르지스와 美에 열중하는 골드문트, 두 인물의 일생을 통하여 개성적이면서도 합치되는 영혼의 영역을 보여주는 헤세의 역작.
7. 황야의 이리	하리 할라라는 괴이한 인물의 수기를 통하여 인류의 자폭적 전쟁행각과 물질만능주의에 대한 비판을 가한 관념적인 사상의 소설.
8. 유리알 유희	1946년 노벨문학상 수상작인 이 작품은 정신적 유희의 명인 요제프 크네히트의 삶을 통해 정신적 권위회복의 필요성을 시사해주고 있다.
9. 창문너머 밤이라는 나라	헤르만 헤세의 우정과 사랑, 인생, 고독과 빙횡이 담긴 서간문과 수필을 모아 엮은 책. 그의 주옥같은 언어는 우리를 순수의 원천으로 끌어당기고 있다.

처세정복

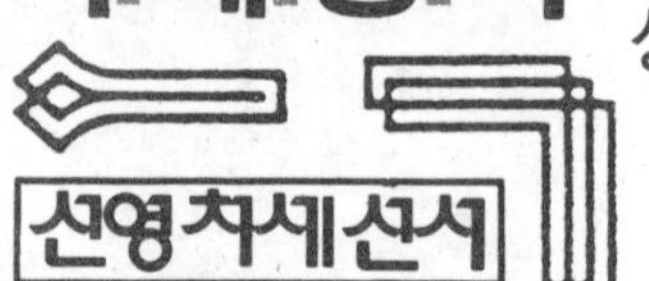

처세의 비결을 묻는 이들에게
성공의 치름길을 알고자 하는 이들에게
정상정복의 꿈을 키우는 이들에게
권하는 인간처세 성공의 필독서 !

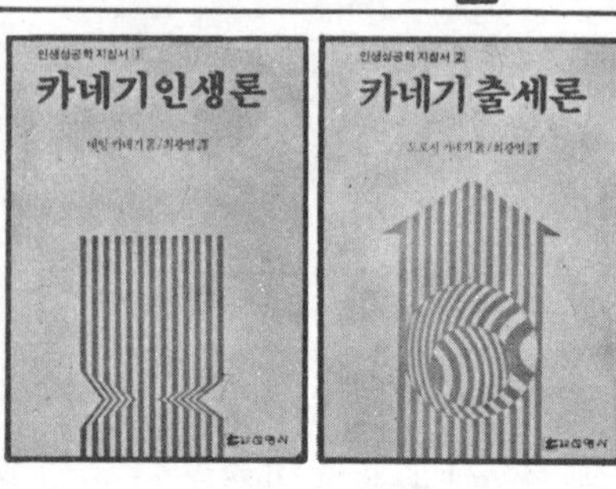

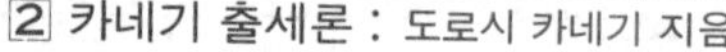

1 카네기 인생론 : 데일 카네기 지음

삶에 대한 모든 물음은 우리 스스로 체득해 갈 수밖에 없을 것이다. 삶에 대한 어떠한 설명도 우리 자신의 삶의 지침이 되기에는 어렵기 때문이다. 이 책에는 인생을 살아나가는 귀중한 방법들이 안내되어 있다.

2 카네기 출세론 : 도로시 카네기 지음

이 세상을 살면서 주어진 삶에 충실한다는 것은 모든 이들의 소망이다. 그리고 가능한 모든 일을 훌륭하게 이루어낸다는 것은 유능한 사람들의 의무이다. 이 책은 유능한 사람들이 나아가야 할 바를 제시해 주고 있다.

3 카네기 지도론 : 데일 카네기 지음

참다운 지도는 함께 나아가는 것이다. 무엇을 제시하거나 지시하기 전에 피지도자가 무엇을 하고자 하는가, 무엇을 할 수 있는가를 알아서 그것을 이끌어 주고, 또 이루어지도록 함께 노력하는 것이다.

4 카네기 대화술 : 데일 카네기 지음

언어란 의사소통 도구이다. 올바른 언어선택은 의사소통을 보다 원활하게 한다. 훌륭한 대화는 인간과 인간이 삶을 확산하는 계기가 된다. 훌륭한 대화는 인간 행위의 가장 승화된 형태라고 할 것이다.

5 카네기 처세론 : 데일 카네기 지음

최고의 처세라는 것은 우선 최선의 목표를 정하고 그 성취에 이르는 길을 닦는 것이다. 거기에서 자기를 세우고 삶을 키워내고 세상을 이끌어 갈 수 있는 힘을 닦는 것이다.

6 카네기 자서전 : 앤드류 카네기 지음

커다란 불꽃은 온누리를 비춘다. 그러나 멀리 있는 불빛보다 우리 앞을 비추고 있는 작은 불빛이 우리의 일상을 잘 비추는 법이다. 앤드류 카네기의 삶은 바로 우리의 일상을 비춰주는 커다란 불빛이다.

사회는 인간의 집단이다.
사람과 접촉하지 않고는 단 하루도 이 사회에서 살 수가 없다. 그러므로 사회인에게 있어서 인간관계의 조정만큼 중요한 것은 달리 없다 해도 과언이 아니다.
그렇다면 과연 어떻게 해야 성공할 수 있는가?
대인관계에서의 가장 기본적인 대화의 테크닉에서부터 처세술에 이르기까지, 그리고 참다운 지도자가 되기 위한 길을 단계별로 안내해 주는 인생 성공학지침서.

인디언 우화

1판 1쇄 인쇄 1998년 09월 20일
1판 1쇄 발행 1998년 09월 30일
1판 2쇄 발행 2020년 04월 10일

지 은 이 수잔 펠드만
옮 긴 이 이연화
편집주간 장상태
편집기획 김범석

발 행 인 김영길
펴 낸 곳 도서출판 선영사
주   소 서울시 마포구 서교동 485-14 선영사
Tel 02-338-8231~2   Fax 02-338-8233
E-mail sunyoungsa@hanmail.net

동   록 1983년 6월 29일 (제02-01-51호)

ISBN 978-89-7558-072-5   03840

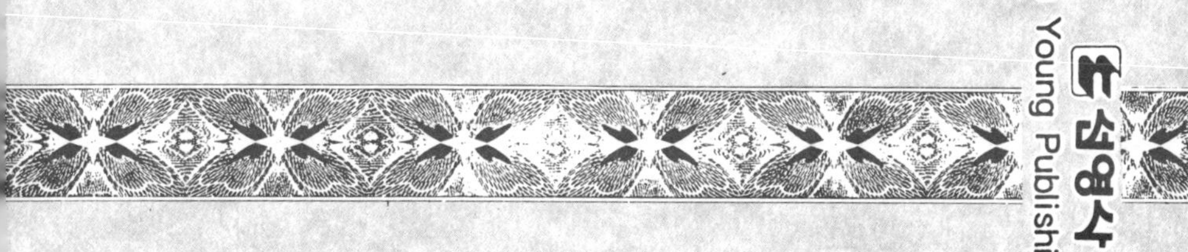
선영사
Sun Young Publishing Co.

도 선영사
Sun Young Publishing Co.